WALTER KRÄMER

KALTE ENTEIGNUNG

WIE DIE EURO-RETTUNG UNS UM WOHLSTAND UND RENTEN BRINGT

W0076368

CAMPUS VERLAG
FRANKFURT/NEW YORK

ISBN 978-3-593-39924-9

Umschlaggestaltung: Anne Strasser, Hamburg
Umschlagmotiv: © picture alliance
Satz: Fotosatz L. Huhn, Linsengericht
Gesetzt aus: Scala und Scala Sans
Druck und Bindung: CPI – Ebner & Spiegel, Ulm
Printed in Germany

Dieses Buch ist auch als E-Book erschienen.
www.campus.de

Es ist gut, dass die Menschen unser Banken-
und Geldsystem nicht verstehen.
Sonst hätten wir noch vor morgen früh
eine Revolution.

Henry Ford

INHALT

VORWORT

Die Idee zu diesem Buch entstand auf einer öffentlichen Vortrags-
veranstaltung der Nordrhein-Westfälischen Akademie der Wis-
senschaften und der Künste in Düsseldorf. Es sprach Jens Weidmann, der Präsident der Deutschen Bundesbank. Sein Thema war
die Eurokrise und was daraus für deutsche Sparer, Rentner und
Investoren folgt. Das trug er sehr kompetent und überzeugend
vor, wenn auch leicht verklausuliert und weit weniger drastisch,
als auf den folgenden Seiten nachzulesen ist. In der nachfolgen-
den Diskussion erlaubte ich mir die Frage, wie er denn die Konsequenzen der sogenannten Target-Salden sehe und ob das nicht
vielleicht nur verkappte Kredite in einem atemberaubenden Umfang zu geradezu irrwitzigen Konditionen seien. »Na ja«, sagte er
sinngemäß, »das kommt drauf an, wie man die Dinge sieht.« Und
dann erklärte er mir, wie er die Dinge sieht (weit weniger dramatisch als ich selbst), auf eine recht gut nachvollziehbare Weise.

Aber das ist nicht der Punkt. Das eigentliche Aha-Erlebnis folgte
einige Tage später, als ich mit Akademiekollegen über diesen Vortrag sprach. »Was soll denn dieses technische Gerede über Target-
Salden? Das versteht ja doch kein Mensch«, war einer der Kommentare. Und wie ich dann auch von anderen hochdekorierten
Chemikern, Physikern und Ingenieuren hören musste, war kaum
einem dieser Experten die potenzielle Dramatik dieser Sachlage
bewusst: Da lösen sich vor unseren Augen unsere Sparkonten und
Renten in niemals eintreibbare Forderungen gegen bankrotte Krisenstaaten auf, und neun Zehntel der führenden Wissenschaftler
des Landes stehen davor und sehen diese Krise nicht.

Wenn selbst die den Zusammenhang nicht durchschauen, wie soll das dann dem Rest des Wählervolkes gelingen? Ganz offensichtlich ist die Materie trotz der verdienstvollen Aufklärungsarbeit meines Münchner Kollegen Hans-Werner Sinn immer noch zu undurchsichtig und zu kompliziert.

Mit diesem Buch trage ich also eine Bringschuld der Wirtschaftswissenschaften ab. Zumindest ist es ein Versuch. Es ist mein Ehrgeiz, auch Lesern ohne Diplom in Volkswirtschaftslehre zu erklären, wo wir mit unserer gemeinsamen Euro-Währung heute stehen, wie wir dahin gekommen sind, vor allem aber: Wo wir in wenigen Jahren stehen könnten.

Ich sage *könnten*, denn als bekennender Anti-Marxist glaube ich nicht an die Vorherbestimmtheit des Wirtschaftsgeschehens wie auch irgendeines anderen Geschehens auf dieser schönen Erde. Aber die Optionen werden immer enger, und viele davon sind nicht erfreulich. Ein großer Teil des deutschen Auslandsvermögens ist bereits verloren, aber noch immer unterstützt die deutsche Politik Kredite, mit denen etwa der spanische Fußballklub Real Madrid den 94-Millionen-Einkauf seiner Superstars Cristiano Ronaldo (und dessen Jahresgage von weiteren 6 Millionen Euro) finanziert. Derzeit diskutiert man in Spanien über einen Schuldenschnitt für die hoch verschuldeten Fußballklubs – diese Forderungsausfälle würden das Europäische Zentralbanksystem eines Teils seiner Sicherheiten berauben (denn als solche wurde eine Kreditforderung gegen den Fußballklub Real Madrid bei der Europäischen Zentralbank eingereicht). Und ginge daraufhin dann auch noch die eine oder andere, ohnehin mit faulen Immobilienkrediten überladene spanische Bank in Konkurs, so finanzierten deutsche Steuerzahler Ronaldos Transferkosten und Gehalt zumindest mit.

Ich finde das schon etwas seltsam. Und dies ist nur ein Beispiel von vielen, solche Auswüchse produziert das Eurosystem in seiner aktuellen Ausgestaltung am laufenden Band. Viele Rettungsaktionen dienen u. a. leider auch dazu, dass superreiche Bankpräsidenten sich weiterhin jährliche Millionenboni überweisen oder russische Wirtschaftskriminelle ihre nach Zypern geschmuggelten Milliarden auch in Zukunft ungestört genießen dürfen (die in Deutschland so gefeierte Zwangsabgabe als Preis für die Bankenrettung ist für diese Leute nur ein Taschengeld). Dringend für Infrastrukturen und andere Realinvestitionen benötigtes Kapital wird weiter in ineffiziente Verwendungen gedrängt, griechische Millionäre und Milliardäre, die problemlos mit ihrem Vermögen einen großen Teil der griechischen Auslandsschulden decken könnten, kaufen sich stattdessen auf den Immobilienmärkten von Berlin, Paris und London ein, und der Deutsche Bundestag nickt eine Hilfsmaßnahme nach der anderen ab.

Sollte er eines Tages anders handeln, hätte dieses Buch sein Ziel erreicht. Und die Chancen dafür stehen gar nicht mal so schlecht. Denn die Mitglieder des Bundestags werden immer noch gewählt. Und wir, die Wähler, sind es, die für diese fehlgeleiteten Geldströme auf die eine oder andere Weise zahlen müssen, aus deren Taschen diese Milliarden letztendlich herausgezogen werden. Man muss ja gar nicht so weit gehen wie Henry Ford, der eine wahrhaftige Revolution voraussah, sollten die Wähler eines Tages verstehen, wie sie von einer unheiligen Allianz von Politik und Hochfinanz fast nach Belieben ausgenommen werden: Aber mit etwas Druck vom Souverän, dem Wahlvolk also, wären verschiedene schon jetzt programmierte Zwangsabgaben vielleicht noch abzuwenden.

Das klingt jetzt so, als würde hier zur Attacke auf den Euro geblasen. Das kann man so sehen, muss es aber nicht. Natürlich hätte niemand in Deutschland, im Jahr 1992 mit den Nachrichten und Informationen von heute ausgestattet, den Euro damals eingeführt. Und so, wie bisher konstruiert, in dem politischen und sozialen Umfeld, in dem Europa sich gerade befindet, ist der Euro tatsächlich klinisch tot. Die aktuelle Eurozone, mit 17 ökonomisch derart disparaten Mitgliedsstaaten und einer Zentralbank, die sich als Vollstrecker von Umverteilungswünschen sieht, wird diese Dekade in ihrer gegenwärtigen Ausgestaltung nicht überleben.

Auf der anderen Seite kann man aber auch aus Fehlern lernen. Einige Lektionen sind in den folgenden Kapiteln nachzulesen.

Insbesondere sollten wir aufhören, den Euro mit Europa zu verketten. Die europäische Idee ist eine zu wertvolle Vision, als dass sie mit einem solch schwierigen Kind belastet werden müsste. Oder aber es gelingt tatsächlich, das für den Euro so ungünstige politische und soziale Umfeld besser an eine gemeinsame Währung anzupassen. Dann überlebt sogar dieses Sorgenkind und wird aus einem hässlichen Entlein doch noch mal ein weißer Schwan. Viele würden es ihm wünschen.

Eins ist sicher, die nächsten Jahre werden spannend. Wie aber auch immer die Sache ausgeht: Die deutschen Rentner und Sparer sind auf jeden Fall dabei.

Dortmund, im Mai 2013   *Walter Krämer*

EINS

EINE FOLGENSCHWERE ENTSCHEIDUNG IN BERLIN

ESM – das Tor zum Geld
der Sparer ist offen

**Die Europäische Union ist kompliziert,
weil sie auch Kompliziertes leisten soll.
Sie hat es verdient, dass ihre Bürgerinnen und
Bürger Interesse zeigen und sich informieren.**

Joachim Gauck, Bellevue-Forum Berlin,
22. Februar 2013

Am 29. Juni 2012 schien in Berlin 13 Stunden lang die Sonne. Das ist auch für Juni ungewöhnlich viel. Es war ein Freitag. Aber in der Nacht zum Samstag wurde die Stadt von einem schweren Unwetter heimgesucht. Auf YouTube ist unter vielen anderen Dokumentationen die »irre Blitzshow« anzusehen. »In Tegel bietet sich ein Bild der Verwüstung«, schrieb der *Tagesspiegel*, »mehr als hundert Autos sind zerstört, Häuser beschädigt, Balkone abgerissen.« Ein derartiges Sommergewitter hatten die Berliner lange nicht erlebt.

Aber kurz vorher, um 9 Uhr abends, lag die Kuppel des Reichstags noch im abendlichen Sonnenlicht. Da hatten die Abgeordneten des Deutschen Bundestags gerade den sogenannten »Euro-Rettungsschirm«, das Gesetz zum Europäischen Stabilitätsmechanismus (ESM) beschlossen. Es war die letzte Sitzung vor der Sommerpause. 604 Abgeordnete hatten abgestimmt, davon 493 mit Ja, 106 mit Nein, 5 hatten sich enthalten.

An diesem Abend hatten 493 gewählte Volksvertreter eine gefährliche Wette abgeschlossen. Ihr Wetteinsatz: die Ersparnisse und Renten ihrer Wähler. Sie setzten ihre Ja-Stimme auf die Hoffnung, dass die zuvor schon Dutzende Male gebrochenen EU-Vereinbarungen zu gemeinsamen Finanzen eingehalten und die bis dato schon aufgelaufenen Risiken – mit gigantischen möglichen Verlusten für die deutsche Volkswirtschaft – zumindest nicht noch größer werden würden. Und dies verbunden mit dem frommen Wunsch, dass auch die Menschen und deren gewählte Vertreter in den anderen Ländern der Eurozone bitte erkennen möchten, dass eine gemeinsame Währung nur in einem besser als bisher vereinten Europa zu unser aller Nutzen ist.

Um diese gefährliche Wette dreht sich dieses Buch. Es gibt wohl kaum jemanden in Deutschland, der sich nicht wünscht, dass die 493 Ja-Sager diese Wette gewinnen. Aber was ist, wenn die 106 Nein-Sager recht behalten? Wenn die großen Hoffnungen, die vor allem in Deutschland mit dem Projekt Euro verbunden worden sind, nicht in Erfüllung gehen? Wenn diese in Berlin von den deutschen Volksvertretern abgesegnete weitere Rettungsaktion nur einen letztendlich dennoch unvermeidlichen Konkurs verschleppt?

Wenn der Euro-Zug also tatsächlich einmal eines Tages entgleisen sollte, wem werden dann die Aufräumkosten aufgebürdet?

Wenn man schon wettet, dann sollte man zumindest Bescheid darüber wissen, was alles zu verlieren ist. Das ist weit mehr, als viele Bundesbürger ahnen, ihre Volksvertreter eingeschlossen. Denn die deutsche Wirtschaft, die deutschen Rentenkassen, das deutsche Sozialsystem als Ganzes sind durch die Eurokrise großen künftigen Belastungen ausgesetzt, sie steuern wie die Titanic auf einen Eisberg zu, der, wenn man ihm nicht rechtzeitig ausweicht, ebendieses Sozialsystem an kritischen Stellen gefährlich aufschlitzen und danach untergehen lassen könnte. Und dessen bösartigste Stellen, wie bei Eisbergen üblich, unter Wasser liegen und nur schwer zu sehen sind. Beziehungsweise nur dann zu sehen sind, wenn man sich die Mühe macht, einmal verschiedene Positionen der Außenhandelsstatistik und der Bilanzen der Europäischen Zentralbank in greifbare Fakten zu übersetzen und auch dem Mysterium des Geldes etwas auf den Grund zu gehen. Denn dieser Eisberg ist zum großen Teil, so wie modernes Geld, rein virtuell, er existiert allein auf dem Papier, er besteht aus Forderungen, Verbindlichkeiten, Zusagen und Versprechen, die eingehalten werden können oder auch nicht, aus Wechseln auf die Zukunft, aus Vertrauensvorschüssen und Enttäuschungspotenzialen. In dem Umfang, wie diese Vertrauensvorschüsse sich auflösen und die Enttäuschungspotenziale sich verfestigen, wird aus der virtuellen eine tatsächliche und greifbare Gefahr.

Das amtliche Protokoll der 188. Sitzung des Deutschen Bundestags, die an diesem Freitag im Juni stattgefunden hatte, verzeichnete als weitere Tagesordnungspunkte die Pflegeversicherung (»Pflege neu ausrichten – ein Leben in Würde ermöglichen«, so ein Antrag der Linken), die erste Beratung eines Gesetzes zur Flexibilisierung von haushaltsrechtlichen Rahmenbedingungen außeruniversitärer Wissenschaftseinrichtungen, die erste Beratung eines von der Bundesregierung eingebrachten Gesetzes zur Stärkung der deutschen Finanzaufsicht, die Kundenfreundlichkeit der Deutschen Bahn AG, die erste Beratung eines von der Fraktion Bündnis 90/Die Grünen eingebrachten Entwurfs zur Neuregelung des Tierschutzgesetzes und, sozusagen außer der Reihe, als Zusatzpunkt 10 die »Abgabe einer Regierungserklärung durch die Bundeskanzlerin zur Schaffung einer Stabilitätsunion«.

Diese Regierungserklärung hatte zwei Themen. Das erste war der sogenannte Fiskalpakt (offiziell »Vertrag über Stabilität, Koordinierung und Steuerung in der Wirtschafts- und Währungsunion – VSKS«). Der Fiskalpakt ist eine Verschärfung der Maastrichter Verträge, auf die sich die Regierungschefs der Euroländer auf dem Brüsseler Gipfel vom 9. Dezember 2011 mehr oder weniger einvernehmlich verständigt hatten. »Mit dem Fiskalvertrag binden sich nationale Regierungen und nationale Parlamente in bislang noch nicht dagewesener Weise, die Wirtschafts- und Währungsunion zu einer Stabilitätsunion zu formen«, so Angela Merkel in ihrer Regierungserklärung.

Nach diesem Vertrag muss der allgemeine Staatshaushalt der Unterzeichnerstaaten immer ausgeglichen sein oder einen Überschuss aufweisen (es sei denn, dass »außergewöhnliche Umstände« vorliegen (Artikel 3, Absatz 1, Buchstabe c)). Zu diesen »außergewöhnlichen Umständen« in diesem Buch später noch mehr. Denn im Erfinden und Konstruieren »außergewöhnlicher Umstände« sind gewisse Politiker gewisser Staaten von keinem Sterblichen zu übertreffen. Der Fiskalpakt besagt, dass die Mitgliedsstaaten bis zum Erreichen eines ausgeglichenen Staatshaushalts ihre Schulden von Jahr zu Jahr verringern und diese Regeln in der nationalen Verfassung verankern werden. Abweichungen lösen automatische Korrekturen aus; Mitgliedsstaaten, die diese Regeln verletzen, haben der EU-Kommission und dem Europäischen Rat zu erklären, wie sie ihre Defizite dauerhaft zu senken gedenken, die jährlichen Haushaltspläne werden von der EU-Kommission und dem Europäischen Rat überwacht.

Das liest sich wie so vieles, das man zu Europa und zum Euro hört, auf dem Papier sehr gut. Am 2. März 2012 war dieser Vertrag von 25 EU-Regierungen unterzeichnet worden: Jetzt war das deutsche Parlament gefragt. Zwei der 27 EU-Staaten, Großbritannien und Tschechien, hatten wegen grundsätzlicher Bedenken abgewinkt.

Die Dringlichkeit eines solchen Fiskalpakts war zum Zeitpunkt der Merkel'schen Regierungserklärung nur zu klar (dass er vermutlich wie fast alle EU-Sparbeschlüsse nicht eingehalten werden wird, steht auf einem anderen Blatt): Bis Juni 2012 waren aus Schutzschirmmitteln bereits mehr als 150 Milliarden Euro an durch eigenes Fehlverhalten in Not geratene Krisenstaaten überwiesen worden, weitere Staatsbankrotte drohten, ein Fass ohne Boden schien sich aufzutun: 110 Milliarden Euro gingen an Griechenland, 12 Milliarden Euro an Irland, 18 Milliarden Euro an Portugal. Und weitere Länder standen bereits vor der Tür. Zusätzlich waren private Gläubiger weltweit durch den Schuldenschnitt für Griechenland vom März 2012 um über 100 Milliarden Euro erleichtert worden. »Wenn die europäische Staatsschuldenkrise eines gezeigt hat, dann, dass die unverantwortliche Haushaltspolitik eines Euro-Staats die Finanzstabilität der gesamten Euro-Zone als Ganzes gefährden kann«, begründete Angela Merkel diesen Pakt in ihrer Regierungserklärung. Und so hatte sie auch kaum Probleme, 491 Abgeordnete für den Vertrag zu gewinnen. 111 Abgeordnete stimmten dagegen und 6 enthielten sich.

Am 1. Januar 2013 ist der Fiskalpakt dann in Kraft getreten, die Euroländer Österreich, Zypern, Deutschland, Estland, Griechenland, Spanien, Finnland, Frankreich, Irland, Italien, Portugal, Slowenien und Slowakei haben ihn bereits ratifiziert.

★

Der Fiskalpakt war aber nur eines der beiden großen Gesetze, die an diesem Abend zur Abstimmung anstanden. Das zweite hatte den unromantischen Titel »Entwurf eines Gesetzes zu dem Vertrag vom 2. Februar 2012 zur Einrichtung des Europäischen

Stabilitätsmechanismus« und nahm in der Merkel'schen Regierungserklärung weit weniger Raum ein. Wie so oft, wenn wirklich wichtige Dinge verhandelt werden, geschah dies auch in diesem Fall quasi nebenbei. »Zusammen mit dem Fiskalvertrag liegt heute dem Bundestag und dem Bundesrat auch der Vertrag zur Einrichtung des dauerhaften Krisenbewältigungsmechanismus ESM zur Abstimmung vor,« sagte Angela Merkel und präsentierte dem Deutschen Bundestag ein weiteres Gesetz. Die Besonderheit, die man anscheinend nur zu gerne ins Kleingedruckte packt: Es stößt die europäische Tür zu den Rentenkassen und Sparkonten ihrer Wähler weit auf – und auch zu denen aller anderen Bürger, deren Vermögen und Ersparnisse sie als Bundeskanzlerin bei ihrer Vereidigung zu schützen geschworen hatte.

Der Text klingt auf den ersten Blick harmlos:

Artikel 1
Dem in Brüssel am 2. Februar 2012 von der Bundesrepublik Deutschland unterzeichneten Vertrag zur Einrichtung des Europäischen Stabilitätsmechanismus zwischen dem Königreich Belgien, der Bundesrepublik Deutschland, der Republik Estland, Irland, der Hellenischen Republik, dem Königreich Spanien, der Französischen Republik, der Italienischen Republik, der Republik Zypern, dem Großherzogtum Luxemburg, Malta, dem Königreich der Niederlande, der Republik Österreich, der Portugiesischen Republik, der Republik Slowenien, der Slowakischen Republik und der Republik Finnland wird zugestimmt. Der Vertrag wird nachstehend veröffentlicht.

Artikel 2
(1) Erhöhungen des genehmigten Stammkapitals nach Artikel 10 Absatz 1 des Vertrags bedürfen zum Inkrafttreten einer bundesgesetzlichen Ermächtigung zur Bereitstellung weiterer Kapitals.

(2) Der deutsche Gouverneur im Gouverneursrat des Europäischen Stabilitätsmechanismus und im Falle einer Delegation der

Entscheidung nach Artikel 5 Absatz 6 Buchstabe m des Vertrags der deutsche Direktor im Direktorium des Europäischen Stabilitätsmechanismus dürfen einem Beschlussvorschlag zur Änderung der Finanzhilfeinstrumente nach Artikel 19 des Vertrags nur zustimmen oder sich bei der Abstimmung über einen solchen Beschlussvorschlag der Stimme enthalten, wenn hierzu zuvor durch Bundesgesetz ermächtigt wurde.

(3) Änderungen des Stammkapitals nach Artikel 10 Absatz 3 des Vertrags und Änderungen des Beitragsschlüssels nach Artikel 11 Absatz 3 und 4 in Verbindung mit Artikel 11 Absatz 6 und Anhang I des Vertrags sind im Bundesgesetzblatt zu veröffentlichen.

Artikel 3
(1) Dieses Gesetz tritt mit Inkrafttreten des Gesetzes zur finanziellen Beteiligung am Europäischen Stabilitätsmechanismus, frühestens jedoch am Tag nach der Verkündung in Kraft.

(2) Der Tag, an dem der Vertrag nach seinem Artikel 48 Absatz 1 für die Bundesrepublik Deutschland in Kraft tritt, ist im Bundesgesetzblatt bekannt zu geben.

Berlin, den 20. März 2012
Volker Kauder, Gerda Hasselfeldt und Fraktion
Rainer Brüderle und Fraktion

Der eigentliche Sprengsatz ist nicht in diesem Gesetz, sondern in dem dort erwähnten »Vertrag zur Einrichtung des europäischen Stabilitätsmechanismus« versteckt; der ESM-Vertrag war von den Regierungschefs der Euro-Gruppe auf dem Gipfel des Europäischen Rates am 16./17. Dezember 2010 in Brüssel als Erweiterung von Artikel 136 des Vertrags zur Arbeitsweise der EU beschlossen und am 2. Februar 2012 von den Botschaftern der Euro-Staaten unterzeichnet worden. Er begründet eine mit 700 Milliarden Euro Anfangskapital ausgestattete (das entspricht rund einem Viertel des bundesdeutschen Bruttosozialprodukts) und in ihrer Lebensdauer unbegrenzte neue Behörde in Luxemburg, an die sich bedrängte Staaten demnächst um Notkredite und Bürgschaften wenden dürfen; vor allem komatöse Geldinstitute sollen so am Leben erhalten werden. Dieses Gesetz verschleppt, verlängert und verteuert damit eine Krankheit, die schon jetzt einen guten Teil derjenigen Mittel aufgefressen hat, von denen viele in Deutschland tätige Wirtschaftsteilnehmer heute immer noch irrtümlich glauben, dass sie davon im Alter einmal leben werden.

Abbildung 1 Bisher (Stand Frühjahr 2013) aufgelaufene gesamteuropäische Haftungssummen (Mrd. Euro)

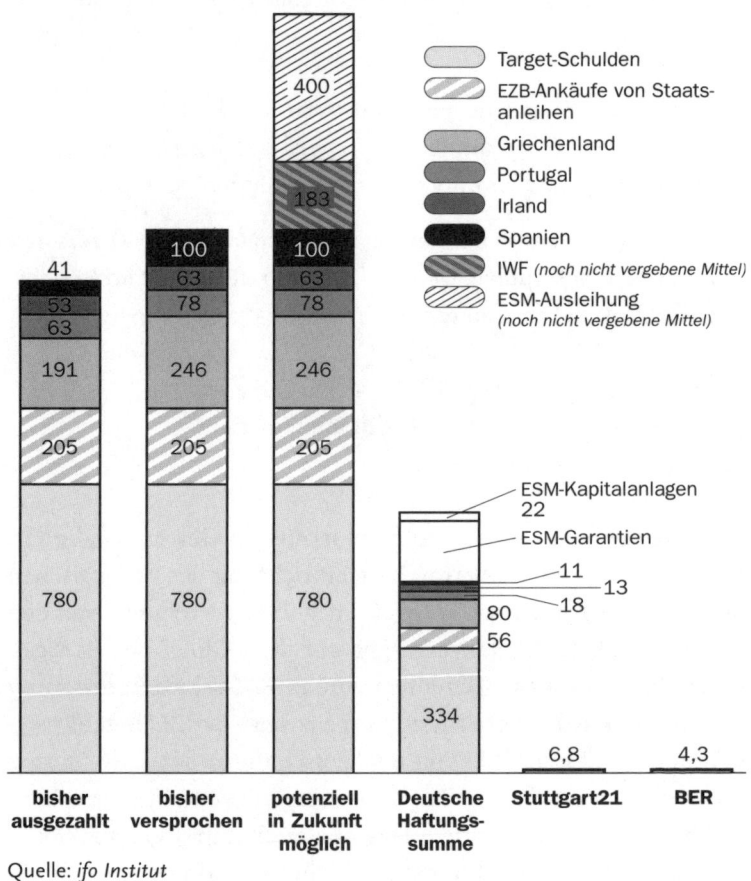

Quelle: *ifo Institut*

Die Grafik fasst die bisher (Stand April 2013) aufgrund des genannten Gesetzes und verwandter Zusagen aufgelaufenen, zu einem guten Teil aus deutschen Spar- und Steuermitteln aufgebrachten Nothilfen zusammen. Details dazu folgen in den weiteren Kapiteln dieses Buches. Insbesondere werden die prominenten sogenannten »Target-Schulden« in Kapitel 10 ausführlich erklärt. Pikanterweise haben Politik und Banken bis vor Kurzem abgestritten, dass ein derartiger Schuldenposten überhaupt existiert.

Wegen absehbarer Verfassungsklagen hatte Bundespräsident Gauck dieses Gesetz erst am 13. September 2012 unterzeichnet, seit dem 27. September 2012 ist der ESM mit der Hinterlegung der deutschen Ratifikationsurkunde beim Generalsekretariat des Rates der Europäischen Union in Kraft.

Vorausgegangen war dieser Sitzung des Deutschen Bundestags ein dramatischer Verhandlungsmarathon in Brüssel in der Nacht zuvor, »die Nacht, in der Merkel verlor« (*Spiegel Online*). Denn diese Nacht hatte nicht nur der deutschen Fußball-Nationalmannschaft eine schmerzliche EM-Halbfinalniederlage gegen Italien, sie hatte auch der deutschen Stabilitätspolitik eine ebenso schmerzliche und weitaus teurere Niederlage gegen die mit Italien verbündeten Mittelmeerländer eingebracht. So sah sich die Bundeskanzlerin zu zahlreichen nicht geplanten, mit großen Gefahren für deutsche Privat- und Staatsfinanzen verbundenen Zugeständnissen gezwungen, die in dem ursprünglichen Vertragstext nicht vorgesehen waren: Denn im ESM-Vertrag wird vereinbart, dass alle Euro-Staaten, sofern sie nur die jährlichen Zielvorgaben der EU-Kommission erfüllen, künftig ohne zusätzliche Konditionen Geld erhalten können. Zudem wurden damit auch viele andere bis dato gültige Schranken abgebaut und der Internationale Währungsfonds als Aufpasser in die Wüste geschickt. »Die Mittelmeerländer konnten einen echten Durchbruch feiern«, schrieb der *Spiegel*.

Er sei sehr zufrieden mit dem Erreichten, kommentierte Italiens Premierminister Monte, in Madrid sollen Sektkorken geflogen sein. Für die Südländer, also für Italien, Spanien und Griechenland, war klar: Fiskalpakt nur gegen ESM. Der eine war das Ziel, das andere der Preis. Und zwar ein mehr als widerwillig akzeptierter Preis, den man zu zahlen von Anfang an nicht wirklich vorzuhaben schien. »Montis Aufstand begann am Donnerstagabend gegen 19 Uhr«, schreibt der *Spiegel*. »Da wollte EU-Ratspräsident Herman Van Rompuy die erste Arbeitssitzung des Gipfels beenden und den Wachstumspakt vor der Presse verkünden. Monti wurde nach Angaben von Teilnehmern fuchsteufelswild. Wohin er denn wolle, fragte er Van Rompuy. Ob er ihn vielleicht nicht richtig verstanden habe? Er könne diesen Gipfel nicht ohne konkrete Maßnahmen gegen die hohen Zinsen auf italienische Staatsanleihen verlassen. Er werde dem Wachstumspakt nicht zustimmen, solange das nicht geklärt sei. Rajoy stellte sich hinter Monti und sagte, auch er könne dem Pakt noch nicht zustimmen.«

Die Südländer brauchten Geld, um ihre fälligen Staatsschulden zu bedienen. In normalen Zeiten ist das kein Problem: Man leiht sich neues Geld. In Krisenzeiten ist das anders: Die Investoren haben Angst, sie verleihen ihre Gelder nicht oder nur zu strengen Konditionen. So sah die Lage für Italien, Spanien und Portugal aus, als man sich im Juni 2012 in Brüssel traf. Wenn die Investoren aber sicher sein dürfen, so das Argument von Monti und Rajoy, ihre ausgeliehenen Gelder in fünf oder zehn Jahren wiederzusehen, dann werden auch die Zinsen sinken. Und all die Spekulanten, die auf einen Staatsbankrott gewettet haben, gucken in die Röhre.

Hier wurde die sogenannte Schaufenstertheorie genutzt: Man muss den Investoren, deren Geld man gerne hätte, das Geld zur Rückzahlung nur zeigen, dann investieren sie auch. Es funktioniert sozusagen wie das Gegenstück zur heiligen Inquisition des Mittelalters: Da wurden den Delinquenten die Folterwerkzeuge erst einmal nur gezeigt, um ihnen das Gestehen ihrer

Sünden zu erleichtern. Hier wird den Eigentümern der Gelder, die man selber gerne hätte, die Belohnung ins Schaufenster gelegt, um diese Gelder leichter zu erhalten. Dieses Schaufenstergeld mag tatsächlich, ähnlich wie ein Schmerzmittel, zur Beruhigung der Märkte beigetragen haben.

Aber genauso wenig, wie ein Schmerzmittel die eigentliche Krankheit heilt, kann dieses Schaufenstergeld die eigentliche Ursache für die Schwierigkeiten der Krisenländer beseitigen, neue Schulden aufzunehmen. Nämlich dass gewisse Länder angesichts ihrer selbst verschuldeten internationalen Wettbewerbsunfähigkeit auch in Zukunft kaum in der Lage sein werden, diese Schulden jemals zu begleichen. Auf diese zentrale Diagnose kommt dieses Buch noch oft zurück.

Ein weiterer Sprengsatz war in einem auf den ersten Blick unbedeutend erscheinenden Zusatz der Gipfelerklärung vom 29. Juni 2012 verborgen, der den Kreis der potenziellen Hilfsempfänger mit einem Federstrich sozusagen explodieren ließ:

> Sobald unter Einbeziehung der EZB ein wirksamer einheitlicher Aufsichtsmechanismus für Banken des Euro-Währungsgebiets eingerichtet worden ist, hätte der ESM nach einem ordentlichen Beschluss die Möglichkeit, Banken direkt zu rekapitalisieren.

Die Eurozone hat 17 Staaten, aber mehr als 5000 Banken. Und nun dürfen auch diese sich künftig an dem Steueraufkommen der EU-Bürger gütlich tun. »Rekapitalisieren« heißt dabei: Banken, die fällige Schulden nicht bedienen können oder deren Eigenkapital durch Wertverfall ihrer Aktiva unter die zulässige Grenze abgeschmolzen ist, bekommen neues Geld vom ESM. Während diese Zeilen entstehen, wird das gerade für die großen Banken Zyperns diskutiert. Da allerdings die Voraussetzung für das Anzapfen der EU, die gemeinsame europäische Bankenaufsicht, noch nicht vorliegt, funktioniert das noch nicht automatisch, ansonsten hätten die Zyprioten diese Gelder schon.

Mit diesem einfachen Satz verdreifachte sich die potenzielle Haftung Deutschlands: von 3 Billionen auf 9 Billionen Euro. Denn die privaten Banken Spaniens, Griechenlands, Portugals, Italiens und Irlands – und wie später deutlich wurde: auch Zyperns – hatten bis zum Jahr 2012 weit mehr Schulden angehäuft als die Staaten, in denen sie ihre Geschäfte machten. Und auch für diese Schulden stehen demnächst alle Euro-Länder gemeinsam ein.

Das ist eine derart ungeheuerliche und ganz offensichtlich von der deutschen Regierung nicht geplante und auch nicht gewollte Erweiterung der deutschen Haftung für andere Länder der Euro-zone, dass die Abgeordneten des Deutschen Bundestags dieses Monstrum wegen seiner Größe in ihrer Debatte am 29. Juni völlig übersahen, kein einziger Redner ging auf diesen Aspekt des ESM-Vertrags ein. Vielleicht hatten die meisten auch ihre Manuskripte schon Tage vorher abgeschlossen und kannten diesen Passus einfach nicht.

Als Erster sprach Sigmar Gabriel, er bekräftigte vor allem den Wunsch der SPD, den Zinsdruck von den Krisenstaaten wegzunehmen: »Sie lassen für Staaten der Euro-Zone eine Senkung des Zinsdrucks über die europäischen Rettungsschirme für die Fälle zu, in denen die betreffenden Staaten die europäischen Auflagen für ihre wirtschaftliche Entwicklung und Finanzlage einhalten«, erklärte er zustimmend. »Das ist mehr, als SPD und Grüne in den Verhandlungen mit der Bundesregierung Ihnen gegenüber durchsetzen konnten.« Es folgte das übliche parteipolitische Kleingezänk plus die obligatorische politisch korrekte Dankbarkeitsgeste: »Wenn wir jetzt für europäische Rettungsschirme mit bürgen, dann geben wir nur einen Teil dessen zurück, was wir selbst an der europäischen Einigung verdient haben.«

Es folgte Rainer Brüderle für die FDP. Auch er stellte allein die Vorteile des Vertrags heraus: »Wir müssen in Europa investieren, auch wenn der Weg lang und teuer wird; denn am Ende ist er kürzer und preiswerter als das Auseinanderfallen Europas«. Allenfalls

Sahra Wagenknecht von den Linken erwähnte kurz die Tatsache, dass es ja auch um Banken ging: »Tatsächlich ist es die Bankenkrise, die die Schulden der Staaten immer weiter nach oben treibt, weil Sie einerseits milliardenschwere Rettungsschirme aufspannen und riesige Brandmauern errichten und weil Sie andererseits nichts dafür tun, den eigentlichen Brandherd zu löschen.« Aber die möglichen Risiken für die deutsche Wirtschaft kamen auch bei ihr nicht vor. Und der Fiskalpakt ist für eine Linke natürlich Teufelswerk: »Wenn der Fiskalpakt eingehalten wird, müssen die europäischen Staaten in den nächsten Jahren über 2000 Milliarden Euro aus ihren Haushalten heraushacken: bei Gesundheit, bei Sozialem, bei Bildung und bei Renten. Was soll dann denn noch von Europa übrig sein?«

Auch Jürgen Trittin von den Grünen ging kurz auf die Rolle der Banken ein: »Sie wollten bis gestern Nacht keine Bankenunion«, sagte er zu Merkel gewandt. »Bis gestern Nacht wollten Sie keine direkte Rekapitalisierung von Banken. Sie wollten keine Hilfe aus dem Rettungsschirm ohne vereinbarte Austeritätsprogramme. Das war Ihre Position. Was lesen wir heute in den Beschlüssen des Rates? Sie sind für eine Bankenunion. Sie machen den Weg frei für eine direkte Rekapitalisierung von Banken.« Aber die möglichen Konsequenzen dieser direkten Rekapitalisierung sprach auch er nicht an. Und so redete ein Redner nach dem anderen an den wahren Problemen vorbei: Volker Kauder, Renate Künast, Philipp Rösler, Hubertus Heil, Gregor Gysi, Wolfgang Schäuble. Und selbst die Abgeordneten, die in persönlichen Erklärungen ihr Nein zu dem Vertrag begründeten, führten als Gründe eher völkerrechtliche (Peter Gauweiler) oder formaljuristische Argumente an: »Die mit dem Fiskalpakt ... schleichend einhergehende Änderung bzw. Beeinflussung unserer Verfassung über europäische Verträge ist eine neue Staatspraxis, die ich persönlich nicht akzeptieren kann« (Peter Danckert, SPD). Nur Frank Scheffler von der FDP mahnte an, wenn auch eher indirekt, dass die durch den ESM-Mechanismus geschützten Banken für ihre Fehlentscheidungen selber einstehen sollten: »Wer Risiken als Investor eingeht, der muss auch für diese Risiken haften. Er darf sie nicht zulasten der europäischen Steuerzahler sozialisieren.«

Auch dass der ESM-Vertrag nur zu offensichtlich der von Merkel zu zahlende Preis dafür war, dass sich die anderen Partner auf den Stabilitätspakt eingelassen hatten, wurde kaum zum Thema und auch von Frau Merkel selber sehr geschickt kaschiert: »Deshalb bilden auch für die Bundesregierung und die sie tragenden Parlamentsfraktionen diese beiden Verträge eine inhaltliche Einheit. Sie gehören zusammen«, hatte sie in ihrer Regierungserklärung gesagt, und so wiederholten es die anderen: »Es ist richtig, dass wir den ESM und den Fiskalpakt parallel auf den Weg bringen. Sie sind Zwillingsschwestern der Stabilitätsunion. Wir bauen eine neue Stabilitätsarchitektur in Europa. Es wird nationale Schuldenbremsen geben, quasiautomatische Sanktionen, Klagemöglichkeiten vor dem Europäischen Gerichtshof. Das alles hat entscheidend diese Bundesregierung durchgesetzt« (Rainer Brüderle). Auch die Grünen hatten nichts gegen diesen Kuhhandel einzuwenden: »Wir halten den ESM für ein notwendiges Instrument« (Jürgen Trittin). »Deswegen halten wir es für richtig, einem Fiskalpakt und einem Europäischen Stabilitätsmechanismus – unter der Maßgabe von mehr Investitionen für nachhaltiges Wachstum und einer vernünftigen Finanzierung durch eine Finanztransaktionssteuer – zuzustimmen.«

Nur Peter Danckert von der SPD befand: »Die Diskrepanz zwischen dem, was heute hier verbreitet wird, und dem, was zum Beispiel die Italiener und andere Staaten, zum Beispiel auch Frankreich, aus der gemeinsamen Erklärung herauslesen, ist erstaunlich.« Denn genauso entschieden, wie in Berlin vor allem Haushaltsdisziplin und Schuldenbremse als die Marksteine der zur Abstimmung anstehenden Verträge gesehen wurden, sah man in Athen, Madrid und Rom die Möglichkeit, nun bis zum Ende aller Zeiten neue Schulden aufzunehmen. Auf diese zentrale Diskrepanz kommen die weiteren Kapitel dieses Buches noch ausführlich zurück. Denn an Gutgläubigkeit und Wunschdenken macht der deutschen Bundesregierung und erst recht den deutschen politischen Oppositionsparteien kaum jemand etwas vor, es ist genau diese von Danckert benannte »Diskrepanz« zwischen dem, was [aus deutscher Sicht] vereinbart wird, und dem, was andere herauslesen, die zusehends die Fundamente des europäischen Hauses unterspült.

Als Einziger hatte wohl Peer Steinbrück die Tragweite der anstehenden Entscheidungen erfasst. Hier sein Redebeitrag:

> Bei der Bundesregierung wird die neue Bankenunion zu einer Umwälzanlage von Kapital aus den Staatshaushalten in Bankbilanzen; denn anstatt beim Europäischen Rat Ende Juni 2012 endlich einen europäischen Abwicklungsmechanismus zu etablieren und damit die Staatshaftung zu beenden oder zumindest deutlich einzugrenzen, haben die Bundesregierung und die Koalitionsfraktionen zugestimmt, dass der Europäische Stabilitätsmechanismus in Zukunft – jetzt kommt es – Banken direkt rekapitalisieren kann, und das, obwohl weite Teile von Ihnen im Haushaltsausschuss vorher aus einer richtigen Erkenntnis heraus explizit das Gegenteil beschlossen haben. Jetzt haften die Steuerzahler in Deutschland nicht nur für die Banken im eigenen Land – siehe das Finanzmarktstabilisierungsgesetz und Folgegesetze, die wir hier gemeinsam beschlossen haben –, sondern auch für Banken in der gesamten Euro-Zone.

Diese Rede hielt Steinbrück allerdings nicht am 29. Juni 2012, sondern am 17. Januar 2013. In der Juni-Debatte trat er nicht als Redner auf, und er hat auch der Regierungsvorlage zugestimmt. Die Debatte im Bundestag war damit jedenfalls zu Ende. »Wir kommen zur dritten Beratung und zur Schlussabstimmung«, verkündete Bundestagspräsident Norbert Lammert kurz vor zehn. »Ich weise darauf hin, dass zur Annahme des Gesetzentwurfes gemäß Art. 79 Abs. 2 des Grundgesetzes die Mehrheit von zwei Dritteln der Mitglieder des Deutschen Bundestags erforderlich ist. Das sind mindestens 414 Stimmen.

Wir stimmen nun über diesen Gesetzentwurf namentlich ab. Ich bitte die Schriftführerinnen und Schriftführer, die vorgesehenen Plätze einzunehmen und mir zu signalisieren, wenn das an allen Urnen der Fall ist. – Ich eröffne die erste namentliche Abstimmung.

Ist ein Mitglied des Hauses anwesend, das seine Stimme noch nicht abgegeben hat? Das ist nicht der Fall, jedenfalls nicht erkennbar. Ich schließe die Abstimmung und bitte die Schriftführerinnen und Schriftführer, mit der Auszählung zu beginnen.«

Die Auszählung endete mit dem bekannten Ergebnis. Sie war der vorläufig letzte, langfristig aber vielleicht der entscheidende Schritt in ein Abenteuer, auf das sich die deutsche Politik zwanzig Jahre zuvor in Maastricht in guter Absicht, aber unvollkommener Kenntnis ökonomischer, politischer und geldtheoretischer Fundamentalzusammenhänge und voller Illusionen über die Absichten und Pläne ihrer Partnerstaaten hineinbegeben hatte. Dieses Abenteuer kann immer noch ein gutes Ende nehmen. Muss es aber nicht, und wird es auch wahrscheinlich nicht. Vor allem dann nicht, wenn die dafür Verantwortlichen weiter vor der so zentralen wie unangenehmen Tatsache die Augen schließen, dass diese am 29. Juni beschlossenen Rettungsmilliarden kaum mehr als ein kurzfristiges Sedativum sind: »Die Krankheit wird unterdrückt und bricht vollständig wieder aus, wenn man die Mittel absetzt«, so Hans-Werner Sinn in seinem Plädoyer vor dem Bundesverfassungsgericht einige Tage später. »Schlimmer noch: Weil die Schmerzmittel die Krankheit verschleiern, verzögern und behindern sie die Therapie der Ursachen. Man wähnt sich gesund und ist es nicht. Man verliert nur Zeit bis zur notwendigen Operation, und währenddessen breitet sich die Krankheit weiter aus.«

Die Geschichte, die Ursachen und das Wesen dieser Krankheit sind das Thema dieses Buches. Sie bedroht das Finanzvermögen der in Deutschland tätigen Wirtschaftsteilnehmer auf mindestens dreifache Weise (und zu diesen Wirtschaftsteilnehmern gehören auch der türkische Gemüsehändler, der Teppich-Großimporteur aus Teheran, der thailändische Restaurantbesitzer oder der erfolgreiche Taxiunternehmer, der vor Kurzem mit seiner Großfamilie aus Bulgarien eingewandert ist): Einmal durch die Inflation. Davon ist im Augenblick noch nichts zu sehen, aber das dafür nötige Geld wird bereits gedruckt (u. a. auch zum Einspeisen in den vom Bundestag beschlossenen Euro-Rettungsschirm). Mit dieser Inflation verlieren alle heutigen Geldansprüche an Wert. Dazu gehört das idealtypische Sparkonto auf der Bank, aber auch die Kapitallebensversicherung, die mir in 20 Jahren 200 000 Euro auszahlt, wenn ich dann noch lebe, ganz allgemein sämtliche Ansprüche, die heute schon in Euro festgeschrieben oder versprochen sind, auch künftige Renten und Pensionen. Für viele Bundesbürger machen diese sogar den größten, wenn auch nirgends offiziell erfassten Teil ihres Vermögens aus.

Diese Inflation könnte es im Prinzip auch ohne Eurokrise geben, sie ist seit König Midas das erprobte Mittel aller Schuldner dieser Welt, ihre Schulden kostengünstig wieder loszuwerden. Der legendäre König Midas war noch gezwungen, seinen Gold- und Silbermünzen zwecks Ausweitung der Masse heimlich Kupfer beizumengen, selbst das ist heute nicht mehr nötig. Insbesondere wird im weiteren Verlauf dieses Buches gezeigt, wie die Eurokrise und die Europäische Zentralbank das Gelddrucken in bis dato unbekannter und ungeahnter Weise fördern. Und spätestens seit dem 29. Juni 2012 haben sie dazu auch die Genehmigung des Deutschen Bundestags.

Der zweite Angriff auf das Geldvermögen aller in Deutschland tätigen Wirtschaftsteilnehmer ist der potenzielle und durch den Bundestagsbeschluss wahrscheinlicher gewordene Wertverfall desjenigen Teils des deutschen Auslandsvermögens, der direkt oder indirekt aus nicht einklagbaren Forderungen der Bundesbank entsteht. Wie bei der Inflation findet hier die Enteignung auf eher kaltem Wege statt: Die Betroffenen merken es kaum, ihr Vermögen stirbt wie ein Schwindsüchtiger einen sanften

Tod. Denn der Zusammenhang zwischen diesen zukünftig vielleicht wertlos werdenden Forderungen der Bundesbank (im Fachjargon auch Target-Salden genannt) und dem Vermögen der in Deutschland tätigen Wirtschaftsteilnehmer ist sehr delikat und indirekt, selbst Experten sind sich hier nicht einig, wie das alles funktioniert.

Der dritte Angriff ist dagegen offen und ehrlich, eine heiße Enteignung sozusagen. Dies ist der Fall der Fälle, dass die gigantischen, von der deutschen Bundesregierung eingegangenen und vom Deutschen Bundestag am 29. Juni 2012 sanktionierten Bürgschaften eines Tages tatsächlich einmal fällig werden sollten. Und wenn die deutsche Politik so weitermacht wie bisher, dann werden sie eines Tages zumindest in Teilen fällig werden.

Diese drei Angreifer helfen sich gegenseitig. Indem die Bundesregierung versucht, die dritte Gefahrenquelle zu bekämpfen, das heißt den Haftungsfall zu verhindern oder wenigstens so lange hinauszuzögern, bis die nächste Wahl vorbei ist, werden die potenziell wertlosen Auslandsguthaben und die Inflationsgefahren immer größer. Versucht man dagegen, die Inflation zu bremsen, etwa indem man die Target-Salden nach oben beschränkt, steigt dadurch das Risiko des Haftungsfalles, steigt die Gefahr, dass die von Deutschland eingegangenen Bürgschaften tatsächlich eines Tages fällig werden. Damit kann man den Bundestagsbeschluss vom 29. Juni auch als eine indirekte Einladung zur Erpressung sehen: Ab jetzt ist es für die deutsche Regierung fast unmöglich, bei künftigen Rettungsbeschlüssen, und diese werden so sicher wie das Amen in der Kirche kommen, jemals wieder Nein zu sagen. Die deutsche Politik steckt in einer Falle, in die sie – halb zog sie ihn, halb sank er hin – selbst hineingestolpert, aber auch gestoßen worden ist.

Diesen künftigen potenziellen Enteignungen vorgeschaltet ist bereits eine aktuelle Teilenteignung aller deutschen Sparer, nämlich durch die negativen Realzinsen, die sie auf ihre Ersparnisse erhalten. Auch diese sind eine direkte Folge der Eurokrise, wie die weiteren Kapitel zeigen werden, insbesondere eine Folge

der systematischen Zinssubventionen der Europäischen Zentralbank für bankrotte Krisenstaaten. Beim Verfassen dieser Zeilen lag der Zinssatz für auf ein Jahr festgelegte Sparguthaben
bei knapp 1 Prozent, so niedrig wie noch nie. Die aktuelle Inflationsrate in Deutschland beträgt dagegen über 2 Prozent, das
heißt, wer heute in Deutschland Geld für sein Alter auf die hohe
Kante legt, wird systematisch ausgeraubt. Grob geschätzt halten
in Deutschland tätige Wirtschaftsteilnehmer rund 1,5 Billionen
ihres insgesamt rund 5 Billionen Euro umfassenden Brutto-
Geldvermögens in Form von Festgeld oder Sparguthaben, dafür
erhalten sie mindestens 1 Prozentpunkt weniger an Zinsen, als
sie ohne Euro erhalten könnten. So führen die deutschen Sparer
schon jetzt jährlich eine Zwangsabgabe in Höhe von aufsum-
miert 15 Milliarden Euro ab. Damit könnte man Stuttgart 21 dreimal bauen.

Dieses Gemisch von aktuellen und potenziellen Enteignungs-
versuchen ist höchst explosiv, und was auch immer die deutsche
Politik in Zukunft in Sachen Euro tut, es ist sehr riskant und mit
den Berliner Beschlüssen noch um einiges riskanter geworden.
Und zu gewinnen gibt es auch nicht viel, es sind vor allem Schäden zu begrenzen, der Überschuss der Kosten über den Nutzen
darf nicht aus dem Ruder laufen. Aber dazu muss man zuerst einmal diese Kosten kennen, muss zumindest ansatzweise wissen,
was Zahlungsbilanzen, Kapitalexporte und Target-Salden sind,
wie man die Geldmenge definiert, was diese von der sogenannten
Geldbasis alias dem Zentralbankgeld unterscheidet und wie die
Europäische Zentralbank überhaupt funktioniert. Wer verstehen
will, warum die Euro-Rettung zu einem Fass ohne Boden und
zur größten Vermögensvernichtungsmaschine der deutschen Geschichte zu werden droht, kann das nicht ohne Kenntnisse unserer Finanzverfassung tun. Zumindest die wichtigsten Wirkungs-
kanäle, die uns dahin geführt haben, wo wir heute stehen, werden
deshalb zunächst erklärt. Als Erstes folgt ein Kapitel, wie modernes Geld überhaupt entsteht, wer es macht und wie durch Geld
eine moderne Wirtschaft überhaupt erst möglich wird.

Ergänzende Literatur

Das Plädoyer von Hans-Werner Sinn vor dem Bundesverfassungsgericht in Karlsruhe am 10. Juli 2012 ist nachzulesen im *ifo Schnelldienst* 15/2012. Die Sitzungsprotokolle und Gesetzentwürfe des Deutschen Bundestags sind über die Netzseiten http://www. bundestag.de/dokumente/drucksachen/index.html abrufbar. Für die obigen Ausführungen wurden benutzt: *Bundestagsdrucksache* 17/9045: Gesetzentwurf der Fraktionen der CDU/CSU und FDP. Entwurf eines Gesetzes zu dem Vertrag vom 2. Februar 2012 zur Einrichtung des Europäischen Stabilitätsmechanismus sowie Plenarprotokoll 17/188: Stenografischer Bericht, 188. Sitzung. Zur Medienresonanz des Brüsseler Eurogipfels vom Juni 2012 siehe etwa Carsten Volkery: »Euro-Gipfel: Die Nacht, in der Merkel verlor«, *Spiegel Online*, 29.6.2012.

ZWEI

GELD, WAS IST DAS ÜBERHAUPT?

Vertrauen und Stabilität – von Geldmengen und ihrer Vermehrung

Nach Golde drängt,/Am Golde hängt/Doch alles.

Johann Wolfgang von Goethe: Faust –
Der Tragödie erster Teil

Dies ist ein Buch über den Euro. Der Euro ist unser Geld. Aber was ist das eigentlich: unser Geld?

Zu Jesus' Zeiten war die Antwort einfach: Judas bekam seine 30 Silberlinge. Davon hätte er sich dann so und so viel Scheffel Weizen, so und so viele Krüge Wein oder auch einen kleinen Olivenhain am Rande von Jerusalem kaufen können. Dazu kam es nicht, wie wir alle wissen, denn Judas zog es vor, aus Reue über den Verrat am Herrn freiwillig diese schöne Erde zu verlassen.

Geld waren damals in Münzform gepresste seltene Metalle, mit Gold und Silber an der ersten Stelle. Aber auch Kupfer oder Bronze, wie im alten China, kamen zuweilen vor. Die ersten derartigen Münzen sind für das 7. Jahrhundert v. Chr. in Kleinasien im Reich der Lyder nachgewiesen. Bis zu dieser Erfindung hatte die Menschheit also ziemlich lange gebraucht, die Pyramiden waren damals schon 2000 Jahre alt. Vorher hatte man einfach Metallbarren ausgetauscht, auch seltene Steine, Schnecken oder Muscheln dienten oft als Geld.

Das ist die erste Bedingung, damit irgendetwas als Geld funktioniert: Es darf nicht beliebig vermehrbar sein. Aus diesem Grund waren nach dem Zweiten Weltkrieg die amerikanischen Zigaretten auf deutschen Schwarzmärkten als Geldersatz so beliebt. Die Amerikaner hatten zwar beliebig viel davon, die Deutschen aber nicht. Diese Bedingung der beschränkten Vermehrbarkeit wird später in diesem Buch sehr wichtig werden, denn augenblicklich laufen in Europa die Notenpressen heiß.

Halten wir aber zunächst fest: Geld in Form von nicht vermehrbaren seltenen Dingen ist etwas Wunderbares. Hier muss der Schwarzmarkthändler nicht zwei Wochen warten, bis ihm jemand für ein gebrauchtes Radio, das er gerne loswerden möchte, eine warme Winterjacke gibt, die er gerade braucht. Er verkauft das Radio für 40 Zigaretten, kauft sich am Stand daneben für 35 Zigaretten eine dicke Winterjacke und begießt das Geschäft für 5 Zigaretten in der Kneipe an der Ecke mit einer Lokalrunde illegal gebrannten Schnapses. Das erleichtert den Austausch von Waren und Dienstleistungen ganz ungemein. Die Ökonomen nennen das auch die Tauschfunktion des Geldes. Neben dem Rad ist das vermutlich die wichtigste Erfindung der Menschheit überhaupt.

Denn das Tolle am Geld ist: Für sein Radio kann sich der Schwarzmarkthändler nur von den Leuten etwas kaufen, die gerade ein Radio benötigen. Mit Geld kann er sich (fast) alles kaufen. Wenn auch die besten Dinge im Leben, so Albert Einstein, vielleicht die sind, die man nicht für Geld bekommt, ist es dennoch kein Wunder, dass diese Vielzweck-Besitzergreifungsmaschine namens Geld die Menschen fasziniert, seitdem sie existiert. »Geprägte Freiheit« hat Dostojewski das Geld einmal genannt.

Natürlich haben auch wunderbare Dinge ihre Schattenseiten. Zum Beispiel verändert Geld die menschliche Psyche. In seinem aktuellen Bestseller *Schnelles Denken, langsames Denken* berichtet der Wirtschaftsnobelpreisträger Daniel Kahneman von äußerst aufschlussreichen einschlägigen Experimenten. In einem zeigt man einer Hälfte einer Versuchsgruppe auf einem Bildschirm einen Haufen Dollarscheine, der anderen einen Blumenstrauß. Dann sollen alle Teilnehmer eine knifflige Aufgabe lösen, sie dürfen den Versuchsleiter um Hilfe bitten. Die mit den Dollars warten doppelt so lange mit der Bitte wie die Blumenkinder. Oder man bittet sie in ein Besprechungszimmer zwecks Unterredung mit einem anderen Versuchsteilnehmer, sie möchten schon mal zwei Stühle aufstellen. Dann geht der Versuchsleiter vor die Tür, um die zweite Person abzuholen. Die Blumen-Probanden stellen die Stühle mit durchschnittlichem Abstand 80 cm auf, die Dollar-Probanden lassen 118 cm Zwischenraum. Kahneman schließt daraus, dass allein schon der Gedanke an Geld die Menschen einerseits selbstbewusster, andererseits aber auch distanzierter gegenüber ihrer Umwelt macht.

Was aber auch immer die psychologischen Nebeneffekte sein mögen: Unter dem Gesichtspunkt des Gütertauschs ist Geld ein reiner Segen. In gewissen Kreisen gilt es zwar als Ausweis einer höheren Bildung, über Geld zu lästern, aber diese Leute würden heute noch in Höhlen hausen, wenn es die moderne Geldwirtschaft nicht gäbe. Vielleicht lebten sie psychisch ausgeglichener, aber dennoch nur in Höhlen.

Dazu kommt ein weiterer großer Vorteil des Geldes, der unser Leben sehr erleichtert. Ohne Geld müsste der Bauer, der seine Milch gegen Brot eintauscht, das Brot bald essen. Mit Geld verkauft er heute seine Milch und kauft sich später dafür Brot. Die Ökonomen nennen das auch die Wertaufbewahrungsfunktion des Geldes. Unter anderem auch aus diesem Grund war sogenannten Naturalgeldprojekten wie Fellen, Kamelen oder Getreide, mit denen man in manchen Gegenden der Erde noch bis vor wenigen hundert Jahren zahlte, kein langfristiger Erfolg beschieden (»tut mir leid, kann nicht bezahlen, mein Geld ist gestern gestorben«) und eignen sich auch Metalle wie Eisen schlecht als Geld. Wer das in seinem Garten vergräbt, um es vor dem Finanzamt zu retten, wird sich 50 Jahre später gewaltig wundern. Gold und Silber dagegen rosten nicht. Auch diese Wertaufbewahrungsfunktion des Geldes wird in diesem Buch noch oft zur Sprache kommen. Denn Geld erfüllt seine Funktion nur dann, wenn seine Besitzer sicher sein können, dass sie auch in 10, 20 oder 50 Jahren dafür noch etwas bekommen. Auch das ist mit Geld in Form von Gold und Silber im Wesentlichen garantiert.

Soweit ergeben sich also nur Vorteile und nirgends ein Problem. Diese fingen 200 Jahre v. Chr. im alten China an. Da erfanden die Chinesen das Papier. Und daraus fertigten sie die ersten Banknoten der Welt.

Die Idee ist gut: Will ich in einer weit entfernten Stadt eine Herde Kühe kaufen, so müsste ich mühsam eine große Menge Münzen dorthin bringen. Stattdessen trage ich die Münze zu einer Bank meines Vertrauens, die gibt mir einen Zettel, worauf steht: Zahle an den Überbringer dieses Zettels soundso viele Münzen aus. Noch heute ist etwa auf englischen Fünf-Pfund-Noten zu lesen: »I promise to pay the bearer on demand the sum of 5 Pounds« (»Ich zahle dem Überbringer 5 Pfund Sterling aus«). Gemeint war damit Sterling-Silber, daraus wurden in England die frühen Silberpennies hergestellt. Statt einer schweren Truhe Silberpennies übergibt der Verkäufer dann einfach diesen Zettel, und alle Beteiligten haben sich viel Mühe und Arbeit gespart. Vorausgesetzt natürlich, dass die Bank das nötige Silber im Ernstfall dann auch hat. Man sagt auch: das Papiergeld ist gedeckt. Man muss nicht lange nachdenken, um zu sehen, welche Versuchungen sich hier auftun. Schon der Bericht von Marco Polo über das erste Papiergeld in China lässt an dessen Deckung gewisse Zweifel aufkommen. »In der Stadt Kambalu (= Peking) befindet sich die Münzanstalt des Großkhans Kublai Khan, von dem man wirklich sagen kann, dass er das Geheimnis der Alchemisten kennt, da er die Kunst versteht, Gold zu machen.« So schreibt Marco Polo Ende des 13. Jahrhunderts. »Er lässt nämlich die Schale von den Maulbeerbäumen, deren Blätter den Seidenraupen als Futter dienen, abstreifen und nimmt davon die dünne Innenrinde, die sich zwischen der raueren Borke und dem Holz des Baumes befindet. Diese lässt er einweichen und in einem Mörser zerreiben, bis sie zu Brei geworden ist. Daraus wird das Papier gemacht, das dem aus Baumwolle hergestellten gleicht, aber ganz schwarz ist. Dieses wird nun in Goldstücke von verschiedener Größe geschnitten, die fast viereckig, aber meistens etwas länger als breit sind. Von diesen gilt der kleinste einen Pfennig, ein etwas größeres einen venezianischen Silbergroschen, das nächste zwei Groschen, dann fünf, dann zehn Groschen, wieder größere gelten einen, zwei, drei bis zu zehn goldene Byzantinen; und all dieses Papier wird so aufwendig hergestellt, als sei es lauter echtes Silber und pures Gold.«

Als sei es lauter echtes Silber und pures Gold. Welche Versprechen genau mit diesem Papier verbunden waren, erwähnt Marco Polo nicht. Aber irgendetwas Regierungsamtliches wird es schon gewesen sein: »Denn auf jedes dieser Stücke schreiben mehrere Beamte, die dazu besonders angestellt sind, nicht allein ihre Namen, sondern drücken auch ihre Siegel darauf, und anschließend taucht der oberste Münzmeister das ihm anvertraute Siegel in Zinnober und stempelt damit das Papier; auf diese Weise erhält es volle Kraft als gültige Münze.«

Abbildung 2 Chinesisches Papiergeld der Hongwu-Ära, ca. 1380

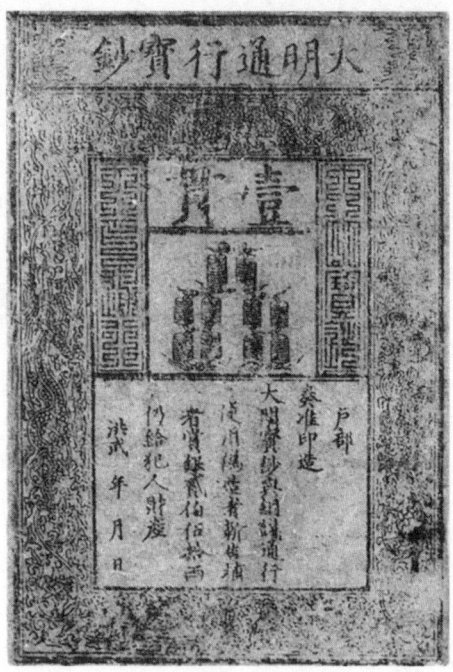

Aber diese volle Kraft als gültige Münze war offensichtlich nicht von Dauer, irgendwann müssen sich die Chinesen geweigert haben, dieses Papier, und sei es auch noch so aufwendig hergestellt und mit Siegeln versehen, als Zahlungsmittel anzunehmen – Anfang des 15. Jahrhunderts wurde das Papiergeld in China wieder abgeschafft.

In Europa war Spanien der Papiergeldpionier: Während der Belagerung der Festung Alhambra durch die Mauren im Jahr 1483 galten vom Kommandanten unterzeichnete Papierscheine dort als Geldersatz. Später kam dann auch in anderen, von der Münzversorgung abgeschnittenen belagerten Städten derartiges Notgeld zum Einsatz, etwa im Jahr 1793 bei der Belagerung von Mainz. Aber dergleichen Münz-Ersatzscheine wurden dann bald wieder aus dem Verkehr gezogen.

Die ersten offiziellen europäischen Banknoten emittierte die private schwedische »Bank von Stockholm« im Jahr 1661. Es folgte England – dort hatte König William im Jahr 1694 dem schottischen Kaufmann Paterson die Genehmigung zur Gründung der Bank of England inklusive des Rechts zur Ausgabe von Banknoten erteilt – und dann auch Deutschland; hier gab die »Banco di gyro d'affrancatione« im Jahr 1705 die ersten sogenannten »Banco-Zettel« aus, gefolgt von den sächsischen und preußischen Staatspapier- und Tresorscheinen des 18. Jahrhunderts. So wurde dann das Bezahlen mit Papier immer populärer. Ab der Goethezeit war die Banknote in Deutschland als Zahlungsmittel flächendeckend anerkannt.

★

Die Akzeptanz von Banknoten steht und fällt natürlich mit dem Glauben, dass man im Bedarfsfall dafür tatsächlich »echtes« Geld bekommt. Papiergeld ist also in erster Linie eine Vertrauenssache. Worauf man da unter Umständen vertraut, hat niemand besser ausgedrückt als Goethe im ersten Akt von *Faust, der Tragödie zweiter Teil.* Hier schlägt Faust dem Kaiser vor, für noch nicht gehobenes Gold Papierscheine als Pfänder auszugeben: »Zu wissen sei es jedem, der's begehrt: Der Zettel hier ist tausend Kronen wert«, verkündete der Kanzler voller Stolz. »Ihm liegt gesichert, als gewisses Pfand, Unzahl vergrabnen Guts im Kaiserland.«

Und zumindest in *Faust II* scheint dieses Schema, so der Schatzmeister, auch gut zu funktionieren:

So stempelten wir gleich die ganze Reihe,
Zehn, Dreißig, Fünfzig, Hundert sind parat.
Ihr denkt euch nicht, wie wohl's dem Volke tat.
Seht eure Stadt, sonst halb im Tod verschimmelt,
Wie alles lebt und Lust genießend wimmelt!

Der Marschall sieht das ebenso:

Mit Blitzeswink zerstreute sich's im Lauf.
Die Wechslerbänke stehen sperrig auf:
Man honoriert daselbst ein jedes Blatt
Durch Gold und Silber, freilich mit Rabatt.
Nun geht's von da zum Fleischer, Bäcker, Schenken;
Die halbe Welt scheint nur an Schmaus zu denken,
Wenn sich die andre neu in Kleidern bläht.
Der Krämer schneidet aus, der Schneider näht.
Bei ›Hoch dem Kaiser!‹, sprudelt's in den Kellern,
Dort kocht's und brät's und klappert mit den Tellern.

Dito Mephistopheles:

Ein solch Papier, an Gold und Perlen Statt,
Ist so bequem, man weiß doch, was man hat;
Man braucht nicht erst zu markten, noch zu tauschen,
Kann sich nach Lust in Lieb' und Wein berauschen.
Will man Metall, ein Wechsler ist bereit,
Und fehlt es da, so gräbt man eine Zeit.
Pokal und Kette wird verauktioniert,
Und das Papier, sogleich amortisiert,
Beschämt den Zweifler, der uns frech verhöhnt.
Man will nichts anders, ist daran gewöhnt.
So bleibt von nun an allen Kaiserlanden
An Kleinod, Gold, Papier genug vorhanden.

Solange also an Kleinod und Gold genug vorhanden ist, tun Banknoten hervorragend ihren Dienst. Aber schon im deutschen Kaiserreich rückte man von der vollständigen Deckung der Banknoten durch Goldbestände ab, und nach dem Ersten Weltkrieg wurde die Deckung durch Gold oder Silber vollständig aufgegeben.

Und so ist es bis heute geblieben: Den Euro-Noten in unseren Brieftaschen entspricht kein realer Wert, ihren einzigen Nutzen ziehen Sie daraus, dass jeder Privat- und Geschäftsmann in der EU verpflichtet ist, diese Noten als Bezahlung anzunehmen. Und der Staat als der Hersteller der Noten sowieso.

Wenn aber der Bestand an Banknoten nicht an reale Güter gekoppelt ist, lässt er sich im Prinzip beliebig vermehren. Man braucht dazu nur eine Druckerpresse und Papier. Und die Versuchung, sich auf diese Weise wie Münchhausen am eigenen Schopf aus dem wirtschaftlichen Sumpf zu ziehen, ist nur allzu groß. Schon die ersten Papiergeldversuche im Frankreich des frühen 18. Jahrhunderts endeten deshalb in einer wirtschaftlichen Katastrophe. Als im Jahr 1715 der Sonnenkönig Ludwig XIV. gestorben war, saß sein Nachfolger auf einem derart gewaltigen Schuldenberg, dass man seriöserweise den Staatsbankrott hätte erklären müssen. Die Ähnlichkeiten mit aktuellen Finanzkrisen liegen auf der Hand. Damals erschien der Retter in Gestalt des schottischen Bankiers und Ökonomen John Law; er zeigte dem Finanzminister, wie man Papiergeld druckt und damit seine Schulden tilgt. Gedeckt war dieses Geld u. a. durch noch nicht realisierte Gewinne aus diversen Überseegeschäften, und als diese Gewinne ausblieben, dämmerte vielen Franzosen, was sie da in den Händen hielten – nichts als wertloses Papier. Auch hier sind Vergleiche mit dem modernen Retter EZB und dessen Unterstützungspolitik für bankrotte Krisenstaaten durchaus angebracht, später dazu mehr.

Die Deutschen denken bei dem Stichwort Notenpresse vor allem an die große Inflation von 1923. Um für die Kosten des verlorenen Krieges aufzukommen, speziell um die Reparationen an Frankreich zu bezahlen, hatte die Reichsregierung damals einfach Geld gedruckt (die Bindung an das Gold war schon zu Beginn des Krieges aufgegeben worden). Und da sie für ihr Geld immer weniger Devisen zur Bezahlung der Kriegskosten bekam – natürlich bestanden die Kriegsgewinner auf Dollar, Pfund und Franc –, druckte sie einfach noch mehr Geld, so lange, bis man im November 1923 für einen amerikanischen Dollar über 4 Billionen DM zahlen musste. Damit hatte eine der größten Geldvermögens-Vernichtungsaktionen der ganzen Menschheitsgeschichte ihren Höhepunkt erreicht. Unter Historikern gilt es als ausgemacht, dass die Machtergreifung der Nationalsozialisten zehn Jahre später erst durch diese monetäre Katastrophe möglich oder zumindest aber sehr erleichtert wurde.

Andere Länder hielten noch eine gewisse Zeit an der Bindung ihrer Banknoten an wahre Werte fest. In England etwa wurde im Jahr 1925 vom damaligen Finanzminister Churchill die bei Kriegsausbruch ausgesetzte Konvertibilität des britischen Pfundes gegen Gold wieder eingeführt. Allerdings war dadurch das britische Pfund dermaßen überbewertet, dass englische Güter auf den Weltmärkten nur schwer verkäuflich waren und als Folge der resultierenden Importüberschüsse immer mehr englische Pfund auf ausländische Konten flossen. Und die Ausländer tauschten diese Pfund dann wie versprochen gegen Gold, mit der Folge, dass binnen Kurzem die Goldbestände der englischen Zentralbank fast aufgebraucht gewesen wären. Deshalb schaffte auch England im Jahr 1931 den Goldstandard endgültig ab.

Einige Jahrzehnte länger hatten die USA noch versucht, ihre Dollars mit Gold zu hinterlegen. Bis dann der französische Präsident de Gaulle auf die Idee verfiel, für die von der französischen Nationalbank angehäuften Dollarscheine tatsächlich das Gold der Amerikaner einzufordern: Im Jahr 1966 ließ er mit U-Booten Woche für Woche rund 10 Tonnen Gold von New York nach Frankreich bringen.

Vielleicht hätten das die Deutschen genauso tun sollen. Denn noch heute liegt ihr Gold zum großen Teil in New York, 1536 Tonnen insgesamt (weitere 374 Tonnen liegen übrigens in Paris, dahin wurden sie im Kalten Krieg zum Schutz vor den Russen ausgelagert; aktuell ist die Heimholung geplant). Im Jahr 1973 kündigte Präsident Nixon dann endgültig das Recht zur Einforderung von Gold gegen Dollars auf. Seitdem gibt es weltweit keine einzige durch irgendwelche wahren Werte gedeckte Währung mehr.

★

Für Ökonomen ist das natürlich ein alter Hut, aber für viele andere Leser dieses Buches vielleicht nicht. Alles Geld auf der Welt ist heute Kunstgeld, »fiat money«, wie die Ökonomen sagen, sein innerer Wert ist null, es ist beliebig vermehrbar und lebt nur davon, dass die Menschen darauf vertrauen, dass die zuständigen Instanzen genau das *nicht* tun, dass andere Menschen auch in Zukunft dieses Geld als Zahlungsmittel akzeptieren.

Im Prinzip könnte also jede wie auch immer definierte Gemeinschaft auf dieser Erde ihr eigenes Geld erfinden. Und manche tun das auch. So haben etwa die als besonders eigensinnig bekannten Basken im französischen Teil des Baskenlandes zu Beginn des Jahres 2013 ihren eigenen Eusko eingeführt. Wer damit bezahlen oder bezahlt werden will, tritt der lokalen Vereinigung »Euskal Moneta« bei, und hat hinfort eine Währung mehr. Die Scheine werden nur in baskischen Geschäften angenommen und ausgegeben und sollen vor allem der lokalen Wirtschaft helfen. Zwar wird die französische Nationalbank nicht müde zu betonen, dass auch in dieser Gegend Frankreichs weiterhin der Euro das einzige legale Zahlungsmittel sei, aber wenn die Bürger sich freiwillig darauf verständigen, auch andere Scheine als Zahlungsmittel anzunehmen, kann keine Nationalbank der Erde dagegen irgendetwas tun. In England beispielsweise haben die Bürger der Stadt Bristol das Bristol Pound in den Verkehr gebracht, und auch in Deutschland ist seit einigen Jahren Privatgeld sehr beliebt: Der Sterntaler im bayrischen Ainring, die Landmark im thüringischen Reinstätt, die Bürgerblüte in Kassel oder der Volme Taler in Hagen. Insgesamt zählt die Bundesbank in einer Studie aus dem Jahr 2006 (»Regionalwährungen in Deutschland – Lokale Konkurrenz für den Euro?«) 16 aktive und über 30 geplante regionale Geldmacherinitiativen auf.

Die erfolgreichste und bekannteste ist wohl das Projekt Chiemgautaler: »Chiemgauer – Das bessere Geld für die Region«, wirbt der Urheber der Aktion, der Verein Chiemgauer e. V., auf seiner Netzseite www.chiemgauer.info: »In der Satzung des Chiemgauer e. V. ist der Chiemgauer als gleichberechtigtes Zahlungsmittel festgelegt. Alle Nutzer des Chiemgauer werden Mitglied im Chiemgauer e. V. Die Regeln des Chiemgauer beschließt die Mitgliederversammlung.« Die Aktion gibt es seit dem Jahr 2003, inzwischen ist man auch schon im Ausland, etwa in Griechenland, daran interessiert:»Im Rahmen einer Tagung [in Griechenland] zur ›Vermarktung landwirtschaftlicher Erzeugnisse‹ wurde auch der Chiemgauer vorgestellt«, ist auf den Netzseiten zu lesen.»Die Einladung wurde vom Deutschen Generalkonsul in Thessaloniki, der Konrad-Adenauer Stiftung in Griechenland und der Stadt Langadas im Bezirk Thessaloniki ausgesprochen. Diese Institutionen wollen die Zusammenarbeit der beiden Länder im Rahmen der ›Deutsch-griechischen Versammlung‹ fördern. Ziel ist der Erfahrungsaustausch auf vielen Gebieten der Kommunalpolitik sowie eine Verbesserung der wirtschaftlichen Möglichkeiten für griechische Erzeuger und Unternehmen.«

Also: Geld ist das, was die Menschen zu Geld erklären. Auch die Zigaretten auf den deutschen Schwarzmärkten nach dem Zweiten Weltkrieg waren eine solche private Währung. Und für die Kinder auf dem Schulhof waren das früher die Murmelkugeln – zehn Murmeln für ein mäßig zerlesenes Micky-Maus-Heft, zwei Murmeln für ein Pausenbrot. Wichtig für das Funktionieren eines solchen Geldsystems ist allein, dass die Besitzer dieses Geldes darauf vertrauen dürfen, jederzeit und auch in Zukunft dafür reale Gegenwerte eintauschen zu können.

Dieser Glaube hält eine Währung am Leben. Das kann man nicht oft genug betonen: Geld ist nichts als Vertrauen, Geld ist nichts als Glaube. Geht der verloren, geht auch das Geld verloren. So konnte man in weiten Teilen des Balkans in den 90er-Jahren die lokale Währung sozusagen als Klopapier benutzen – die Menschen bestanden auf Bezahlung in deutscher Mark. Und auch heute sind Euro und Dollar in vielen Weltgegenden als Zahlungsmittel populärer, als es die nationalen Noten sind.

Warum war die Deutsche Bundesbank, als es sie noch in ihrer alten Fassung gab, die mit Abstand höchstgeachtete Institution der ganzen Republik? Weil man ihr glaubhaft zutraute, den Geld-

Abbildung 3 Das ist der aktuell wertvollste Geldschein der Welt: 10 000 Singapur-Dollar sind mehr als 6 000 Euro wert.

wert stabil zu halten. Das nächste Kapitel erzählt diese Erfolgsgeschichte noch mal nach. Und nicht ohne Grund ist die Stabilität des Geldwerts auch – zumindest offiziell – das wichtigste Ziel der im Jahr 1998 gegründeten Europäischen Zentralbank (EZB). In Artikel 282 des Vertrags über die Arbeitsweise der Europäischen Union ist festgelegt: »Die Europäische Zentralbank und die nationalen Zentralbanken bilden das Europäische System der Zentralbanken (ESZB) [...] Sein vorrangiges Ziel ist es, die Preisstabilität zu gewährleisten.«

Dass die EZB dem zuwiderhandelt, indem sie hinter dem Rücken der EU-Bürger die Druckerpresse laufen lässt, wird in den weiteren Kapiteln dieses Buches leider nur allzu deutlich werden.

Mit der deutschen Inflationskatastrophe von 1923 lässt sich nochmals einer der fundamentalen Zusammenhänge des modernen Wirtschaftsgeschehens in Erinnerung rufen: der Zusammenhang zwischen Geldmenge und Preisniveau. Ob diese beiden Größen wirklich proportional zueinander verlaufen – das ist die sogenannte Quantitätstheorie – oder mehr oder weniger um einen Proportionalitätsfaktor herum schwanken, ist dabei unerheblich. Fest steht: Jede Erhöhung der Geldmenge bietet einen Anreiz zur Preiserhöhung, und dieser Anreiz setzt sich langfristig auch in höheren Preisen durch. Wenn die Kinder auf dem Schulhof doppelt so viele Murmeln haben wie vorher, dann kostet ein Micky-Maus-Heft bald nicht mehr 10 Murmeln, sondern 20. Das mussten schon die Spanier im 16. Jahrhundert leidvoll erfahren, als sie sich im Glanz des Goldes der Inkas und Azteken sonnten. Durch dieses neue Gold, und noch mehr durch die neu entdeckten Silberminen, kam so viel Geld ins Land, dass sich die Preise für Brot und Fleisch im späten 16. Jahrhundert fast verzehnfachten. Wirtschaftshistoriker sprechen auch von der ersten großen Inflation.

Da aber Gold und Silber nicht durch einen Federstrich zu erschaffen waren, blieb die Inflationsrate begrenzt. Kann man das Geld dagegen billig selber drucken, gibt es für Inflationen keine Obergrenze. Die in Deutschland 1923 mit einer Preissteigerungsrate von (auf das Jahr umgerechnet) mehreren Millionen Prozent war zwar die vielleicht folgenreichste, mit der größten Zahl an enteigneten Geldvermögensbesitzern und der Nazi-Diktatur am Schluss, aber an reinem Ausmaß der Preissteigerung wird sie noch von der gar nicht lange zurückliegenden Inflation in Simbabwe übertroffen: Am 16. Januar 2009 gab man dort eine Banknote mit dem Wert von 100 Billionen (100000000000000) Simbabwe-Dollar aus. Dafür gab es in etwa so viel Benzin, Brot und Getreide wie für einen einzigen Simbabwe-Dollar fünf Jahre zuvor.

Den Besitzern des Benzins und des Getreides ist das gleich, viele profitierten sogar davon. Aber wer im Jahr 2004 etwa 1000 Simbabwe-Dollar verliehen hatte, was damals eine Familie einen Monat lang hätte ernähren können, konnte sich dafür fünf Jahre später gerade noch ein Reiskorn kaufen.

Umgekehrt ist eine große Inflation für Schuldner aller Art natürlich wie Weihnachten und Ostern an einem Tag. Das gilt besonders für den Superschuldner Staat. So hat etwa die deutsche Reichsregierung ihre Kriegsschulden nach dem Ersten Weltkrieg von damals 154 Milliarden Mark (dies klingt heute wenig, war damals aber ein Mehrfaches des deutschen Sozialprodukts) durch die Inflation von 1923 auf – bitte mitschreiben – ganze 15 Pfennig reduziert. Davon träumen die Finanzminister heute immer noch.

★

Zum vollen Verständnis des modernen Geldwesens fehlt noch ein letzter Schritt. So, wie die Banknoten im Lauf der Jahrhunderte die Münzen ersetzt haben, weil sie bequemer zu transportieren sind, werden nämlich die Banknoten selber heute zusehends durch Buch- alias Giralgeld ersetzt: Man verwahrt sein Geld nicht mehr in Form von Noten im Portemonnaie, sondern als Girokonto bei der Bank. Und wenn man sich bei Amazon einen neuen Fernseher bestellt, trägt man keine Banknoten zu irgendeinem Amazon-Kassierer hin (die wissen vermutlich gar nicht, was das ist), sondern sagt zu seiner Bank: Buche 500 Euro von meinem Konto auf das Konto von Amazon. Mit anderen Worten: Der moderne Geldverkehr findet zusehends durch Überweisungen von einem Girokonto auf das andere statt. Oder nochmals anders ausgedrückt: Das Geld bewegt sich überhaupt nicht mehr, es gehört nur jemand anderem. Nach einer neueren Studie der Deutschen Bundesbank (»Zahlungsverkehr in Deutschland 2011 – Eine empirische Studie über die Verwendung von Bargeld und unbaren Zahlungsinstrumenten«) zahlen Privatpersonen nur noch 53 Prozent ihrer Ausgaben für Güter und Dienstleistungen in bar, hauptsächlich sind es Menschen über 65, mit stark fallender Tendenz, und im Geschäftsverkehr findet der Geldtransfer ohnehin fast nur noch elektronisch statt.

Das größte dieser modernen weltweiten Überweisungssysteme heißt SWIFT (»Society for Worldwide Interbank Financial Telecommunication«). Täglich versendet SWIFT Nachrichten in zweistelliger Millionenanzahl zwischen Banken des Inhalts: Soundsoviele Euros (Dollars, Pfund, Schweizer Franken...) in deinen Büchern gehören ab heute nicht mehr Herrn X, sondern der Firma Z. (Dass der amerikanische Geheimdienst alle diese Nachrichten mitliest, versteht sich fast von selbst.)

Dieses von SWIFT und den anderen sogenannten Gironetzen mal dem einen, mal dem anderen Besitzer zugeordnete Buchgeld existiert noch nicht einmal in Form von Banknoten, es ist großenteils virtuell. Und damit sind wir bei einem weiteren entscheidenden Charakteristikum des modernen Geldwesens angelangt: Denn genauso, wie die Gold- oder Silberdeckung von Banknoten im Lauf der Jahrhunderte immer mehr abhandenkam, sind auch Girokonten nicht vollständig durch Banknoten gedeckt. Jeder kennt den Witz mit der alten Dame, die ihr Geld abhebt, die Scheine abzählt und dann wieder zurückgibt: »Ich wollte nur mal sehen, ob noch alles da ist.« Kämen alle Kontoinhaber zur gleichen Zeit auf diese Idee, würden sie ihr blaues Wunder erleben: So viele Banknoten, um alle Girokonten-Einlagen auf einmal auszuzahlen, hat keine Bank der Welt.

Wollen die Girokonteninhaber trotzdem alle auf einmal an ihr Geld, kommt es zu einer Bankpanik, manche sagen auch Bankensturm (im Englischen *bank run*). Zuletzt geschah das im Sommer 2007 bei der britischen Bank Northern Rock und danach noch einmal im Herbst 2008 bei der Schweizerischen UBS; hier hoben ängstliche Kunden binnen weniger Tage über 20 Milliarden Schweizer Franken ab. Und während diese Zeilen entstehen, versuchen die Bürger Zyperns voller Hektik, ihre Bankkonten zu räumen. In den Fällen UBS und Northern Rock sorgte der jeweilige Staat dafür, dass die Kunden ihr Geld auch ausgezahlt erhielten, die Banken selbst hätten das nicht leisten können. Von solchen Kalamitäten aber einmal abgesehen, ist ein Konto auf der Bank genauso gut wie Bargeld im Portemonnaie. In gewisser Weise sogar besser, es lässt sich schlechter stehlen und man wird beim Bezahlen nicht für ein Mitglied der Mafia gehalten. Vermutlich deshalb war in Italien sogar ein Verbot von Bargeld bei Zahlungen von mehr als 50 Euro geplant, in Griechenland und Spanien sind Barzahlungen über 1500 Euro bzw. 2500 Euro bereits verboten. Und Schweden will das Bargeld sogar ganz abschaffen.

Aus Sicht der Aufseher über die Geldmenge ist das Buch- bzw. Giralgeld aber ein Störenfried. Denn die Menge der umlaufenden Banknoten kann man problemlos kontrollieren (von Geldfälschern einmal abgesehen). Aber die Sichtguthaben der Bankkunden nicht; welche Guthaben die mehrere Tausend Geschäftsbanken der Eurozone ihren Kunden einräumen, ist im Wesentlichen deren Sache. Die Summe dieser Sichteinlagen des Privatsektors bei den Banken und der umlaufenden Banknoten und Münzen ist die sogenannte Geldmenge M1. Sie beläuft sich derzeit für die Eurozone auf 5,1 Billionen Euro, mehr als doppelt so viel wie zu Beginn des offiziellen Eurozeitalters im Januar 2002, davon rund 900 Milliarden in Banknoten, 23 Milliarden in Münzen und der Rest als Sichteinlagen von Firmen und Privatpersonen bei den über 5000 Geschäftsbanken der Eurozone. Daneben gibt es die Geldmengen M2 und M3, da werden auch noch Festgeldanlagen und gewisse Geldmarktpapiere mitgezählt, die sich leicht in Sichteinlagen oder Banknoten umtauschen lassen.

Jeder einzelne dieser 5,1 Billionen Euro hat einen derzeitigen Besitzer, jemanden, dem er aktuell gehört. Er ist also Teil des Vermögens der Bürger der Eurozone. Das gesamte Vermögen ist natürlich weitaus größer, siehe dazu auch Kapitel 9. Man schätzt, dass in Europa weniger als ein Zehntel des Vermögens der Bürger in Bargeld gehalten wird, der Rest sind Immobilien, Aktien, Gold, Kunst, Wertpapiere aller Art. Aber unter all diesen Vermögenspositionen ist Geld die einzige, die einem problemlos erlaubt, dafür andere Dinge einzutauschen – mit einem Quadratzentimeter eines Picasso-Gemäldes geht das eher schlecht.

Die Menge dieses Geldes hat die Europäische Zentralbank nur bedingt unter Kontrolle. So kann sie etwa den Banken vorschreiben, welcher Prozentsatz der Girokonten auf der Passivseite der Bankbilanzen durch Banknoten zu decken ist. Seit Januar 2012 ist das in der Eurozone nur noch 1 Prozent. Aber in welchem Umfang die Banken dann tatsächlich ihren Kunden Sichtkonten einräumen bzw. die Kunden selber welche anlegen, bestimmt sie nicht. Auch kann sie natürlich Noten drucken, so viel sie will. Wenn keiner diese Noten gegen andere Wertpapiere einzutauschen bereit ist, bleiben die Banknoten in den Kellern der Zentralbank liegen und gehen nicht in die Geldmenge ein.

Unmittelbar Geld schöpft die Zentralbank vor allem dann, wenn sie Geschäftsbanken Kredite gewährt oder Devisen oder Wertpapiere kauft. Zurzeit tritt etwa die Schweizer Nationalbank als großer Käufer von Yen, Dollar und Euro und damit automatisch als Verkäufer von Schweizer Franken auf. Die Absicht ist natürlich, den Außenwert des Schweizer Franken nicht noch weiter steigen zu lassen, um die Schweizer Exportindustrie zu stützen. Als Nebeneffekt nimmt aber die Menge der im Umlauf befindlichen Schweizer Franken ständig zu.

Die EZB in Frankfurt operiert dagegen vorzugsweise mit Wertpapieren, speziell mit Staatsanleihen aller Art. Für diese Wertpapiere gibt sie den Verkäufern Geld – entweder in Form von Banknoten, die werden dann nötigenfalls frisch gedruckt, oder sie räumt den Käufern, was von der Sache her das Gleiche ist, bei sich selbst ein Girokonto ein. Auf diese Weise hat die Europäische Zentralbank seit dem Beginn der Eurokrise mehrere hundert Milliarden Euros aus dem Nichts erzeugt.

Die Menge dieses direkt von den Zentralbanken erzeugten Geldes heißt abwechselnd Geldbasis, Zentralbankgeldmenge oder M0. Geldbasis deswegen, weil die Geschäftsbanken dieses Zentralbankgeld benötigen, um ihren Kunden Sichteinlagen zu gewähren. Deswegen ist M1 auch immer größer als M0. Im Wesentlichen ist diese Geldbasis identisch mit der Passivseite der Bilanzen des Europäischen Zentralbanksystems. Mit anderen Worten, wann immer die Europäische Zentralbank irgendetwas kauft – im Moment sind das vor allem Staatsanleihen südeuropäischer Krisenstaaten – steigt auch die Menge an Zentralbankgeld. Die gekauften Staatsanleihen erscheinen als Forderungen auf der Aktivseite, das dafür frisch geschaffene Zentralbankgeld auf der Passivseite. Und in dem Ausmaß, wie das auf die gesamtökono-

Tabelle 1 Die Passivseite großer Notenbanken (in Milliarden Euro)

	Europäische Zentralbank	Federal Reserve System (USA)	Bank of Japan
2002	833	699	1 003
2003	835	613	973
2004	884	600	1 039
2005	1 038	718	1 151
2006	1 151	662	735
2007	1 501	613	683
2008	2 044	1 622	969
2009	1 853	1 561	920
2010	2 004	1 811	1 186
2011	2 736	2 259	1 435
2012	3 083	2 182	1 500

Quelle: *Bloomberg*

misch relevanteren Geldmengen M1, M2 und M3 durchschlägt, steigt damit auch die Inflationsgefahr.

Tabelle 1 gibt einmal die Passivseite der Bilanz der Europäischen Zentralbank und ihrer beiden größten Konkurrenten über die letzten zehn Jahre wieder, in Milliarden Euro, jeweils am Jahresende und für das Federal Reserve System und die Bank of Japan zu jeweils aktuellen Kursen in Euro umgerechnet.

Wie die Tabelle zeigt, scheint in den letzten Jahren das Drucken neuen Geldes das Einkassieren alten Geldes mit einer Ausnahme – die Jahre 2007 und 2008 – mehr als aufzuheben, heute weist die Europäische Zentralbank fast das Vierfache an Verbindlichkeiten auf ihrer Passivseite aus, verglichen mit der offiziellen Euro-Einführung 2002. Dem steht aber nur eine 10-prozentige Mengenausweitung der produzierten Güter und Dienstleistungen gegenüber. Oder anders ausgedrückt: Auf eine gegebene Menge von Gütern und Dienstleistungen kommt immer mehr Geld, und was das heißt, ist jedem klar: Langfristig bekommen wir, wenn dieses Geld nicht wieder einkassiert wird, eine solide Inflation. Aktuell entstehen diese Verbindlichkeiten vor allem durch den ungebremsten Ankauf von Staatsanleihen südlicher Krisenländer, das dafür neu geschaffene Geld schlägt sich als Verbindlichkeit der Zentralbank an den Rest der Wirtschaft nieder. Wie die Tabelle ferner zeigt, ist die Europäische Zentralbank hier nicht die Einzige – speziell im Krisenjahr 2008 hat etwa das Federal Reserve System der USA das Land mit neu gedrucktem Geld geradezu überschwemmt. So erklärt sich auch der trotz Geldvermehrung stabile Wechselkurs des Euro dem US-Dollar gegenüber: Wenn zwei Gelddruckpressen sozusagen um die Wette rotieren, bleibt der relative Wert der beiden Währungen in etwa gleich.

Ergänzende Literatur

Einen sehr schönen Überblick über die Ursprünge des Geldes findet man in Wolfram Weimer: *Geschichte des Geldes: Eine Chronik mit Texten und Bildern.* Insel-Verlag, Frankfurt am Main/Leipzig 1992. Und die beste Abhandlung über internationale Währungskrisen ist immer noch das Buch von Barry Eichengreen: *Vom Goldstandard zum Euro. Die Geschichte des internationalen Währungssystems.* Wagenbach, Berlin 2000.

DREI

DIE KURZE
GESCHICHTE
DER D-MARK

**Eine Währung ist Ausdruck dessen,
was ein Volk war, ist und sein will.**

Josef Alois Schumpeter

Hätte man vor dreißig Jahren die Deutschen gefragt: »Auf welche Leistung eures Landes seid ihr am meisten stolz?« – die Mehrheit hätte wohl gesagt: »Auf unsere Deutsche Mark.« Und das mit einem gewissen Recht. Zusammen mit dem Schweizer Franken und dem japanischen Yen war die D-Mark im letzten Drittel des 20. Jahrhunderts die härteste Währung der Welt, auch außerhalb von Deutschland, etwa im Kosovo oder in Montenegro, war sie vielfach offizielles Zahlungsmittel, und für 100 DM hätte man im Jahr 1985 in Polen eine Ferienwohnung nicht nur mieten, sondern vielerorts auch kaufen können.

Diese Erfolgsgeschichte begann am 21. Juni des Jahres 1948. Damit ist die D-Mark fast ein Jahr älter als die Bundesrepublik. An diesem Tag, einem Montag, wurde die Reichsmark in den drei westlichen Besatzungszonen als gesetzliches Zahlungsmittel durch die D-Mark abgelöst. Diese Umstellung war unter strengster Geheimhaltung vorbereitet worden, erst drei Tage vorher erfuhren die Menschen im Rundfunk, was da auf sie zukam (und waren zunächst alles andere als erfreut). »Ab 21. Juni gilt nur noch die Deutsche Mark«, verkündete das Radio, die neue Mark würde ab Sonntag, dem 20. Juni, von den Lebensmittelkartenstellen ausgegeben.

Die nötigen Banknoten hatte man zuvor in den Vereinigten Staaten drucken und in 23 000 Holzkisten per Schiff von New York nach Bremerhaven kommen lassen (Operation »Bird Dog«; zur Tarnung stand auf den Kisten aufgedruckt: »Barcelona via Bremerhaven«). Von Bremerhaven wurden die Kisten mit acht Sonderzügen nach Frankfurt, von da mit alliierten Armee-Lastwagen in die 200 Zweigstellen der elf westdeutschen Landesbankzentralen gebracht und dann an die Lebensmittelkartenstellen weiterverteilt. Jeder Bürger erhielt als Kopfgeld zunächst 40 D-Mark (später nochmals 20), die alten Reichsmark wurden in einem sehr komplizierten Verfahren im Verhältnis von grob zehn zu eins umgetauscht. Wieder einmal hatten viele Sparer fast ihr gesamtes Vermögen verloren. Aber die Wirtschaft holte Luft, einen Tag später füllten sich die Schaufenster mit Waren aller Art, die vorher

Abbildung 4 Warteschlange vor einer D-Mark-Ausgabestelle in Essen, Juni 1948

Quelle: *Bundesarchiv*

zurückgehalten worden waren, das Wirtschaftswunder begann. Und war von da an nicht mehr aufzuhalten.

Der Start war holprig, aufgrund des neuen Geldes stiegen die Preise erst mal an. »Der Kaffee, der in der ersten Frankfurter Deflationspanik auf 3,50 Mark gestanden hatte, kletterte langsam über 6 auf 9. Vor der Verkündung der Steuerreform, die eine starke Erhöhung der Kaffeesteuer bringt, stand er bei 14 Mark. Am Mittwoch wurde Kaffee nicht mehr gehandelt. Der Markt hatte von oben Auftrag, erst einmal die Steuerentwicklung abzuwarten.« (*Spiegel* 26/1948). Auch die Schwarzmarkthändler waren »not amused«: »Am Vorabend des Tages X machten an die 40 Schwarzmarktjobber noch einen Umzug vor dem Kölner Hauptbahnhof. Mit weißer Schlägermütze, Camel, Schnaps und einem großen Plakat: Umschulung der Schwarzhändler.«

Auch in den Folgemonaten verlor die neue Währung zunächst an Wert, sogar ein Generalstreik, der einzige in der Geschichte der Bundesrepublik, fand deshalb statt. Aber dann hat die D-Mark gegenüber fast allen anderen Währungen der Erde stetig zugelegt. Verglichen mit den Währungen der Entwicklungsländer und der kommunistischen Planwirtschaften sowieso, aber auch gegenüber den meisten westlichen Nachbarn hat die D-Mark seit dem Beginn des offiziellen Devisenhandels im Jahr 1953 mehr oder weniger an Wert gewonnen.

Tabelle 2 So viele D-Mark musste man für ausländische Währungen bezahlen

	Im Jahresdurch-schnitt 1953	Ende 1998
1 US-Dollar	4,20	1,67
1 britisches Pfund	11,70	2,78
1 Kanada-Dollar	4,26	1,07
1 Niederländischer Gulden	1,10	0,89
1 Schweizer Franken	0,97	1,22
100 belgische Francs	8,34	4,84
100 Französische Francs[1]	119,47	28,81
100 Dänische Kronen	60,43	26,26
100 norwegische Kronen	58,40	22,13
100 schwedische Kronen	80,84	20,70
100 österreichische Schilling[2]	16,14	14,21
100 spanische Peseten[3]	6,65	1,17
100 portugiesische Escudos[4]	14,63	0,98
100 Finnmark[5]	77,08	32,90
100 japanische Yen[6]	1,03	1,45
1000 ital. Lire[7]	6,70	1,01

1 neue Francs 2 Beginn des Handels 1957 3 Beginn des Handels 1963
4 Beginn des Handels 1958 5 Beginn des Handels 1972
6 Beginn des Handels 1969 7 Beginn des Handels 1955
Quelle: *Deutsche Bundesbank: Devisenkursstatistik*

Wie die Tabelle zeigt, konnten sich nur der japanische Yen, der österreichische Schilling und der Schweizer Franken gegenüber der D-Mark behaupten; alle anderen großen Währungen haben gegenüber der D-Mark an Wert verloren bzw. die D-Mark hat spiegelbildlich gegenüber diesen Währungen an Wert gewonnen: Gegenüber dem amerikanischen Dollar um das Doppelte, gegenüber dem britischen Pfund und dem französischen Franc um das Vierfache und gegenüber der italienischen Lira sogar um mehr als das Sechsfache: Im Jahr 1955 musste man für 1000 Lire noch 6,70 DM zahlen, Ende 1998 kaum mehr als eine Mark.

Die D-Mark starb dann nicht, wie viele glauben, mit der offiziellen Einführung des Euro zu Beginn des Jahres 2002, sondern schon drei Jahre vorher, am 1. Januar des Jahres 1999. An diesem Tag wurden die Tauschverhältnisse vieler Einzelwährungen gegenüber dem Euro für alle Zeiten festgeschrieben, die D-Mark, der französische Franc, die Lire und die Pesete hörten damit auf zu existieren.

Der Name »Deutsche Mark« für die neue Währung geht übrigens auf einen Amerikaner zurück, den aus einer polnisch jüdischen Familie stammenden Edward A. Tenenbaum. Tenenbaum hatte 1942 an der Yale-Universität über deutsche Wirtschaftsgeschichte promoviert (allerdings ohne das Verfahren abzuschließen, er wurde zum Kriegsdienst eingezogen, wegen seiner starken Kurzsichtigkeit allerdings statt an der Waffe in der psychologischen Kriegsführung eingesetzt); er beherrschte fünf Sprachen und war als brillant, aber auch als eigensinnig bekannt. Auch sich in den Vordergrund zu spielen lag ihm nicht, was wohl der Hauptgrund dafür ist, dass heute kaum jemand seinen Namen mit der D-Mark in Verbindung bringt.

Nach dem Krieg landete Tenenbaum wegen seiner Detailkenntnisse der deutschen Wirtschaft im Alter von gerade mal 25 Jahren im Stab des Finanzberaters von General Lucius D. Clay. Dort wurde er der Arbeitsgruppe Währungsreform zugeteilt, stieg dort schnell in leitende Positionen auf und traf sich im November 1947 erstmals mit Ludwig Erhard zu einem längeren Gespräch über die anstehende Währungsreform. Dicke Freunde sind sie dabei offensichtlich nicht geworden, denn Erhardt hatte seine eigenen Vorstellungen, den unter seiner Leitung ausgearbeiteten sogenannten »Homburger Plan«, der aber von den Alliierten als zu wenig ausgewogen und zu wenig radikal verworfen wurde.

Das entscheidende Treffen von deutschen und alliierten Experten fand dann von April bis Juni 1948 statt, in einem kleinen Dorf namens Rothwesten im Fuldatal. In einem vor dem Dorf gelegenen alten Fliegerhorst saßen in einer Art Enklave über 20 deutsche und alliierte Finanzfachleute unter großer Geheimhaltung mehrere Wochen zusammen, hier wurde aus den deutschen und alliierten Zutaten und nicht ohne großen Streit in der Küche der große Kuchen Währungsreform gebacken. Als Wortführer auf alliierter Seite agierte der junge Tenenbaum, unter seiner Leitung wurden die »Gesetze zur Neuordnung des Geldwesens« sowie die zugehörigen Durchführungsverordnungen und Merkblätter am 8. Juni 1948 endlich fertig. Und der Name der neuen Währung war »Deutsche Mark«. In einer unveröffentlichten Schrift sagt Tenenbaum, er habe diese Bezeichnung gegen die Konkurrenten Thaler, Batzen, Neumark, Goldmark, Schilling und Kaufmark durchgesetzt.

Nach dieser vermutlich größten Leistung seines Lebens ging Tenenbaum in die USA zurück, war aber von dort angebotenen Positionen enttäuscht und arbeitete fortan als freier Finanzberater. Ein von ihm verfasstes Buch über die Geschichte der D-Mark fand keinen Verleger und liegt immer noch unvollendet in der Truman Library in Independence, Missouri, nahe dem Ort, wo Harry S. Truman geboren wurde. Im Jahr 1976 ist Tenenbaum bei einem Verkehrsunfall gestorben.

★

Der Hüter der neu geschaffenen D-Mark war die Deutsche Bundesbank, »The Bank That Rules Europe«, so der englische Originaltitel des Buches *Die Bundesbank* des englischen Wirtschaftsjournalisten David Marsh. Solange es sie im alten Sinne gab, galt die Deutsche Bundesbank als der verlässlichste Geldwächter der Welt; Finanzminister aller Länder haben sie beneidet, bewundert, gefürchtet, teilweise gehasst. »In den Augen des außenstehenden Beobachters verkörpert die Bundesbank eine einzigartige Mischung von Eigenschaften,« schreibt David Marsh. »Für ihr Festhalten an einer orthodoxen Währungspolitik gelobt, wird sie zugleich für ihren unausrottbaren Hang geschmäht, sich den Regierungen im In- und Ausland zu widersetzen, sie ist Gott und Dämon zugleich. Das Federal Reserve System der Vereinigten Staaten mag mächtiger sein, die Bank von Japan unergründlicher, aber keine hat die Unabhängigkeit der Bundesbank oder deren Stolz, unpopuläre Entscheidungen zu treffen, die rund um den Erdball Erschütterungen hervorrufen können.«

Diese weltweiten Erschütterungen, die immer wieder von der Deutschen Bundesbank ausgingen, haben vor allem die Geldentwerter dieser Erde tief erschreckt. Für die Franzosen etwa, die traditionell den Geldwert nicht so wichtig nehmen – mit der Folge, dass der französische Franc in 40 Jahren rund 80 Prozent seines Wertes in D-Mark verloren hat –, war der Präsident der Deutschen Bundesbank der eigentliche Herr des ob seiner Geldwertstabilität dann doch wieder beneideten Nachbarlandes. »Sie betrachten ihn [den seinerzeitigen Bundesbankpräsidenten Tietmeyer] als den wahren Chef Deutschlands, wichtiger als der Bundeskanzler, und Herr einer Bank, die Europa regiert und unter deren Diktat nicht nur die Franzosen ächzen«, schrieb die Hamburger *Zeit*. »Er gilt als Symbol für die Herrschaft der Finanzmärkte über die Gesellschaft und ist idealtypisch der Deutsche, an dem sich die Franzosen reiben.«

Diesen weltweiten Respekt hat sich die Bundesbank durch ihr konsequentes Eintreten für die Stabilität der D-Mark hart erkämpft. Nach zwei Währungsreformen wollten die Deutschen nie wieder ihre Ersparnisse durch Inflation vernichtet sehen, sie hatten ein für alle Mal genug von Scheinen, für die man sich nichts kaufen konnte, und deshalb war die deutsche Bundesbank von Anfang an allein einem stabilen Geld verpflichtet. Insbesondere war sie anders als andere Zentralbanken unabhängig von der Politik: »Die Deutsche Bundesbank ist bei der Ausübung der Befugnisse, die ihr nach diesem Gesetz zustehen, von Weisungen der Bundesregierung unabhängig«, sagt § 12 des Bundesbankgesetzes, und dieser Zauberspruch war die Wurzel ihrer Macht. Mögen der Kanzler und das Kabinett beschließen, was sie wollen – gemacht wird, was die Bundesbank bestimmt.

»Sind Zentralbanken schon allgemein wegen ihrer Kunst, Geld zu machen und Geld zu vernichten, geheimnisumwittert, so ist die Deutsche Bundesbank in jüngerer Zeit wegen der internationalen Ausstrahlung ihrer Aktionen recht eigentlich zum Objekt der Mythologie und der Mystifikation geworden.« So schreibt Fritz Leutwiler, ehemaliger Präsident der schweizerischen Nationalbank, über seine Kollegen im Norden. »Bewunderung für ihre stabilitätspolitische Orthodoxie und ihre Unbeirrbarkeit gegenüber politischen Pressionsversuchen mischt sich, je nach Interessenlage, mit Verärgerung, ja manchmal Wut über die Rücksichtslosigkeit, mit der sie ihren Weg verfolgt.«

Diese Macht hat die Bundesbank, solange sie durfte und konnte, mit Bedacht und großer Wirkung für ihre Schützlinge, die deutschen Sparer, eingesetzt. Die deutsche Inflationsrate war jahrzehntelang eine der niedrigsten der Welt, und der Außenwert der D-Mark hat seit ihrer Einführung gegenüber fast allen anderen Währungen mehr oder weniger, zum Teil sogar dramatisch zugenommen, wie die obige Tabelle 2 zeigt.

Entstanden ist die deutsche Bundesbank aus der am 1. März 1948 gegründeten Bank deutscher Länder und den rechtlich selbstständigen Landeszentralbanken der westlichen Besatzungszonen. War schon die Bank deutscher Länder kein Befehlsempfänger der deutschen Politik, so entfiel mit dem Gesetz über die deutsche Bundesbank von 1957 dann auch der zweistufige Aufbau des Zentralbanksystems, alle Zuständigkeiten gingen auf die neu gegründete Deutsche Bundesbank in Frankfurt über, die Landeszentralbanken wurden zu Hauptverwaltungen der Bundesbank. Und mit dem Staatsvertrag vom 1. Juli 1990 übernahm die Bundesbank auch die Oberaufsicht über das Geld in den neuen Bundesländern. In diesen frühen Neunzigerjahren erreichte die Deutsche Bundesbank eine vorher und nachher nie gekannte Macht. »Die Bundesbank hat die Wehrmacht als bekannteste und gefürchtetste Institution Deutschlands abgelöst«, lesen wir 1992, am Gipfelpunkt, bei David Marsh. »Von Tokio bis Toronto, von Bogota bis Budapest ist schon der Name Symbol eines konsequent anti-inflationären Kurses. Die Ratschläge der Bank finden ernste und aufmerksame Zuhörer an den Tischen der Mächtigen, und ihr Arm reicht weit. Als Hüter der D-Mark, dieser exemplarisch starken Währung, die zum Symbol des deutschen Nachkriegsaufschwungs geworden ist, herrscht die Bundesbank über ein größeres Gebiet Europas als irgendein Deutsches Reich der Geschichte.«

Von da an ging es allerdings bergab. Mit den Verträgen von Maastricht und mit der europäischen Wirtschafts- und Währungsunion gingen große Teile der Zuständigkeiten auf die neu gegründete Europäische Zentralbank über. Insbesondere hat die Deutsche Bundesbank nicht mehr die Menge des umlaufenden Geldes in der Hand, und auch ihr Schützling und Lieblingskind, die D-Mark, existiert nicht mehr. Aber als Hüter unseres ersten nach dem Krieg verdienten Geldes wird sie vielen Deutschen noch lange in bester Erinnerung verbleiben.

Ergänzende Literatur

Details zum Mythos Bundesbank finden sich bei Nina Grunenberg: »Prediger der harten Mark«, *Die Zeit*, 24.1.1997, bei David Marsh: *Die Bundesbank. Geschäfte mit der Macht* (Englischer Originaltitel: The Bank That Rules Europe), München 1992 (Bertelsmann), oder bei Fritz Leutwiler: »Ist sie ein Staat im Staat? *Spiegel-Spezial* 3/1992, S. 30–32.

Die Geburt der D-Mark wird nacherzählt in Robert Nef und Bernhard Ruetz: »Starkes Stück: Wie der jüdische US-Offizier Edward A. Tenenbaum vor 60 Jahren den Deutschen zur D-Mark verhalf«, *Jüdische Allgemeine*, 9.6.2008, oder Günter Stiller: »Vor 60 Jahren: Als die D-Mark nach Deutschland kam«, *Hamburger Abendblatt*, 13. Juni 2008, S. 21.

GEBURT PER KAISERSCHNITT: SO KAM DER EURO AUF DIE WELT

Streng geplant und lax gehandhabt – Wackelkandidaten willkommen

Dieses Geld wird eine große Zukunft haben.

Helmut Kohl, Rede zur Einführung des Euro 2001

Im Dezember des Jahres 2001 hielten die Menschen in Deutschland die ersten Euronoten in der Hand. Damit offiziell einkaufen konnten sie erstmals in der Neujahrsnacht 2002, ab Mitternacht spuckten die Geldautomaten nur noch die neuen Noten aus. Insgesamt 15 Milliarden Stück davon, der größte Druckauftrag in der Geschichte des Papiergeldes überhaupt, hatten neun Papiermühlen und 15 Notendruckereien in verschiedenen Ländern Europas die Jahre zuvor unter größter Geheimhaltung hergestellt. Aneinandergereiht reichen diese Banknoten viermal von der Erde zum Mond und zurück.

In dieser Neujahrsnacht endete auch ein jahrelanges Ringen, wie diese neue Währung heißen sollte und wie denn die Noten auszusehen hätten. Die Mehrheit einer eigens dafür eingerichteten Auswahlkommission hatte sich für Porträts bekannter Europäer auf den Scheinen ausgesprochen, Leonardo da Vinci, Kolumbus, Newton, Gutenberg. Solche Porträts sind seit jeher auf Banknoten aus durchaus profanen Gründen sehr beliebt: Der Mensch hat in Hunderttausenden Jahren Evolution gelernt, Gesichter sehr schnell und genau zu unterscheiden, Fälschungen fallen so am schnellsten auf. Aber dann wurden wohl auf Druck von oben und weil sich nationale Eitelkeiten so besser unterdrücken lassen, weltanschaulich sozusagen neutrale Architektursymbole – Fenster, Tore, Brücken –, entworfen von Robert Kalina, dem Chefgrafiker der Österreichischen Nationalbank, als Motiv gewählt.

Vielfach wurden in den ersten Monaten der Euro-Zeitrechnung noch die D-Mark oder andere lokale Währungen akzeptiert, aber grundsätzlich galt damit zum ersten Mal seit Karl dem Großen in weiten Teilen Europas überall das gleiche Geld. Zu Karls Zeiten war es der Denar, mit dem man von den Pyrenäen bis an die Elbe für sein Brot und sein Quartier bezahlen konnte: *»De denariis autem certissime sciatis nostrum edictum, quod in omni loco, in omni civitate et in omni empturio similiter vadant isti novi denarii et accipiantur ab omnibus.«* Oder kurz und knapp auf Deutsch: »Wo ich was zu sagen habe, wird mit Denar bezahlt.« So sprach Karl der Große auf der großen Frankfurter Synode von 794, und so ähnlich

waren auch die Worte des Präsidenten der Europäischen Zentralbank am gleichen Ort mehr als tausend Jahre später zu verstehen.
Der leichteren Umrechnung wegen fand die Auszeichnung vieler
Preise noch eine Weile parallel in alter Währung statt, aber als le-
gales Zahlungsmittel hatte der Euro damit endgültig die D-Mark,
die italienische Lira, den Franc und die Pesete abgelöst.

»Das ist ein historischer Tag«, verkündete der damalige Finanzminister Hans Eichel, »weil sich hier für jedermann zum
Anfassen zeigt, was europäische Einigung ist und dass das das
große Wohlstands- und Friedensprojekt für das 21. Jahrhundert
hier für uns Europäer ist.«

Zuvor war der Euro schon drei Jahre als Buchgeld in Aktion
gewesen, sein eigentlicher Geburtstag ist also der 1. Januar des
Jahres 1999. An diesem Tag wurden die Preise von zehn bis dato
unabhängigen Währungen unwiderruflich in Euro ausgedrückt,
und die Verantwortung für das Geld der Eurozone ging von den
nationalen Notenbanken auf die neue Europäische Zentralbank
(EZB) in Frankfurt über. Eine D-Mark etwa wurde auf 0,51 Euro,
ein französischer Franc auf 0,15 Euro und eine italienische Lira
auf 0,0005 Euro festgesetzt. Schon damit hatten diese Währungen
im Prinzip zu existieren aufgehört.

Ursprünglich hätte der Euro ECU heißen sollen, nach seinem
Vorgänger, der »European Currency Unit«, der Europa-internen
Verrechnungseinheit bis Ende 1998. Besonders die französischen
Verhandlungsführer waren sehr dafür, denn in Frankreich gibt es
eine historische Münze namens Ecu. Dann hätte auch jeder gleich
am Geld gesehen, wer auf diesem Kontinent gerne das Sagen hätte.
Weitere Kandidaten waren Franken, Gulden oder Krone, jeweils
mit dem Beiwort ›Europäisch‹. Auch das wäre gewissen Ländern
sehr entgegengekommen, die bereits ähnlich lautende Währungen
besaßen, und genau aus diesem Grunde wollten es die anderen
nicht. Als Kompromiss brachte dann der deutsche Finanzminis-

ter Theo Waigel den Euro ins Spiel, zunächst noch in der Absicht, in jedem Land der Eurozone den Namen der bisherigen Währung dranzuhängen, also in Deutschland die Euro-Mark, in Spanien die Euro-Pesete, in Frankreich den Euro-Franc. So beschloss es jedenfalls am 7. Dezember 1995 der Deutsche Bundestag.

»Nun zum Namen«, sagte Theo Waigel während der Debatte. »Der Europäische Rat hat auf seiner Tagung in Madrid auch über den Namen für die einheitliche Währung zu befinden. Dieser Name entscheidet zwar nicht über ihre Stabilität, doch er ist auch nicht nur Schall und Rauch. Um Goethe zu zitieren: ›Man kann das Wesen mancher Dinge an ihrem Namen erkennen.‹ So gehört es zur Glaubwürdigkeit und Akzeptanz der Währungsunion, dass baldmöglichst ein einvernehmlicher, akzeptabler Name gefunden wird. Ich habe auf dem informellen ECOFIN in Valencia als Namen ›Euro‹ vorgeschlagen. Für die Übergangzeit könnte man sich vorstellen, dass nationale Währungsbezeichnungen wie Euro-Mark, Euro-Franc oder Euro-Pfund hinzukommen. Ich glaube, dass wir damit eine breite Akzeptanz finden.«

Mit dieser Einschätzung lag Waigel richtig. »In dem Beschluss des Deutschen Bundestags, die geplante Europawährung ›Euro‹ zu taufen und den jeweiligen nationalen Zusatz anzuhängen, steckt Diplomatie und Psychologie«, kommentierte die Berliner *Welt*. »Damit ist vor allem der Wunsch Frankreichs nach dem Ecu abgeblockt. Gleichzeitig hofft das Parlament, mit dem Begriff Euro-Mark den Deutschen den Abschied von ihrer geliebten Währung zu erleichtern.«

Auf der EU-Ratstagung in Madrid im Dezember 1995 wurde endgültig der Name Euro übernommen, ohne irgendwelches Beiwerk davor oder dahinter. Die einschlägige Pressemitteilung beginnt wie folgt:

Der Europäische Rat hat auf seiner Tagung am 15. und 16. Dezember 1995 in Madrid Beschlüsse über die Beschäftigung, die einheitliche Währung, die Regierungskonferenz sowie die Erweiterung nach Mittel- und Osteuropa und dem Mittelmeerraum gefaßt.

Der Europäische Rat ist der Ansicht, daß die Schaffung von Arbeitsplätzen das hauptsächliche soziale, wirtschaftliche und politische Ziel der Europäischen Union und ihrer Mitgliedstaaten darstellt, und erklärt, daß er fest entschlossen ist, weiterhin alle notwendigen Anstrengungen zur Verringerung der Arbeitslosigkeit zu unternehmen. Der Europäische Rat hat das Szenario für die Einführung der einheitlichen Währung angenommen und unmißverständlich bestätigt, daß diese Stufe am 1. Januar 1999 beginnt. Der Europäische Rat hat beschlossen, der einheitlichen Währung, die ab 1. Januar 1999 Verwendung finden wird, den Namen »Euro« zu geben.

Ursprünglich vorgesehen war der Euro nur für die zehn Länder Deutschland, Frankreich, Belgien, Niederlande, Luxemburg, Österreich, Finnland, Spanien, Portugal und Irland. Denn im Vertrag von Maastricht 1992 hatte die EU hohe Hürden, sogenannte »Konvergenzkriterien«, vor ein Mitmachen gestellt: eine jährliche Neuverschuldung des Staates von höchstens 3 Prozent und eine Gesamtverschuldung des Staates von höchstens 60 Prozent des jeweiligen Bruttoinlandsprodukts.

Nur zum Vergleich: Hätte man dies ernst genommen, wäre die Eurozone heute sehr klein, nur Luxemburg und Estland erfüllen diese Kriterien aktuell. Alle anderen der inzwischen 17 Eurostaaten, auch Deutschland, leisten sich eine Staatsverschuldung von mehr als 60 Prozent ihres Bruttoinlandsprodukts.

Aber das war 14 Jahre später. Diese Grenzen wurden vor allem auf Drängen Deutschlands gezogen; sie sollten garantieren, dass die beteiligten Länder selber für sich sorgen konnten und nicht auf Hilfe anderer zur Sanierung ihrer Finanzen angewiesen waren. Und vor allem: dass jederzeit eine Rückzahlung der Staatsschulden gesichert war. Denn eine Transferunion, so Kanzler Kohl, in der gewisse Länder auf Kosten der anderen wirtschafteten, werde es mit ihm und mit dem Euro niemals geben.

Aber peinlicherweise waren es unter anderem die Deutschen selbst, die pünktlich vor der Einführung des Euro dieses Ziel verfehlten: Weil dem deutschen Staat auf einmal die Treuhand-Schulden hinzugerechnet wurden, stiegen die deutschen Staatsschulden im Jahr 1997 auf 61,3 Prozent des damaligen Inlandsprodukts. Nach den Buchstaben des Vertrags hätte Deutschland also gar nicht dem Euro beitreten dürfen. Wenn man den einschlägigen Ausführungen im ersten Kapitel von Hans-Werner Sinns Buch *Die Target-Falle* glauben darf, hatte Finanzminister Waigel noch versucht, dieses Unglück zu verhindern; er bat die Deutsche Bundesbank, einen Teil ihrer Goldreserven zu verkaufen und den Gewinn dem deutschen Staat zu überweisen. Damit wäre die Staatsverschuldung wieder unter 60 Prozent gesunken. Aber die Bundesbank bestand auf ihrer politischen Unabhängigkeit und sagte sinngemäß: Du kannst mich mal. Nicht viele andere Aktionen haben ihr vermutlich hinterher so leidgetan.

Denn nun konnte der Sünder Deutschland schlecht von anderen gutes Benehmen verlangen, und die beängstigende Kette ungesühnter Vertragsverletzungen, an deren desaströsem Ende wir heute stehen, nahm ihren unheilvollen Lauf. Insbesondere beanspruchte nunmehr auch das von der Bundesbank sehr argwöhnisch beäugte, notorisch schuldenfreudige Italien den Euro und bekam ihn auch. Als am 2. Mai 1998 die Staats- und Regierungschefs der EU auf einem Euro-Sondergipfel in Brüssel schließlich die elf Länder bekanntgeben, die ab Januar 1999 die Eurozone bilden, ist auch Italien mit dabei. Dagegen hatten die Beitrittskandidaten England und Dänemark freiwillig und dankend abgelehnt.

Vieles spricht dafür, dass Kanzler Kohl schon damals wusste, welche Risiken mit einer Mitgliedschaft von Staaten mit unsoliden Finanzen verbunden waren. Noch im Januar 1998 hatte sein außenpolitischer Berater Joachim Bitterlich in einem Aktenvermerk festgehalten, dass der italienische Schuldenrückgang nicht nachhaltig sei, er sei nur auf außergewöhnliche Effekte wie die Sondersteuer für Europa oder überproportional gesunkene Marktzinsen zurückzuführen. Und auch andere Mitglieder des inneren

Zirkels wie Jürgen Stark, damals noch Staatssekretär im Bundesfinanzministerium, stellten anlässlich eines Treffens mit einer italienischen Regierungsdelegation fest, die »Dauerhaftigkeit solider öffentlicher Finanzen« sei noch nicht gewährleistet. Diese Akten wurden auf Antrag des *Spiegel* erst mehr als zehn Jahre später freigegeben. Wer weiß, vielleicht wäre die ganze Euro-Geschichte anders abgelaufen, hätte das Bundesverfassungsgericht sie damals schon gekannt. Anfang 1998 hatten der Juraprofessor Karl Albrecht Schachtschneider und die Wirtschaftsprofessoren Wilhelm Nölling, Wilhelm Hankel und Joachim Starbatty in Karlsruhe gegen die Einführung des Euro geklagt: Die neue Währung sei nicht lebensfähig und die angebliche Einhaltung der Konvergenzkriterien beruhe auf Manipulationen und Schönfärberei. Insbesondere begehrten die Kläger, folgendes gerichtlich festzustellen:

Die Bundesrepublik Deutschland verletzt die Beschwerdeführer in ihren Grundrechten dadurch, dass sie es unterlässt, darauf hinzuwirken, den Beginn der dritten Stufe der Währungsunion auf einen Zeitpunkt zu verschieben, an dem die Volkswirtschaften der Mitgliedstaaten, welche an der einheitlichen Währung mitwirken sollen, die notwendigen Voraussetzungen erfüllen, insbesondere nachhaltig konvergent sind.

Die Klage wurde als unzulässig abgewiesen, sie sei auch »offensichtlich unbegründet«, so die Bundesregierung vor Gericht, denn nur bei einer »groben Abweichung« von den Maastricht-Kriterien habe die Klage eine Berechtigung, und eine solche Abweichung sei »weder erkennbar noch zu erwarten«.

In Wahrheit aber waren die enormen Risiken einer Euroeinführung auch für Länder, die dafür ökonomisch nicht geeignet waren, bereits seinerzeit für jedermann im Prinzip erkennbar und ganz deutlich zu erwarten.

★

Am deutlichsten haben sich diese Risiken beim Nachzügler Griechenland gezeigt. Denn der war für den Euro überhaupt nicht vorgesehen. Mitte der Neunzigerjahre soll der damalige griechische Finanzminister Giannos Papantoniou bei einem Kollegentreffen in Brüssel sehr erregt gefordert haben, dass der Name »Euro« auch auf Griechisch auf den Scheinen stehe. Worauf dann laut *Bild* der deutsche Finanzminister Theo Waigel geantwortet hätte: »Das kommt überhaupt nicht infrage! Ihr könnt nicht beitreten und werdet wahrscheinlich nie beitreten.«

Bekanntlich bekam Papantoniou Recht und Waigel nicht. Vielleicht schreibt darüber mal jemand in 300 Jahren einen historischen Kriminalroman. Was sich darüber zurzeit zusammentragen lässt, liest sich in geraffter Form wie folgt (in enger Anlehnung an den preisgekrönten *Bild*-Report »Geheimakte Griechenland« vom Oktober/November 2010):

Akt eins: Ablehnung. Das Gipfelkommuniqué vom 2. Mai 1998 stellt lakonisch fest: »Griechenland erfüllt kein einziges der (Beitritts-)Kriterien.« Weder bei der Inflationsrate noch beim Staatsdefizit, noch bei der Staatsverschuldung wird das Land den Ansprüchen an eine gemeinsame Währung gerecht. Trotzdem lacht der damalige griechische Premierminister Konstantinos Simitis beim abschließenden Gipfelfoto fröhlicher als die meisten Kollegen in die Kamera. Als wüsste er, was kommt. Denn es ist für niemanden zu übersehen, dass »die Politik« gerne möglichst viele Länder in der Eurozone versammelt sehen möchte. Und so haben die griechischen Verhandlungsführer schon vorsorglich durchgesetzt, dass der Name »Euro« auch auf Griechisch auf den neuen Banknoten erscheint, wie von Finanzminister Papantoniou gefordert, obwohl Griechenland gar nicht als Mitglied der Eurozone vorgesehen war. Und auch in den griechischen Zeitungen wird das Gipfeltreffen als Erfolg gefeiert: »Grünes Licht für den Euro 2001«, kann man in den beiden wichtigsten Zeitungen *Kathimerini* und *Eleftherotypia* lesen. Woher wussten diese Zeitungen das nur?

Akt zwei: Der große Auftritt der Statistik. Um dennoch am 1. Januar 2002 mit dabei zu sein, müssen sich die zentralen Wirtschaftsdaten des Landes sehr schnell sehr verbessern. Und wenn das real nicht möglich ist, dann geschieht es eben virtuell. Am leichtesten fällt das beim Staatsdefizit, das heißt beim Überschuss der Staatsausgaben über das, was der Staat über Steuern von seinen Bürgern einnimmt (und damit über neue Kredite finanzieren muss). Beispielsweise bei Rüstungsausgaben. Um sich gegen seine aggressiven Nachbarn zu verteidigen, hatte Griechenland jede Menge U-Boote und Panzer eingekauft, auch von deutschen Firmen, die daran bis heute gut verdienen (im Jahr 2010 zum Beispiel lieferte Deutschland an das hoch verschuldete Griechenland Kriegswaffen und Rüstungsgüter im Wert von über 403 Millionen Euro). Und Rüstungsimporte unterliegen in Griechenland einer in vielfacher Hinsicht dehnbaren Qualitätskontrolle, da werden immer wieder Mängel festgestellt, und solange bleibt die Rechnung unbezahlt. Und unbezahlte Rechnungen erscheinen nicht im Haushaltsdefizit.

Ein weiterer großer Ausgabenposten des griechischen Staates sind die rund tausend öffentlichen Krankenhäuser; deren Schulden und Defizite sind auch Schulden und Defizite des griechischen Staates beziehungsweise sollten es nach Meinung des EU-Statistikamtes sein. Aber auf dem Weg vom Krankenhaus über Athen nach Luxemburg, wo das Statistische Amt der EU residiert, gingen viele dieser Informationen wohl verloren. »Da wurden einfach Papierberge im Statistikamt abgegeben, auf denen handschriftlich irgendwelche Summen eingetragen waren. So entstanden völlig fiktive Angaben zu den Schulden der Krankenhäuser«, so die Athener Statistik-Professorin Zoe Georganta in *Bild*.

Damals regierte im statistischen Zentralamt Eurostat der EU der Franzose Yves Franchet; er winkte diese Zahlen einfach durch. »Ich kann mich an keine einzige Debatte über Statistiken erinnern«, bekennt der seinerzeitige griechische EU-Botschafter in Brüssel. Und die spätere griechische Außenministerin Dora Bakoyannis bestätigt: »Ich wurde in Brüssel auch im Nachhinein nie gefragt, ob mit unseren Statistiken etwas nicht stimmt.« Oder wie es der damalige italienische Premierminister und spätere

EU-Kommissionschef Romano Prodi heute formuliert: »Ja, die Griechen haben den Rest Europas betrogen. Betrügen kann aber nur der, den man lässt.«

Von dieser – freiwilligen oder von oben verordneten? – Laxheit von Eurostat profitierten auch andere Wackelkandidaten. »Äußerst tolerant zeigen sich die Euro-Statistiker auch, wenn Mitgliedsländer ihre Schulden auf spätere Jahre verschieben, künftige Einnahmen vorziehen oder sich auf andere Weise reich rechnen wollen«, schrieb der *Spiegel* 1997. »So durfte der französische Staat voriges Jahr einen Milliardenzuschuss aus den Rückstellungen der staatlichen Telefongesellschaft France Télécom verbuchen – schon war Paris für die Währungsunion besser gerüstet, freilich nur statistisch.«

Franchets Nachfolger, der renommierte deutsche Statistiker Walter Radermacher, sieht da genauer hin. Er erinnert sich an eine ganz konkrete Angabe, die zu diesem Defizit führte: »Die Zahl, die uns genannt wurde, war 45 Millionen, während der richtige Betrag 495 Millionen betrug«, zitiert man ihn in *Bild*. »Zu irgendeinem Zeitpunkt verschwindet die Neun mitten in der Zahl bei der Kommunikation zwischen zwei Einrichtungen. Jetzt ist es natürlich unmöglich, herauszufinden, ob diese Neun vorsätzlich getilgt wurde oder aufgrund von Systemschwächen verschwunden ist. Der telefonische Austausch von Daten ist nicht die geeignete Methode.« Als Endprodukt dieser undurchsichtigen Gemengelage von Betrug und Schlamperei jedenfalls sinkt das griechische Haushaltsdefizit nun unter die kritischen 3 Prozent.

Akt drei: Die Politik übernimmt. In Deutschland gibt es einen Regierungswechsel, statt Helmut Kohl führt nun der früher eher eurokritische Sozialdemokrat Gerhard Schröder die Regierung. Aber dieser Euroskeptizismus scheint mit dem Regierungswechsel wie weggeblasen. Und seine Partei ist mit der des griechischen Sozialdemokraten und Regierungschefs Simitis auch über persönliche Kanäle eng verbunden: Simitis hatte zu Junta-Zeiten in Göttingen gelebt und war mit vielen führende Sozialdemokraten persönlich gut bekannt. Geschadet haben diese Kontakte den

Griechen sicher nicht. So steht also zwei Monate nach Amtsantritt der neuen deutschen Regierung der neue deutsche Außenminister Josef Fischer vor dem Parlament auf dem Athener Syntagma-Platz und verkündet, wie sehr er sich über die wirtschaftlichen Erfolge Griechenlands freue »sowie über die Fähigkeit Griechenlands, dem Euro beizutreten«.

Und tatsächlich, ein Jahr später, im November 1999, heben die EU-Finanzminister das Defizitverfahren gegen Griechenland wieder auf, der deutsche Finanzminister Eichel lässt erklären, der Beitritt Griechenlands hänge nur noch an »technischen Fragen«. Am 9. März 2000 bittet der griechische Finanzminister Papantoniou die Europäische Zentralbank offiziell um Aufnahme in die Eurozone, und jedweder Widerstand wird von den mehr als aufnahmebereiten übrigen Euroländern plattgewalzt.

So hatte etwa der damalige Chef der hessischen Landeszentralbank Hans Reckers, qua Amt auch Mitglied des deutschen Zentralbankrates, weiterhin öffentlich Bedenken angemeldet. »Ich habe damals nur die Meinung der Mehrheit meiner Kollegen im Zentralbankrat wiedergegeben«, erinnert sich Reckers in *Bild*. »Aber ganz schnell distanzierten sich Bundesbank, EU-Kommission und Finanzministerium.«

Finanzminister Eichel geht sogar noch weiter und interveniert beim damaligen Bundesbankpräsidenten Welteke: »Ich bitte Sie dringend, Herrn Dr. Reckers darauf hinzuweisen, dass er als (...) Mitglied des Zentralbankrates der Deutschen Bundesbank keine ›persönliche Meinung‹ äußern kann. (...) Ich wäre Ihnen dankbar, wenn Sie Herrn Dr. Reckers darauf aufmerksam machen würden, dass es ratsam ist, sich mit den Prozessen und Methoden (...) nach dem Maastrichter Vertrag vertraut zu machen. (...) Bei meinem griechischen Kollegen werde ich mich schriftlich für die Äußerungen von Herrn Dr. Reckers entschuldigen.«

Und Eichel drückt aufs Tempo, als würde er aus Griechenland dafür bezahlt. In einem vertraulichen Dokument des deutschen Finanzministeriums von Mitte Mai 2000 ist etwa zu lesen: »Das Bundeskanzleramt wünscht eine Befassung des Kabinetts über die Einführung des Euro in Griechenland wegen der in letzter Zeit aufgetretenen Irritationen durch öffentliche Meinungsäußerungen eines Vertreters des Zentralbankrates der Deutschen Bundesbank.«

Also befasst sich das Kabinett mit der Einführung des Euro in Griechenland und beschließt auf seiner Sitzung vom 24. Mai, auf dem kommenden EU-Gipfel im portugiesischen Feira für den griechischen Beitritt zu stimmen. Am 9. Juni 2000 ist die Abstimmung im Bundestag, die Opposition hält zaghaft dagegen, vermutlich, weil man das als Opposition so muss, bei der Abstimmung votieren nur einige Abgeordnete der CSU gegen dieses Eigentor, der Rest enthält sich oder befürwortet die Aufnahme von Griechenland.

Die geschieht dann offiziell und quasi nebenbei an einem schönen Juniwochenende des Jahres 2000 in dem malerischen Städtchen Santa Maria da Feira im Norden Portugals. Hierhin hatte der portugiesische Premierminister António Guterres die Staats- und Regierungschefs der EU zur turnusmäßigen Sitzung des Rates eingeladen. Auf der Tagesordnung stehen eine einheitliche Zinsbesteuerung, die politische »Quarantäne« gegen Österreich (Anfang 2000 wegen der Regierungsbeteiligung der Rechtsaußen-Partei FPÖ verhängt) und die Ende des Jahres anstehende Rundum-Reform der EU. Und ganz am Ende und nebenbei auch Griechenland – im Gipfelkommuniqué wird dazu nur lakonisch mitgeteilt, dass Griechenland nun auch Teil der Eurozone sei, eine Drachme sei den 340sten Teil eines Euro wert.

Für diesen Tagesordnungspunkt hatten Eichels Helfer dem Kanzler einen »Sprechzettel« vorbereitet, darin wurden »die eindrucksvollen Erfolge« der Griechen gelobt, auch die »deutlich rückläufige Tendenz in den letzten Jahren« beim Schuldenstand. Zwar werden im nicht zum Vortrag bestimmten Teil des Sprechzettels auch Bedenken angemerkt – die griechische Regierung versorge weiterhin marode Staatsunternehmen mit frischem Kapital beziehungsweise übernehme deren Schulden, aber diese Bedenken werden weggewischt. Und als der Bundestag am 29. Juni 2000 über den Gipfel debattiert, sitzt Kanzler Schröder noch nicht einmal auf der Regierungsbank.

Und so beginnt, von der Öffentlichkeit fast unbemerkt – der Beitritt Griechenlands ist den meisten deutschen Zeitungen keine oder nur eine kleine Meldung ganz am Rande wert –, eine der für Deutschland teuersten Wirtschaftskatastrophen der Nachkriegszeit.

Ergänzende Literatur

Einen sehr schönen Überblick über die pränatale Phase des Euro liefert Kapitel 1 des Buches *Die Target-Falle* von Hans-Werner Sinn, München 2012 (Carl Hanser Verlag). Die technischen Probleme beim Entwurf und beim Druck der Euro-Banknoten sind spannend nacherzählt in dem Buch von Klaus W. Bender: *Geldmacher: das geheimste Gewerbe der Welt*, Weinheim 2007 (Wiley). Zur Rolle von Eurostat bei der virtuellen Einhaltung der Konvergenzkriterien siehe auch den Artikel »Alles andere als neutral« im *Spiegel* 37/1997, S. 24. Speziell die Schummelei im Fall Griechenland ist sehr schön nacherzählt in dem fünfteiligen *Bild*-Report »Geheimakte Griechenland« von Oktober/November 2010. Dafür erhielten die Redakteure Nikolaus Blome und Paul Ronzheimer den Herbert-Quandt-Medienpreis 2011, den wichtigsten deutschen Preis für Wirtschaftsjournalismus.

FÜNF

GLÜCKLICHE KINDHEIT

Wie die Chancen einer starken Währung vertan wurden

Heute zahlen etwa 320 Millionen Menschen mit der gleichen Währung.
Damit teilen sie etwas Alltägliches. Das stiftet Identität.
So ist der Euro auch Symbol und Motor des Zusammenwachsens
und Zusammenlebens in Europa.

Angela Merkel in ihrer Rede zum 10. Jahrestag
der Europäischen Zentralbank am 3. Juni 2008

Allen Unkenrufen zum Trotz war der Euro während seiner ersten Lebensjahre ein durchaus gesundes Kind. Oder soll man besser sagen: Die Krankheiten, die ihn heute plagen, waren zwar latent vorhanden, aber noch nicht ausgebrochen. Und selbst heute, im Jahr 5 der Krise, ist der Euro als Zahlungsmittel weltweit immer noch begehrt: »Vor zehn Jahren sagte ich, der Euro wird so stark sein wie die Deutsche Mark, und ich hatte recht!« sagte Theo Waigel, ehemaliger Bundesfinanzminister, auf dem Wirtschaftsforum in Brüssel am 16. Mai 2008, und in gewisser Weise hatte er auch tatsächlich recht. Wie Abbildung 5 zeigt, ging der Wechselkurs des Euro zum US-Dollar zwar zunächst zurück – am 26. Oktober des Jahres 2000 bekam man für einen Euro nur noch 82,25 amerikanische Cent, das ist Negativrekord –, aber von da an ging es im Großen und Ganzen stets bergauf. Seinen bisherigen Höchststand erreichte der Euro am 15. Juli 2008, da war ein Euro 1,6039 amerikanische Dollar wert. Seit seinem Tief vom Oktober 2000 hatte sich damit der Wert des Euro, gemessen in amerikanischen Dollar, fast verdoppelt.

Nicht alle freuten sich darüber. »Gemeinschaftswährung auf Rekordhoch. Deutsche Industrie klagt über starken Euro«, meldete etwa die *Süddeutsche Zeitung* im Juli 2007. Der Düsseldorfer Waschmittelhersteller Henkel verbucht laut der Berliner *Welt* einen jährlichen Umsatzverlust von 40 Millionen Euro und der Ludwigshafener BASF-Konzern verliert sogar 250 Millionen Euro Jahresumsatz für jeden Prozentpunkt, den der Euro gegenüber dem US-Dollar an Wert gewinnt. Aber für europäische Touristen in den USA ist diese Euro-Stärke angenehm: Für einen Big Mac bei McDonald's in New York zahlte man im Jahr 2008 umgerechnet zwei Euro, für einen Big Mac in Berlin dagegen das Doppelte. Und »das einzige Reiseland, welches 2008 günstiger zu haben ist als im Vorjahr, ist zugleich eines der beliebtesten Reiseländer der Deutschen: die Vereinigten Staaten von Amerika«, las man in der Berliner *Welt*. Auch Reisen in dollarabhängige Gebiete wie Mexiko, Lateinamerika und Südostasien oder in die Karibik seien preiswerter geworden. Wenn

Abbildung 5 So viele US-Dollar war ein Euro wert

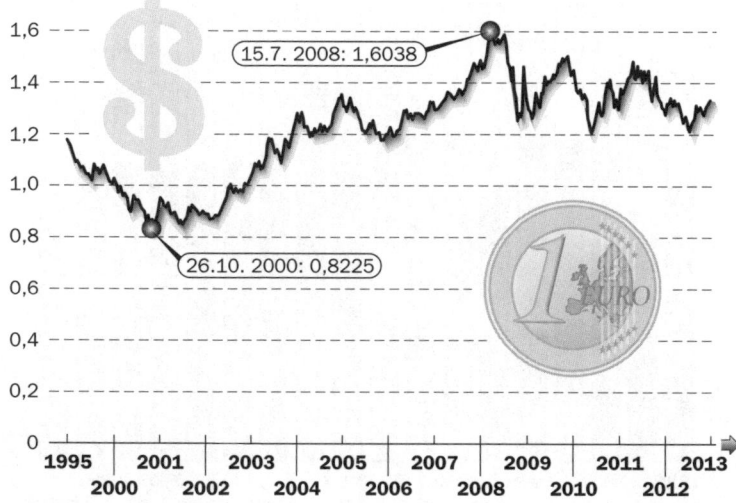

Quelle: *Deutsche Bundesbank*

also der Euro in seinen ersten Jahren eines war, dann auf keinen Fall zu schwach.

Auch im Ausland ist der Euro sehr beliebt, in Montenegro und im Kosovo – beide außerhalb der Eurozone – ist er als offizielles Zahlungsmittel anerkannt, in Bulgarien, Tschechien, Ungarn, Polen, Rumänien, Albanien, Bosnien und Herzegowina, Kroatien, Mazedonien und Serbien kursiert er als Parallelwährung, in Mazedonien und Serbien haben die Menschen sogar mehr Euro als lokales Geld in ihrer Tasche (Quelle: Österreichische Nationalbank). Fast folgerichtig macht der Euro daher dem amerikanischen Dollar als Reservewährung Konkurrenz. Eine Reservewährung wird von Zentralbanken weltweit als Edeldevise gehortet, oft auch nur in Form von Staatspapieren, um damit beliebigen Zahlungsverpflichtungen nachzukommen. Und wie Abbildung 6 zeigt, hat der

Abbildung 6 Die wichtigsten Reservewährungen

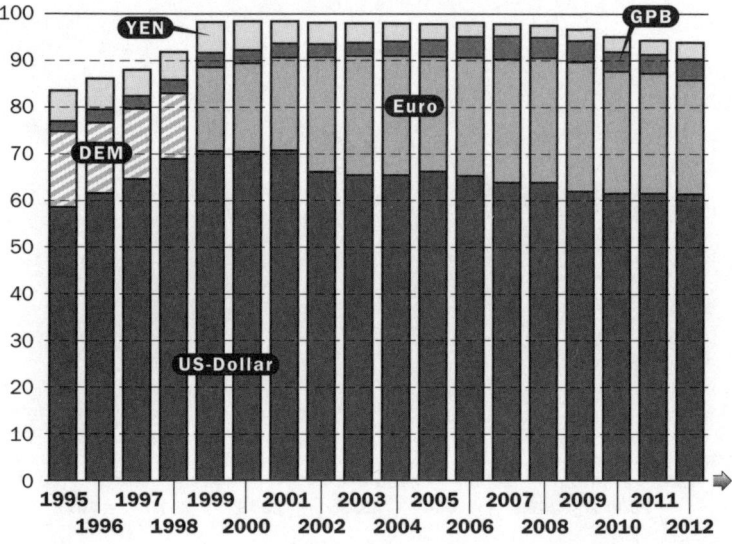

Quelle: EZB

Euro die Rolle der D-Mark als Reservewährung übernommen und sogar noch etwas ausgebaut.

Es führt wie gehabt der amerikanische Dollar, aber immerhin wird ein Viertel der weltweiten Devisenbestände inzwischen in Euro vorgehalten. Der Euro verweist damit das britische Pfund und den japanischen Yen deutlich auf die Plätze drei und vier. Diese Rolle einer Reservewährung ist für den Eigentümer mit beträchtlichen Vorteilen verbunden. Denn wie in Kapitel 2 gezeigt, fällt das als Reservewährung gehaltene Geld ja nicht vom Himmel, es wird von der zuständigen Zentralbank gegen mehr oder weniger hohe Zinsen ausgeliehen. Und wenn diese Ausleiher im Ausland sitzen, gehen diese Zinsen an das Land, das die Reservewährung herausgegeben hat. Auf diese Weise hat die Bundesbank bis zum Ende der Neunzigerjahre jährlich mehrere Milliarden D-Mark in die Kasse des deutschen Finanzministers eingebracht, und nochmals höhere Gewinne fließen auf diese Weise aktuell der Europäischen Zentralbank zu (wobei aber auf Deutschland weniger entfällt, als man zu D-Mark-Zeiten eingenommen hatte; siehe dazu auch Kapitel 6).

★

Auch innerhalb der Eurozone bringt die gemeinsame Währung viele Vorteile. Das fängt mit dem Wegfall des lästigen Geldwechsels bei Urlaubsreisen an. Wer öfter in die Schweiz oder nach Dänemark reist, weiß das zu schätzen. Im Internet ist von einem belgischen Verbraucherschützer zu lesen, der vor dem Euro mit 50 000 belgischen Franc in der Tasche durch alle zwölf damaligen EG-Länder reiste. An jeder Grenze tauschte er das Geld vollständig um, gab aber sonst nichts aus. Als er nach Hause kam, hatte er noch 25 241 Franc. Der Rest hatte sich in Umtauschkosten aufgelöst.

Auch das zeitraubende Umrechnen entfällt. Man muss auf der Piazza Navona in Rom nicht lange überlegen: Ist der Cappuccino für 9000 Lire jetzt billiger oder teurer als der Cappuccino für 5 D-Mark auf der Düsseldorfer Kö? Auch wenn die ohnehin bescheidenen Kopfrechenkünste der Europäer mangels Übung durch den Euro nochmals weiter abgenommen haben, als mentale Arbeitserleichterung war und ist er ohne Zweifel ein Gewinn.

Gesamtwirtschaftlich von weitaus größerer Bedeutung ist jedoch der Wegfall des Wechselkursrisikos. Wenn der VW-Konzern Autos nach Frankreich, Italien oder Spanien verkaufte, wusste er lange Zeit nicht, wie viele D-Mark er dafür bei Fälligkeit der Zahlungen erhielt. Natürlich können Exporteure dieses Risiko auf die Importeure in den Empfängerländern abwälzen, aber das Risiko als solches bleibt. Und wenn man eines in einer Vorlesung über Finanz- und Außenwirtschaft lernt, dann das: Unsicherheit und Risiko sind immer schlecht. Dagegen kann man sich versichern, aber Versicherungen kosten Geld und machen damit den internationalen Warenaustausch teurer. Auch dieser Effizienzgewinn durch eine gemeinsame Währung steht daher außer Frage.

Aber danach wird die Luft auch schon gefährlich dünn. Ob etwa der Euro wirklich, wie in Sonntagsreden gern behauptet, das Zusammengehörigkeitsgefühl der Europäer stärkt, ist mehr als zweifelhaft. Wenn man die Hakenkreuzfahnen in Athen oder die Tiraden italienischer und seit Kurzem auch zypriotischer Politiker gegen Deutschland ansieht oder anhört, kann man durchaus daran zweifeln, ob der Euro wirklich ein Motor des Zusammenwachsens und Zusammenlebens in Europa ist, wie das Angela Merkel in ihren Reden gern erzählt. Eher scheint das Gegenteil der Fall zu sein.

Auch trifft das oft gehörte Argument, der Euro sorge für stabile Preise, nicht für alle Güter zu. »Der Euroraum ist insgesamt bedeutend stabiler als viele der einzelnen Mitgliedstaaten vor der Einführung des Euro. Der Euroraum ist ein Unterpfand der Stabilität«, beteuerte Jean-Claude Trichet, der damalige Präsident der Europäischen Zentralbank, zum zehnjährigen Jubiläum des Euro am 10. Juli 2008. Aber das ist leider nur für die Preise von Konsumgütern der Fall. So stieg der Preisindex für die Lebenshaltung in Deutschland und in den meisten anderen Ländern der Eurozone seit 1999 um jährlich weniger als drei, oft sogar weniger als zwei Prozent. Aber die Preise für Exportgüter und andere Bestandteile des Bruttoinlandsprodukts bleiben davon unberührt. Deren Änderungen werden durch den sogenannten BIP-Deflator erfasst; dieser zeigt, wie sehr sich *sämtliche* in das Inlandsprodukt eines Landes eingehenden Güter und Dienstleistungen durchschnittlich verteuert haben; er ist damit ein weitaus besserer Indikator für das allgemeine Preisniveau und die Wettbewerbsfähigkeit einer Volkswirtschaft als der Preisindex für die Lebenshaltung, der nur Konsumgüter erfasst. In der folgenden Tabelle 3 ist dieser durchschnittliche Preisanstieg des Inlandsprodukts für die 17 Länder der aktuellen Eurozone angegeben, vom Gipfel in Madrid im Jahr 1995, als der Euro endgültig beschlossen wurde, bis zum Ausbruch der Bankenkrise im Jahr 2007.

Die Spitzenreiter Estland, Slowenien und die Slowakei kamen erst als Letzte zur Eurozone dazu – Estland etwa lange nach Beginn der Krise im Januar 2011 – und bleiben für die Zwecke dieses Buches außen vor. Aktuell gehen von ihnen auch keine weiteren Probleme aus (von der berechtigten Konsternierung vieler im Ver-

Tabelle 3 Um diese Prozentsätze wurden die Güter und Dienstleistungen der 17 Euroländer von 1995 bis 2007 teurer

Estland	151%
Slowenien	100%
Slowakei	77%
Griechenland	60%
Irland	57%
Spanien	52%
Portugal	45%
Zypern	45%
Malta	39%
Luxemburg	38%
Italien	36%
Niederlande	34%
Belgien	23%
Frankreich	22%
Finnland	18%
Österreich	15%
Deutschland	9%

Quelle: *Eurostat*

gleich zu Griechenland weit ärmerer Slowaken abgesehen, warum sie für die Sünden ihrer reichen Bettgenossen büßen sollen). Hier interessieren vor allem die im Vergleich zu Deutschland weitaus höheren Preissteigerungen in den Krisenländern Griechenland, Irland, Spanien, Portugal und Italien. Dabei sind weniger die Preisanstiege als solche als deren Abstände zu denen in den Niederlanden, Belgien, Finnland, Österreich und Deutschland das Problem. Die letztgenannten Länder haben sich durch ihre Preiszurückhaltung große Wettbewerbsvorteile auf den weltweiten

Gütermärkten erarbeitet, umgekehrt haben sich die Krisenländer aus dem Wettbewerb herausgepreist. Und hier und nirgendwo anders ist der große Sprengsatz eingebaut, der das europäische Haus, wenn nicht drastische Gegenmaßnahmen erfolgen, früher oder später zum Einsturz bringen wird.

Vor dem Euro kostete eine Pizza in Neapel halb so viel wie eine Pizza in Wuppertal. Heute zahlt man in Italien zwischen 20 und 50 Prozent mehr. Eine Taxifahrt vom Flughafen in die Innenstadt ist heute in fast allen südeuropäischen Ländern teurer als die gleiche Fahrt in Deutschland, und in Griechenland wird heute Schafskäse netto importiert: Der eigene ist so teuer geworden, dass ihn im Ausland kaum noch jemand kauft. Um genauso wettbewerbsfähig zu werden wie der unmittelbare Nachbar Türkei, müssten die griechischen Exportpreise um über 30 Prozent sinken, und auch Italien, Spanien, Portugal und Frankreich sind ohne Abwertung zu einer langen Wirtschaftsflaute verurteilt.

Vor dem Euro war das Abwerten einfach: Der Franc, die Pesete, die Lira wurden billiger, damit war das Problem vom Tisch. Das nennt man auch externe Abwertung. Es war nur ein einziger Preis zu senken, nämlich der der Währung, und alles war wieder gut. Mit dem Euro geht das nicht. Jetzt sind Hunderttausende von Preisen und Löhnen möglichst simultan zu senken, und das erscheint in einer Demokratie nahezu unmöglich.

Es sei denn, die Preisunterschiede verschwinden dadurch, dass die Überschussländer teurer werden. Das heißt dann Inflation. Auch hier sind Widerstände zu erwarten. Oder aber es bleibt alles wie gehabt, und die exportstarken Nordländer, also Deutschland, Belgien, die Niederlande, Luxemburg willigen ein, die Importüberschüsse der Südländer bis zum Ende aller Tage zu finanzieren, also den Südländern diese Überschüsse sozusagen zu schenken. Auf diese Effekte langfristiger Exportüberschüsse kommen die nächsten beiden Kapitel noch ausführlich zurück.

★

Abbildung 7 Immobilienpreise in ausgewählten Ländern der Eurozone (1995 gleich 100)

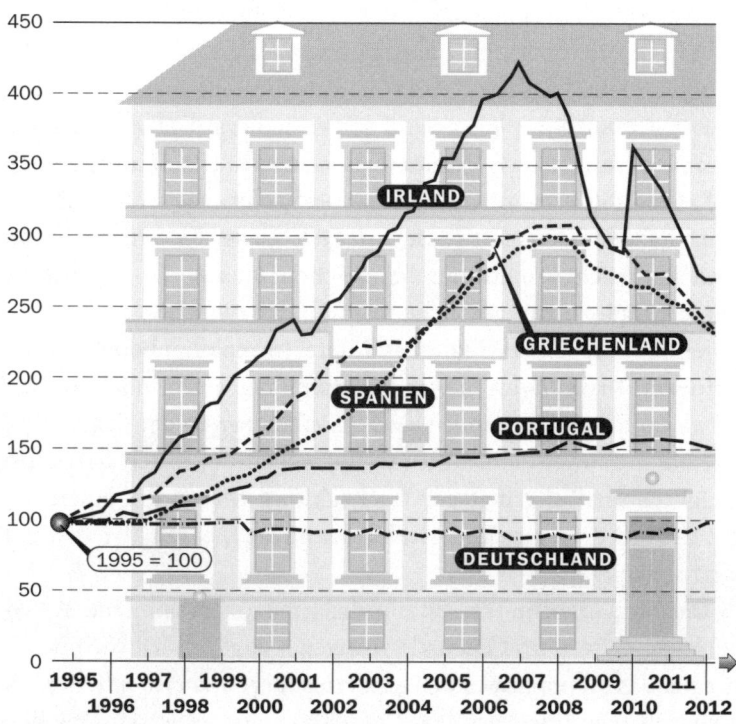

Quelle: *ifo Institut*

Was aber selbst der BIP-Deflator unterschlägt, sind die nochmals stärker differierenden Wachstumsraten der Preise für Vermögensgüter, an erster Stelle Immobilien, die hier eine zusätzliche Wunde aufgerissen haben. In Deutschland etwa sind die Immobilienpreise in den ersten zehn Jahren des Euro kaum gestiegen, in vielen Regionen sind sie sogar gefallen. Obige Abbildung stellt die Entwicklung der Immobilienpreise in Deutschland, Italien, Irland und Spanien von Anfang 1995 bis zur Bankenkrise 2007 gegenüber. Der besseren Vergleichbarkeit wegen sind alle Preise zu Beginn des Jahres 1995 auf 100 gesetzt.

Wie man sieht, wurden Hausbesitzer in Deutschland in den

ersten Jahren des Euro sogar im Durchschnitt ärmer, selbst nach mehreren guten Wirtschaftsjahren sind sie erst auf dem Stand des Madrider Eurogipfels von 1995 angelangt. Ein Reihenhaus in einem Vorort von Dublin dagegen, von einem irischen Häuslebauer im Jahr 1995 für 100 000 Euro aufgestellt, war zwölf Jahre später 430 000 Euro wert. Und selbst heute, im Jahr fünf nach Krisenbeginn, blicken Immobilienbesitzer in Irland immer noch auf stolze 150 Prozent Gewinn zurück (sofern sie rechtzeitig gekauft haben; die armen Teufel am Ende dieser Kettenbriefaktion sind natürlich wie immer bei solchen Blasen die Dummen). Diese geradezu unglaubliche Diskrepanz zwischen der Immobilienflaute in Deutschland und dem Immobilienboom in den aktuellen Krisenländern war nur durch den Euro möglich: Nur so waren die Investoren in den Krisenländern in der Lage, billig Kredite aufzunehmen, und nur so, wegen der durch den Euro suggerierten Sicherheit der Rückzahlung, waren die potenziellen Geldgeber in den Kernländern dann auch bereit, diese Mittel auszuleihen.

Der Euro erleichtert nicht nur den grenzüberschreitenden Verkehr von Gütern und Dienstleistungen – dagegen hat vermutlich niemand etwas einzuwenden –, er erleichtert und ermöglicht auch einen bis dato unbekannten Zuwachs an grenzüberschreitenden Bewegungen des Kapitals. Und das ist je nach Verwendung dieses Kapitals alles andere als optimal. Einmal fiel durch den Wegfall des Wechselkursrisikos auch die Angst vieler Investoren vor Kursschwankungen weg, das ermutigt grenzüberschreitende Kapitalbewegungen ganz allgemein. Und dann fiel auch das Risiko von Abwertungen weg, das Investoren in griechische, italienische oder spanische Staatsanleihen über lange Jahre mit gutem Recht bewogen hatte, diesen Staaten nur gegen hohe Zinsen Geld zu leihen. Deshalb wurde es für diese Länder sowohl leichter als auch attraktiver, sich im Inland und im Ausland zu verschulden. Die folgende Abbildung zeigt die zeitliche Entwicklung der Zinsen, die ausgewählte Länder der Eurozone von 1995 bis 2007 auf ihre Staatsanleihen zu zahlen hatten.

Abbildung 8 Zinsen auf zehnjährige Staatsanleihen für ausgewählte
Länder der Eurozone

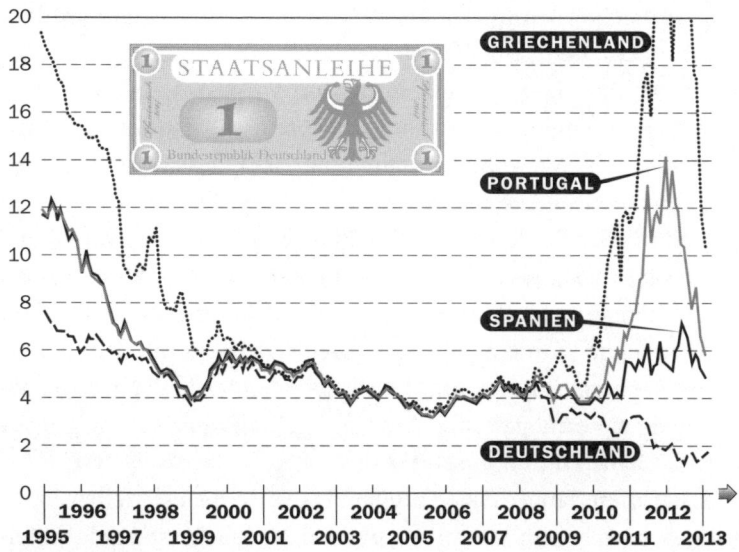

Quelle: *ifo Institut*

Wie man sieht, musste etwa der Finanzminister Griechenlands
zu Beginn des Jahres 1995 noch 16 Prozent Zinsen auf seine
Schuldpapiere bieten, damit die Anleger die Papiere dann auch
kauften. In Deutschland waren es damals gerade einmal 8 Prozent. Aber kurz nach dem Gipfel in Madrid im Dezember 1995
kamen sich die Zinsen immer näher: Staatsanleihen von Ländern der Eurozone sind sicher, so verkündete die Politik, und die
Märkte glaubten das. Über viele Jahre hinweg unterschieden sich
die Zinsen auf deutsche Staatspapiere nur minimal von denen,
die es auf die Papiere der aktuellen Krisenstaaten gab. Seit der
tatsächlichen Einführung des Euro am 1. Januar 1999 zahlte man
in Griechenland, Italien, Spanien oder Portugal nur wenige Promillepunkte mehr, als im sicheren Hafen Deutschland zu zahlen
waren.

Aber diese wenigen Promillepunkte mehr waren auch deutschen Anlegern Anreiz genug, in großen Mengen Mittel in diese

Länder umzuleiten. Staatsanleihen galten generell als sicher, egal welches Euroland die Anleihen begab, da nahm man diese Extraeinnahmen gerne mit. Vor allem Banken deckten sich in großem Umfang ein, denn im Vergleich zu anderen Geldanlagen war bei Staatsanleihen keine Absicherung durch Eigenkapital vonnöten. Diese aus heutiger Sicht völlig unbegreifliche Laxheit der Bankenaufsicht ist einer der Hauptgründe dafür, dass aktuell so viele Banken vor der Pleite stehen.

Erst mit der Bankenkrise 2007–2008 wurde den Geldverleihern wieder bewusst, dass auch Staatsanleihen ausfallen können, also verlangten sie mehr Zinsen für ihr Geld. Besonders im Fall von Griechenland wurde den privaten Geldverleihern mit dem Schuldenschnitt von 2012 dramatisch klar, wie prekär doch ihre ausgeliehenen Vermögen sind, und die geforderten Zinsen gingen sprichwörtlich durch die Decke.

Über diese langjährige Gutgläubigkeit der Geldverleiher kann man sich im Nachhinein nur wundern. Vielleicht ist der dann folgende Reinfall auch der Grund, warum man derzeit in Anlegerkreisen den Politikern fast nichts mehr glaubt. Denn trotz aller Beteuerungen, etwa aus Rom und Madrid, bleiben die Zinsen auf italienische und spanische Staatsanleihen hoch (und auf griechische sowieso), und vor allem: weit über denen, die für deutsche Papiere gefordert werden. Diese Diskrepanzen drücken die Meinung der Geldverleiher aus, sie sagen: Wir glauben euren Sprüchen nicht.

Als Nettoeffekt dieser durch den Euro induzierten Kapitalexporte auf der einen und Kapitalimporte auf der anderen Seite fand eine gefährliche Fehlleitung knapper Investitionsmittel statt, hervorgerufen durch billiges Geld für Länder, die mit diesem billigen Geld die falschen Dinge finanzierten. Wer heute mit dem Auto durch Irland und Spanien fährt, kann diese Investitionsruinen an allen Ecken und Enden sehen. Mindestens genauso bedenklich ist, dass ein noch größerer Teil dieser auf einmal so leicht verfügbaren Mittel überhaupt nicht in Investitionen, sondern in den Konsum und in das Aufblähen eines ineffizienten und verschwenderischen Staatsapparats geflossen ist. Statt die Chance zu nutzen und ihre Infrastruktur, die Krankenhäuser, Universitäten, Stromnetze, Abwassersysteme, Häfen und Kanäle auf Vordermann zu bringen, wurde das Rentenalter gesenkt, oft bei gleichzeitiger Erhöhung der Renten selbst, die Frühverrentung erleichtert, der Urlaub ausgedehnt, der Stellenkegel in Katasterämtern und Provinzverwaltungen erweitert. Man hat sich, ganz allgemein gesprochen, auf Kosten anderer Länder einen schönen Lenz gemacht.

★

Die skurrilsten und zugleich am besten dokumentierten Auswüchse erzeugte dieses billige Auslandsgeld in Griechenland. Dort arbeitete bis vor Kurzem ein Viertel aller Erwerbstätigen eurofinanziert beim Staat, die dort gezahlten Löhne und Gehälter haben sich in Summe in den ersten zehn Eurojahren mehr als verdoppelt. »Katastrophal für den griechischen Staat ist vor allem die Anzahl seiner Beamten und Angestellten«, bekräftigt der bekannte Publizist Takis Michas im Magazin der *Süddeutschen Zeitung* (Nr. 10/2011): »Bis vor einem Jahr wusste die griechische Regierung nicht einmal, wie viele sie insgesamt beschäftigt.«

Diese griechischen Staatsbediensteten waren unkündbar, gingen oft schon vor dem 50. Lebensjahr in Pension, und ihre unverheirateten oder geschiedenen Töchter bezogen nach dem Ableben der Eltern deren Pensionen weiter. Allein diese im Rest Europas völlig undenkbare Regel belastete den griechischen Staatshaushalt jährlich mit über 500 Millionen Euro. Während der aktiven Dienstzeit bezogen Staatsdiener Zuschläge von bis zu 1300 Euro monatlich für Extrabelastungen wie zum Beispiel die Nutzung eines Computers, das Beherrschen einer Fremdsprache, das Arbeiten im Freien (davon profitierten vor allem die Angestellten der staatlichen Forstverwaltung) oder das pünktliche Erscheinen am Arbeitsplatz. Alle Beschäftigten, nicht nur die des Staates, bezogen 14 Monatsgehälter, plus nochmals je ein halbes zu Ostern und im Sommer. Die Angestellten der staatlichen Fluggesellschaft Olympic Airways durften kostenlos um den Globus fliegen, Familienmitglieder ebenfalls, und auch die Beschäftigten der damals 74 übrigen Staatsunternehmen genossen Privilegien vielfältiger Art: freien Eintritt, freie Fahrten, freies Essen. Rechnet man dann noch die mehreren Hundert staatlich berufenen Gremien hinzu, in denen nur zu oft Menschen dafür bezahlt wurden, dass sie überhaupt nichts tun, so braucht man sich über den griechischen Eurohunger nicht mehr zu wundern. Noch bis vor Kurzem lebte in Thessaloniki, der zweitgrößten Stadt des Landes, eine Behörde vor sich hin mit der Aufgabe, diesen Ort für seine Rolle als europäische Kulturhauptstadt auf Vordermann zu bringen. Das Ereignis hatte allerdings bereits im Jahr 1997 stattgefunden. Dann existiert noch immer eine Behörde, die den in Staatsbesitz befindlichen See Kopais in der Nähe der Stadt Theben trockenlegen soll. Der See ist seit 1957 trocken. »Als die Gründungsmitglieder dieser Behörde in Rente gingen, wurden ihre Stellen nicht gestrichen«, berichtet Takis Michas. »Man hat sie mit Anverwandten der frischgebackenen Pensionäre neu besetzt.« Und recht ordentlich entlohnt, wie im *Spiegel* 19/2010 nachzulesen war, »mit bis zu 2500 Euro im Monat«.

Die Ökonomen sagen dazu auch: Es mangelt gewissen aktuellen Krisenländern an fiskalischer Disziplin. Das drückt sich auch in europaweit sehr unterschiedlichen Renteneintrittsaltern aus. Während man in Deutschland die Heraufsetzung des Rentenalters auf 67 oder gar 70 diskutiert, senkt Frankreichs neu gewählter Präsident Hollande als eine seiner ersten Amtshandlungen das französische Rentenalter auf 60 Jahre ab. Auch in vielen anderen Eurostaaten ist das gesetzliche Rentenalter niedriger als in Deutschland: in Malta 60 ½, in Estland für Frauen 61, für Männer 63, in der Slowakei und Slowenien 62, in Österreich und Italien 62 ½. Zwar sind derzeit in der EU große Anstrengungen im Gange, das Rentenalter in Europa zugleich anzupassen und anzuheben, aber die Erfolge sind bescheiden. Noch immer arbeiten französische Arbeitnehmer im Durchschnitt drei Jahre weniger als deutsche, und es ist kein kurzfristiges Verschwinden dieser Diskrepanzen abzusehen.

Tabelle 4 Auslandsschulden ausgewählter Krisenländer
(in Mrd. US-Dollar)

	2000	2006	2012
Griechenland	41,9	75,2	583, 3
Portugal	13,1	287,8	548,3
Italien	45,0	922,5	2684,0
Irland	11,0	1049,0	2352,0
Spanien	90,0	970,7	2570,0

Quelle: *CIA Factbook*

Das Geld für dieses Dolce Vita hatten sich die Südländer nicht erarbeitet, sondern geliehen. Und zwar vor allem im Ausland. Obige Tabelle gibt die Summe der staatlichen und privaten Auslandsschulden einiger Krisenländer wieder. Zum Spezialfall Irland später mehr. Hier wurden die geliehenen Gelder eher investiert als konsumiert, wenn auch in die falschen Projekte. Zum Teil trifft das auch auf Spanien zu – wie in Irland ist hier viel ausländisches Geld in Beton geflossen. Aber ansonsten sind die geliehenen Milliarden zum großen Teil »verfrühstückt« worden, wie das Hans-Werner Sinn in seinen Büchern so erfrischend nennt.

Für eine Nettobilanz sind von den obigen Auslandsschulden die Auslandsguthaben abzuziehen. Das ist vor allem für Italien wichtig, wenn man der Banca d'Italia glauben darf, sinken dann die Auslandsschulden auf rund 400 Milliarden Euro. Auch das ist eine Menge, und vor allem: Es wird nicht weniger. Denn der Grund für diese wachsenden Schulden ist eine negative und auch in Zukunft mit hoher Wahrscheinlichkeit im Negativen verbleibende Leistungsbilanz, ein Überhang der Importe über die Exporte, der nur durch neue Schulden finanziert werden kann.

Umgekehrt haben andere Länder, an der Spitze Deutschland, Jahr für Jahr mehr exportiert als importiert, also Guthaben im Ausland angehäuft. Die in der Tabelle aufgelisteten Auslandsschulden sind notwendigerweise identisch mit gleich hohen Auslandsguthaben andernorts – die Schulden des einen sind notwendigerweise die Forderungen des anderen. Diese Forderungen sind im Wesentlichen, wenn auch nicht ausschließlich, dadurch entstanden, dass die Gläubigerländer den Schuldnerländern das Geld zum Finanzieren ihres Über-die-Verhältnisse-Lebens, speziell zum Finanzieren ihres Importüberschusses, geliehen haben. Damit sind wir schon beim Thema des nächsten Kapitels. Denn was nützen die schönsten Exportüberschüsse, wenn die dafür eingetauschten Forderungen sich eines Tages als nicht eintreibbar erweisen sollten? Und das provoziert sofort die Frage, ob Deutschland wirklich, wie viele meinen, der große Profiteur des Euro ist.

Ergänzende Literatur

Die unbestreitbar vorhandenen Vorteile des Euro findet man sehr schön auf den Netzseiten der Europäischen Zentralbank aufgeführt (wenn nicht dort, wo sonst): http://ec.europa.eu/economy_finance/emu10/successes/index_en.htm. Zur internationalen Rolle des Euro siehe auch die regelmäßigen EZB-Publikationen *The International Role of the Euro*.

Die statistischen Schummeleien griechischer Politiker wurden an vielfacher Stelle in den deutschen Medien kolportiert, in der Netzausgabe des *Handelsblatts* etwa unter http://www.wiwo.de/bilder/ausland-wo-die-griechen-sparen-koennen/4702524.html. Siehe auch die *Frankfurter Allgemeine Zeitung* vom 2. Mai 2010: »Athener Ausgaben: Wie Griechenland das Geld verschwendet«.

SECHS

EURO-GEWINNER DEUTSCHLAND?

Reich wird man eher anderswo –
das deutsche Investitionsdesaster

**Der Euro ist die Grundlage
unseres Wohlstandes.**

Angela Merkel in ihrer Neujahrsansprache,
Sylvester 2010

Im Ausland wie vielfach auch im Inland gilt Deutschland als der große Euro-Profiteur. Alle Euro-Länder hätten durch die Gemeinschaftswährung enorm gewonnen, sagte der italienische Ministerpräsident Mario Monti (*Spiegel Online* vom 17. Januar 2012), »Deutschland aber vielleicht noch mehr als andere.« Schon mehr als 400 Millionen Euro habe Deutschland allein an Griechenland verdient, stimmt ihm der griechische Ex-Finanzminister Venizelos zu (*Spiegel Online* vom 6. April 2012). Es leihe sich billig Geld und verleihe es teuer weiter, ein Bombengeschäft. »Kein europäischer Finanzminister wird in diesen Tagen von seinen Kollegen so beneidet wie Wolfgang Schäuble«, assistiert das *Handelsblatt*. »Im Süden Europas müssen die Kassenwarte die Haushalte zusammenstreichen und miterleben, wie die Zinsen für ihre Anleihen trotzdem weiter steigen. Schäuble dagegen kann sich quasi zurücklehnen: Sein Haushalt saniert sich praktisch von selbst. Denn es sprudeln nicht nur die Steuereinnahmen, sondern gleichzeitig sinken die Zinsen, die der deutsche Staat für neue Schulden zahlen muss. Zuletzt gelang es dem Staat gleich mehrfach, Geld zu negativen Zinsen geliehen zu bekommen.«

Entsprechend herrscht kein Mangel an positiven Einschätzungen der Rolle des Euro für die deutsche Wirtschaft und für Deutschland allgemein:

– »Der Euro ist nicht nur ein wirtschaftlicher Erfolg. Er wirkt auch weit über den Rahmen der Geldpolitik hinaus« (Angela Merkel, Rede zum 10. Jahrestag des Euro am 3. Juni 2008).

– »Deutschland ist der Profiteur des Euro« (Bert Rürup, *Kölner Stadtanzeiger*, 25. 3. 2010).

– »Es gibt kein Land in der Europäischen Union, das so viel von der EU gewinnt wie Deutschland« (Elmar Brok, CDU-MdEP, 4.10.2010).

– »Die Beibehaltung des Euro in seiner jetzigen Form ist die aus deutscher Sicht sinnvollste Alternative« (Kienbaum Management Consultants GmbH, 17.1.2011).

- »Deutschland ist Haupt-Profiteur des Euro« (Theo Waigel, *Frankfurter Rundschau*, 31.1.2011).

- »Deutschland ist der Profiteur« (Jean-Claude Juncker, *Spiegel* 4/2011).

- »Kein Staat profitiert so von der europäischen Integration und der gemeinsamen Währung wie Deutschland« (*Spiegel Online*, 19.3.2011).

- »Der Euro hat Deutschland massiv genutzt« (Die Partei Bündnis 90/Grüne auf http://www.gruene.de/themen/europa/fatale-oekonomische-folgen.html).

- »Aber man muss auch sagen, dass Deutschland als größte Volkswirtschaft Europas am meisten vom Euro profitiert« (EU-Kommissionspräsident Barroso, *Bild*, 10.10.2011).

- »Wir sind die Gewinner des Euro und wir müssen als Bundesrepublik Deutschland größten Wert darauf legen, dass dieser Euro erhalten bleibt« (IG-Metall-Chef Berthold Huber, *Deutschlandfunk*, 11.10.2011).

- »Wir verdanken dem Euro ein Drittel unseres Wachstums« (Frank Mattern, Leiter von McKinsey Deutschland, *Frankfurter Allgemeine Zeitung*, 21.10.2011).

- »Wir sind keine Nettozahler der EU, sondern Nettogewinner« (Sigmar Gabriel vor dem Deutschen Bundestag, 29.6.2012).

- »Deutschland ist der größte Profiteur dieser Währungsunion und des gemeinsamen Binnenmarktes« (der deutsche EZB-Direkter Jörg Asmussen, *Junge Freiheit*, 20.8.2012).

- »Wir sind dank der niedrigen Anleihezinsen ein wenig die Gewinner der Krise« (Michael Hüther, Direktor des Instituts der deutschen Wirtschaft, *Die Presse*, 5.9.2012).

- »Deutschland ist eindeutig ein Gewinner des Euro« (Wolfgang Schäuble, *Bild am Sonntag*, 9.9.2012).

- »Deutschland braucht den Euro« (http://www.spdfraktion.de/themen/europ%C3%A4ische-finanzkrise?tab2=spe&tab1=pos; Jan. 2013).

- »Deutschland hat auch vom Euro kräftig profitiert« (Joachim Gauck, Rede zu Perspektiven der europäischen Idee, 22.2.2013).

Und so weiter: Diese Liste ließe sich mit etwas Mühe sicher noch verlängern. Sie ist genauso lang wie verlogen, hohl und falsch. Verlogen, weil zumindest einige der hier zitierten Personen es besser wissen. Hohl, weil viele hier die Fakten ignorieren und nur altbekannte Phrasen dreschen. Und falsch, weil die deutsche Wirtschaft als Ganze – also nicht nur die vom Euro tatsächlich profitierenden Großkonzerne, auch die Konsumenten und die Kleinanleger – durch den Euro eher ausgebeutet werden.

Natürlich ist klar, dass Politiker aus Staaten, die wirklich vom Euro profitieren, bei der Frage »Wer profitiert vom Euro?« gerne auf andere zeigen. Da ist Venizelos nicht allein. Und dass diese Argumente auch in Deutschland gerne aufgegriffen werden, liegt einmal daran, dass Politiker Wähler brauchen. Was also bleibt einer Regierung, die sich die Eurorettung auf die Fahnen geschrieben hat, anderes übrig, als dessen Vorteile herauszustreichen? Frau Merkel würde vermutlich genauso reden, selbst wenn sie es besser wüsste. Andere Pro-Stimmen hängen am Euro als Motor des deutschen Exportüberschusses, der damit Arbeitsplätze sichert. Also sind auch die Gewerkschaften (Huber) dafür. Und auch die deutsche Exportindustrie hat am Euro wenig auszusetzen. Solange die Exporte bezahlt werden, und für die Exportindustrie werden sie bezahlt, gibt es hier keine Krise.

Wenn also im Juni des Jahres 2011 50 Manager deutscher und französischer Großkonzerne in ganzseitigen Anzeigen in mehreren großen Tageszeitungen für den Fortbestand des Euro werben, ist das aus deren Sicht nur folgerichtig. In dem Appell unter dem Motto »Der Euro ist notwendig« heißt es: »Die Rückkehr zu stabilen finanziellen Verhältnissen wird viele Milliarden Euro kosten, aber die Europäische Union und unsere gemeinsame Währung sind diesen Einsatz allemal wert.« Deshalb »muss diesen von der Verschuldungskrise betroffenen Ländern finanziell geholfen werden, damit sie ihre finanzielle Unabhängigkeit zurückgewinnen und sich für die Bevölkerung dort eine bessere Zukunftsperspektive einstellt«. Unterschrieben war dieser Text unter anderem von Siemens-Chef Peter Löscher, BASF-Chef Kurt Bock, Deutsche-

Post-Chef Frank Appel, E.ON-Chef Johannes Teyssen, Daimler-Chef Dieter Zetsche und BMW-Chef Norbert Reithofer, die alle an den Euro-induzierten Exporterfolgen prächtig verdienen.

Und so haben diejenigen, die an einen positiven wirtschaftlichen Nettoeffekt des Euro für die deutsche Wirtschaft glauben, dafür gute subjektive Gründe. Aber objektiv sind starke Zweifel angezeigt. Es besteht hier vielmehr die Gefahr, dass eine zweifelhafte These durch ständiges Wiederholen zum Gemeinplatz wird. Zwar ist dem durchschnittlichen deutschen Medienkonsumenten durchaus bewusst, dass er oder sie durch verschiedene Euro-Hilfsmaßnahmen direkt oder indirekt zur Kasse gebeten wird – das Gemurre in den Kommentarspalten der Netzausgaben deutscher Zeitungen und Politmagazine ist kaum zu überhören –, aber netto scheint der Euro doch weiter ein gutes Geschäft zu sein. Und wenn man das nur oft genug hört, glaubt man es dann auch. Der amerikanische Wirtschaftsnobelpreisträger Daniel Kahneman zeigt in seinem Bestseller »Schnelles Denken, langsames Denken« zahlreiche Wege auf, wie ständiges Wiederholen auch offenkundig falscher Aussagen unseren Denkapparat überlisten kann. Denn dieser Denkapparat ist notorisch faul und nimmt gerne Abkürzungen jeder Art, zum Beispiel, indem er die Bekanntheit oder Vertrautheit einer Aussage als Indikator für deren Wahrheit nimmt (»familiarity is not easily distinguished from truth«). Das geht sogar so weit, dass wir nur einen Teil eines Satzes wiedererkennen müssen, um das Ganze für korrekt zu halten. Kahneman erzählt von Experimenten, in denen einem Teil der Probanden die Wortfolge »die Körpertemperatur eines Huhns« mehrfach vorgespielt wurde, dem anderen nicht. Dann wurden die Teilnehmer aufgefordert, wahr oder falsch bei der Aussage anzukreuzen: »Die Körpertemperatur eines Huhns beträgt 51 Grad.« Das ist natürlich Unfug, und die Versuchsteilnehmer, die nicht zuvor den ersten Teil des Satzes gehört hatten, sahen das auch völlig ein. Die andere Hälfte dagegen kreuzte mehrheitlich diese Aussage als richtig an.

Sehen wir uns also einmal an, was von den Pro-Euro-Argumenten übrig bleibt, wenn man kurzfristigen wirtschaftlichen

Eigennutz und langfristigen politischen Beharrungswillen einmal beiseite lässt.

★

Beginnen wir mit den Zinsgewinnen Deutschlands und der deutschen Bundesbank. Die sind zwar vorhanden, kürzen sich aber gegen Zinsverluste an anderer Stelle wieder weg. Insbesondere sind sie längst nicht so eindeutig positiv, wie immer wieder unterstellt. So sind mit dem Ende der D-Mark auch die Zinsgewinne der Deutschen Bundesbank weggefallen, die dadurch entstanden, dass die D-Mark auch im Ausland als Zahlungsmittel galt. Gegen Ende der D-Mark-Zeit sollen laut Bundesbank zwischen 65 und 90 Milliarden D-Mark im Ausland als Bargeld umgelaufen sein. Dieses Geld gab die Bundesbank nicht gratis her: Sie nahm dafür pro Jahr aus dem Ausland zwischen 3 Milliarden D-Mark und 4 Milliarden D-Mark Zinsen ein. Und diese Gewinne fallen mit dem Euro weg, sie werden auch durch den deutschen Anteil an den entsprechenden Zinsgewinnen der EZB nicht wettgemacht.

»Die Bundesbank wird nach bislang unbestätigten Informationen auch in diesem Jahr einen deutlich geringeren Gewinn an die Bundesregierung ausschütten als von Finanzminister Wolfgang Schäuble erwartet«, meldete im März 2013 der Fernsehsender n-tv. »Die Notenbank werde am Dienstag einen Erlös für 2012 ausweisen, der in etwa auf dem Niveau des vorangegangenen Jahres von 643 Mio. Euro liege, heißt es in einem Bericht der *Süddeutschen Zeitung*. Im Bundeshaushalt sei dagegen eine Summe von 1,5 Mrd. Euro eingeplant.«

Im Fachjargon der Ökonomen sagt man dazu auch »Münzgewinn« oder »Seigniorage« (gesprochen Sennjoritsch). Dieser sozusagen mühelose Münzgewinn floss per Umweg über die Bundesbank dem deutschen Fiskus zu und hat zu D-Mark-Zeiten dem Finanzminister über manche Haushaltsklippe hinweggeholfen. Heute kassiert ihn die Europäische Zentralbank, und nur noch

27 Prozent davon, entsprechend dem deutschen Kapitalanteil, landet im Finanzministerium in Berlin. Netto verbleibt damit ein jährlicher Milliardenverlust, sozusagen die Mitgift der Bundesbank für das Europrojekt. Die Ökonomen Hans-Werner Sinn und Holger Feist schätzen den Barwert der so entgangenen und stattdessen den anderen Euroländern, an erster Stelle Frankreich, zufließenden Zinsgewinne auf über 50 Milliarden Euro – dieses Vermögen hat der deutsche Finanzminister seinen Kollegen sozusagen an seinen Wählern vorbei geschenkt (allerdings ohne dass sich irgendeiner dieser Kollegen dafür bedankt hätte, jedenfalls nicht bis jetzt).

Auch viele andere Eurozonenländer, vor allem die inflationsverliebten Anrainerstaaten des Mittelmeers, haben durch den Euro solche Zinsgewinne eingebüßt. Aber diese Zinsgewinne wurden den Bürgern des eigenen Landes als eine indirekte Steuer sozusagen abgepresst, im Außenverhältnis war dieser Wegfall irrelevant. Nur Deutschland verzeichnet als Ganzes durch diesen Wegfall einen Nettoverlust, denn vor allem die deutsche Währung war auch im Ausland als Zahlungsmittel anerkannt.

Ohne allen Zweifel positiv sind dagegen die Ersparnisse, die der deutsche Finanzminister derzeit durch die historischen Niedrigstände der ihm abgeforderten Zinsen erzielt. Deutsche Staatsanleihen gelten derzeit als sicherer Hafen, und um in diesem sicheren Hafen die aktuellen Krisenstürme abzuwettern, sind viele internationale Investoren mit Niedrigzinsen oder sogar negativen Zinsen zufrieden. Nach Berechnungen des Weltwirtschaftsinstituts in Kiel summieren sich die so erzielten Zinsersparnisse des deutschen Fiskus in den Jahren von 2009 bis 2022 (dann laufen die letzten der bisher begebenen zehnjährigen Staatsanleihen aus) auf insgesamt 68 Milliarden Euro. Um so viel niedriger sind die Zinszahlungen für die in den Krisenjahren 2009 bis 2012 begebenen Bundesanleihen, verglichen mit denen, die bei den Zinsen der Jahre 1999 bis 2008 entstanden wären.

Insgesamt hat die für dergleichen Wertpapieremissionen zuständige Finanzagentur des Bundes in den Jahren 2009 bis 2012 für 1044 Milliarden Euro Kredite aufgenommen. Zum großen Teil wurden dabei nur auslaufende Altkredite durch neue ersetzt, die Netto-Neuverschuldung war erheblich niedriger. Aber auch dieses Ablösen von hoch verzinsten Altkrediten durch niedrig verzinste Neukredite spart dem Kreditnehmer sehr viel Geld, aktuell nutzen zum Beispiel viele private Hypothekenbesitzer diese Zinsflaute für lukrative Umschuldungen aus.

Aber diese gesparten Zinsen, so die Kieler Ökonomen, sind nur zu einem kleinen Teil dem Euro geschuldet. Denn auch für viele andere Euroländer sind die Zinsen derzeit so niedrig wie kaum je zuvor. Mit anderen Worten, ein guter Teil der Zinsentlastung ist keine Folge des Euro, sondern der schwachen Konjunktur. Zieht man diesen Anteil ab, bleiben noch 12 Milliarden Euro übrig, die der deutsche Finanzminister über zehn Jahre nur deshalb spart, weil sein Land innerhalb der Eurozone als der sichere Hafen gilt. Auf das Jahr gerechnet sind das rund 1 Milliarde Euro, eine große Summe für jede private oder juristische Person, aber gesamtwirtschaftlich gesehen, angesichts der weit höheren Belastungen an anderer Stelle, eher etwas von der Art, die ein bekannter Frankfurter Großbankier einmal als »Peanuts« zu bezeichnen das Bedürfnis hatte.

Deshalb sind auch die Zinsgewinne, die der deutsche Fiskus durch seine Hilfskredite für Euro-Krisenstaaten einnimmt, eher mit einer großen Prise Vorsicht zu betrachten: Es trifft zwar zu, dass Deutschland für diese Kredite mehr Zinsen einnimmt, als es selbst für seine eigenen Kredite zahlt. Insofern agiert der deutsche Finanzminister hier nicht anders als jede normale Bank. Und normale Banken können auch dann in Konkurs gehen, wenn sie konsequent mehr Zinsen fordern, als sie selber zahlen. Nämlich immer dann, wenn der Schuldner seine Schulden überhaupt nicht mehr bedient. Genau um diesem Eventualfall vorzubeugen, sind ja die Zinsen für ausgegebene Kredite höher als für die selbst aufgenommenen. Und in einer funktionierenden Geldwirtschaft sind sie umso höher, je höher die Wahrscheinlichkeit ist, dass der Kreditnehmer falliert.

Zieht man aber dieses Ausfallrisiko mit in Betracht, sind die von den Krisenländern zu zahlenden Zinsen viel zu niedrig. Dazu ein Beispiel: Im Rahmen des ersten Hilfspakets vergab Deutschland an Griechenland Kredite in Höhe von 15,2 Milliarden Euro. Dafür zahlt der griechische Finanzminister Zinsen in Höhe von rund einer halben Milliarde Euro pro Jahr. Insofern hat der eingangs zitierte Venizelos durchaus recht. Aber überall sonst auf dem Weltmarkt müsste er für diese Kredite noch weit mehr bezahlen. Mit anderen Worten: Er bekommt den Rest von den Geberländern geschenkt.

Und wie sich später herausstellte, auch die Zinsen noch dazu. Nach dem im Dezember 2012 verabschiedeten zweiten Hilfspaket wurde die Rückzahlung auf den St. Nimmerleinstag verschoben und der Zins quasi auf null Prozent gesenkt, siehe Holger Steltzner: »Neue Griechenland-Hilfe – Mehr Kredit für null Zins,« *Frankfurter Allgemeine Zeitung*, 27. Dezember 2012.

Der Kronzeuge für den Euro als Wohltäter der deutschen Wirtschaft sind natürlich die Exporte. »Deutschland ist der größte Profiteur des gemeinsamen europäischen Binnenmarktes aus 27 Staaten, in dem rund 500 Millionen Einwohner fast 30 Prozent des globalen Sozialproduktes erwirtschaften,« schreibt *Spiegel Online* (19.3.2011) stellvertretend für einen Großteil der deutschen Medien, die fast gebetsmühlenhaft wiederholen, wie gut doch der Euro für die deutsche Wirtschaft sei. »Zwischen Schleswig-Holstein und Bayern hängt fast jeder vierte Arbeitsplatz direkt oder indirekt vom Export ab, also dem Handel mit anderen Staaten.«

Das ist richtig. Aber weiß der *Spiegel*, dass nur noch 37,5 Prozent der deutschen Exporte, also weit weniger als die Hälfte, in die Eurozone fließen? Die folgende Tabelle stellt einmal, beginnend mit dem Jahr 1995, die deutschen Exporte nach Europa denen in andere Länder gegenüber.

Tabelle 5 Deutsche Exporte 1995–2012

	In die Eurozone		In die EU insgesamt		In den Rest der Welt	
	absolut	in %	absolut	in %	absolut	in %
1995	178586,1	46,6	245651,7	64,1	137580,3	35,9
1996	185956,8	46,1	258161,3	64,0	145215,7	36,0
1997	200364,8	44,1	285781,1	62,9	168560,9	37,1
1998	220743,7	45,2	315976,0	64,7	172395,0	35,3
1999	235623,7	46,2	334055,2	65,5	175952,8	34,5
2000	271835,2	45,5	386543,7	64,7	210896,3	35,3
2001	282752,7	44,3	405938,4	63,6	232329,6	36,4
2002	283975,5	43,6	412936,9	63,4	238383,1	36,6
2003	297675,8	44,8	431231,3	64,9	233223,7	35,1
2004	327731,7	44,8	472577,4	64,6	258966,6	35,4
2005	350674,6	44,6	505569,0	64,3	280697,0	35,7
2006	386687,2	43,3	565295,6	63,3	327746,4	36,7
2007	422773,4	43,8	623542,5	64,6	341693,5	35,4
2008	421211,9	42,8	622960,6	63,3	361179,4	36,7
2009	343817,5	42,8	500463,4	62,3	302848,6	37,7
2010	388399,3	40,8	571175,4	60,0	380783,6	40,0
2011	421306,3	39,7	628245,2	59,2	432979,8	40,8
2012	411800,0	37,5	625700,0	57,0	471700,0	43,0

Quelle: *Statistisches Bundesamt*

Als der Euro-Fahrplan 1995 festgeschrieben wurde, gingen 46,6 Prozent aller deutschen Exporte in die 17 Länder, aus denen heute die Eurozone besteht. Heute sind es fast zehn Prozentpunkte weniger. Absolut gesehen sind die Exporte in die Eurozone und in die übrige EU zwar gestiegen, von einer kleinen Delle zu Beginn der Krise abgesehen, aber weit stärker gestiegen sind die Exporte in den Rest der Welt. Seit es den Euro gibt, wird also Euroland für die deutschen Exporte im Vergleich zum übrigen Ausland immer unwichtiger, die Exportmusik spielt für uns heute in den USA und China und in anderen großen Schwellenländern wie Indonesien, Brasilien oder Indien. Und das ohne eine gemeinsame Währung und ohne feste Wechselkurse. Oder anders ausgedrückt: Der Euro ist an den deutschen Exporterfolgen weit weniger beteiligt, als die meisten glauben.

Und selbst innerhalb der Eurozone verschwindet ein großer Teil des Glanzes der deutschen Exporte, wenn man dagegen aufrechnet, was die in Deutschland ansässigen Wirtschaftsteilnehmer an Importen dafür eintauschen. Die folgende Tabelle zeigt an einigen Beispielen, welche Waren und wie viel davon im Jahr 2011 von Griechenland nach Deutschland und von Deutschland nach Griechenland geflossen sind. Insgesamt wurden in diesem Jahr für 5,1 Milliarden Euro Güter von Deutschland nach Griechenland exportiert und für 1,9 Milliarden Euro Güter von Griechenland nach Deutschland importiert. Die Zahlen für den Warenverkehr sind der Fachserie 7.3 des Statistischen Bundesamtes entnommen; sie leiden etwas darunter, dass die deutschen Amtsstatistiker sich ganz offensichtlich vorgenommen haben, Exporte und Importe, wenn immer möglich, in Tonnen zu messen, auch wenn es um Pelzmäntel, Medikamente, Kugelschreiber oder Armbanduhren geht.

Es wird viele überraschen, dass die deutsche Wirtschaft aus Griechenland nicht nur die üblichen Verdächtigen wie Olivenöl und Wein bezieht; die wertmäßig größten Positionen sind Metallprodukte. Griechenland ist reich an Bodenschätzen, der griechische Konzern *Alumil* zählt zu den größten europäischen Aluminiumproduzenten. Auch Baumwollprodukte (Unterhemden!) sowie ausgewählte Industrieprodukte (Drähte und Kabel, Kühlschränke, Sicherungen für Elektrogeräte) werden in großen Mengen von Griechenland nach Deutschland exportiert.

Vielleicht noch mehr überrascht auf der anderen Seite, dass nicht die Produkte der deutschen Automobil-, sondern die der

Tabelle 6 Warenverkehr Deutschland – Griechenland 2011
(Werte in Euro in Klammern)

Aus Griechenland wurden importiert	Nach Griechenland wurden exportiert
1 950 t frischer Fisch (12 Mio.)	14 823 PKWs (218 Mio.)
10 661 t Gurken (7,8 Mio.)	946 LKWs (15,7 Mio.)
33 353 t Zitronen (17 Mio.)	4 571 t Kfz-Ersatzteile (59,9 Mio.)
22 537 t frisches Gemüse (44,9 Mio.)	790 t Armaturen und Ventile (25,3 Mio.)
35 349 t Weintrauben (56 Mio.)	845 t Mähdrescher und Rasenmäher (6,8 Mio.)
15 033 t Melonen (4,7 Mio.)	115 t elektrische Musikinstrumente (2,1 Mio.)
6 226 t Olivenöl (22 Mio.)	2 850 t Druckmaschinen (70,0 Mio.)
83 415 t konservierte Früchte (74,3 Mio.)	1 809 t Schrauben aus Eisen oder Stahl (9,4 Mio.)
17 495 t Wein (29,5 Mio.)	702 t Hydraulikwerkzeuge (10,7 Mio.)
20 655 t Branntwein und Likör (43,8 Mio.)	128 t Kugelschreiber (4,5 Mio.)
2 022 t Tabak (11,6 Mio.)	816 t Elektromotoren (12,5 Mio.)
18 423 t Aluminium und Aluminiumerz (6,6 Mio.)	1 645 t Geschirrspülmaschinen (23,5 Mio.)
35 866 t Aluminiumrohre, -stangen oder -blech (105,9 Mio.)	1 169 t Staubsauger (10,3 Mio.)
21 195 t Rohre aus Eisen (15,5 Mio.)	1130 t Kinderspielzeug (12,9 Mio.)
5 424 t Rohre aus Kupfer (37,9 Mio.)	8 990 t Möbel (29,3 Mio.)
23 238 t Ton und Lehm (1,9 Mio.)	24 t Vorhängeschlösser und Sicherheitsriegel (4,7 Mio.)
8 560 t Manganoxid (14,9 Mio.)	4 248 t Flaschen, Krüge, Töpfe (2,7 Mio.)
1 729 t Sperrholz (2,6 Mio.)	9 917 t Medikamente (446 Mio.)
24 t Pelzbekleidung (9,6 Mio.)	664 t medizinische Instrumente (49,0 Mio.)
3 099 t Baumwollgarn (14,8 Mio.)	416 t Gesellschaftsspiele (18,1 Mio.)
2 014 t Unterhemden (66,6 Mio.)	30,2 t orthopädische Prothesen (21,5 Mio.)
1 015 t Strümpfe und Socken (16,3)	19,8 t Armbanduhren (7,6 Mio.)
4 686 t Baumwolle (9,7 Mio.)	624 t Telefone (84,7 Mio.)
199 t Schrott aus Edelmetallen (12,6 Mio.)	2 793 hl Bier (16,6 Mio.)
10 328 t Drähte und Kabel (47,7 Mio.)	32 028 t Kalidünger (11,4 Mio.)
2 448 t Kühlschränke und Gefriertruhen (13,4 Mio.)	2 833 t Insektizide und Fungizide (24,6 Mio.)
1 728 t Sicherungen für Elektrogeräte (28,1 Mio.)	10,8 t Brillen (1,0 Mio.)

Quelle: *Statistisches Bundesamt*

Pharmaindustrie den wertmäßig größten Anteil der deutschen Exporte nach Griechenland bestreiten. Aber darauf kommt es hier nicht an. Der Punkt ist, was die in Deutschland aktiven Wirtschaftsteilnehmer real von ihren griechischen Handelspartnern dafür an Gegenwert erhalten. Dieser Aspekt bleibt in Tabelle 6 ausgeklammert, die nur einen zeitlich fixierten Schnappschuss zeigt. Vergleicht man aber die Importe und Exporte über die Zeit hinweg, wird klar: Für ihre Industrieprodukte erhält die deutsche Wirtschaft immer weniger an Importgütern zurück, das Tauschverhältnisse der international gehandelten Waren, die »Terms of Trade«, werden für Deutschland immer schlechter, denn für einen Staubsauger, einen Geschirrspüler oder eine Druckmaschine tauschen die Verkäufer immer weniger Unterhemden, Olivenöl oder Aluminiumbleche ein. Von 1995 bis 2012 sind die Preise deutscher Exportgüter laut Statistischem Bundesamt um durchschnittlich 19 Prozent, die Preise der deutschen Importgüter dagegen um durchschnittlich 32 Prozent gestiegen, das heißt: Real gesehen bringen die deutschen Exporte immer weniger Ertrag.

Am deutlichsten wird dieses verschlechterte Austauschverhältnis bei dem Posten in der deutsch-griechischen Bilanz, der in der obigen Tabelle wie auch in der Gesamtexportsumme von 1,9 Milliarden Euro fehlt, der aber wertmäßig mit fast 2 Milliarden Euro allein im Jahr 2011 alle anderen griechischen Exporte in den Schatten stellt: Das sind die Dienstleistungen des griechischen Touristengewerbes. Im Jahr 2011 verbrachten mehr als zwei Millionen Urlauber aus Deutschland – sie stellen damit auch die größte Urlaubergruppe insgesamt – im Durchschnitt je zwei Wochen in diesem schönen Land, das zählt aus griechischer Sicht als Dienstleistungsexport. Die gesamten Dienstleistungsexporte von Griechenland nach Deutschland beliefen sich im Jahr 2011 auf 3,4 Milliarden Euro, die Dienstleistungsimporte aus Deutschland dagegen nur auf 0,9 Milliarden Euro, das gleicht den Überschuss der Warenimporte über die Warenexporte teilweise wieder aus.

Aber diese Dienstleistungsexporte werden eben auch immer teurer. Im Jahr 1995 konnte man für den Listenpreis eines VW

Golf (Basisversion) noch 33 Wochen in einem griechischen Drei-Sterne-Hotel Urlaub machen (zwei Personen, Halbpension), im Jahr 2000 reichte der Erlös noch für 30 Wochen, im Jahr 2005 noch für 25 Wochen, und im Jahr 2010 war bereits nach 23 Wochen Schluss. Damit hatte der Wert eines VW Golf, gemessen in griechischen Urlaubseinheiten, in dieser Zeit um rund ein Drittel abgenommen.

Auch in Italien, Spanien oder Frankreich ist der Urlaub heute für Touristen aus Deutschland real teurer als vor zehn oder zwanzig Jahren – hatte man seinerzeit dort, verglichen mit einem Urlaub zu Hause, viel Geld gespart, so ist es heute umgekehrt. Die goldenen Zeiten, als man auf Sardinien für den Preis einer Pizza in Köln ein Drei-Gänge Menü mit Wein bekam, sind lange vorbei. Mit anderen Worten: Für das, was sie durch ihre Exporte erlösen, erhalten die in Deutschland tätigen Wirtschaftsteilnehmer immer weniger an Gegenwert.

Die Zinsgewinne, Exportüberschüsse und die sicheren Arbeitsplätze zeigen aber auch aus anderen Gründen nur die halbe Wahrheit. Was nützen zum Beispiel die höchsten Exportüberschüsse und die sichersten Arbeitsplätze, wenn die Erträge dieser Exporte und dieser Arbeit nicht bei den Menschen ankommen, die diese Arbeit tun?

»Der Euro ist gut für VW, aber nicht für Deutschland«, titelte das *Wall Street Journal Deutschland* am 6. Juli 2012. »Jedes Mal, wenn es am Finanzmarkt eine Eurokrise gibt – alle drei bis vier Minuten also –, gibt es ein Argument, das die Verteidiger der Gemeinschaftswährung mit selbstgefälliger Bestimmtheit vorbringen: Am Ende müssen die Deutschen den Euro stützen und zahlen, weil das Land so viel vom Euro profitiert hat. Diese Einschätzung ist verbreitet, das Problem ist: Sie ist kompletter Unsinn.«

Nach Auskunft des englischen Wirtschaftsforschungsinstituts Lombard Street Research stieg das verfügbare Durchschnitts-pro-

Kopf-Einkommen der Deutschen von 1998 bis 2011 um nur etwa 7 Prozent, verglichen mit Zuwachsraten von 13 Prozent für Spanien und über 18 Prozent für Großbritannien, Frankreich und die USA. »Deutschland ist heute ein ärmeres Land im Vergleich zu seinen Nachbarn und vielen EU-Mitgliedern als im Jahr 1998«, fassen die Forscher im Politmagazin *The European* ihre Ergebnisse zusammen.

»Wenn es Deutschland so gut geht«, stimmt dazu das *Wall Street Journal* ein, »sollte es dann nicht mehr Anzeichen dafür geben, dass auch der Durchschnittsdeutsche wohlhabender wird? Eine erfolgreiche Wirtschaft ist doch dazu da, den arbeitenden Menschen mehr Wohlstand zu bringen. In den Läden in Düsseldorf und München müssten die Kassen ununterbrochen klingeln, die deutschen Immobilienpreise sollten durch die Decke gehen, und jedes Designerlabel der Welt sollte nach Berlin kommen und den Leuten dabei helfen, das Geld, das ihre Brieftaschen zu sprengen droht, loszuwerden.«

Aber nichts davon geschieht. Und wenn, dann eher zögerlich und ansatzweise. Und auf keinen Fall in dem Ausmaß, wie das etwa lange Jahre in Irland oder Spanien zu sehen war. Die Wachstumsraten der deutschen Einzelhandelsumsätze liegen wie gehabt im europäischen Vergleich weit hinten, und noch jetzt, im fünften Jahr der Krise, kann man für den Preis eines Reihenhauses in Dublin in Köln eine Mehrfamilienvilla kaufen. Wie man die Sache aus deutscher Sicht also auch dreht und wendet: Seitdem es den Euro gibt, sind viele Menschen in Europa reich geworden, die meisten aber nicht in Deutschland, sondern anderswo.

Das war vor dem Euro anders. Noch Mitte der Siebzigerjahre war die Bundesrepublik Deutschland pro Kopf die einkommensstärkste größere Industrienation der Welt, weit vor Japan und auch vor den USA. Aber spätestens mit der Wiedervereinigung ging dieser Pro-Kopf-Spitzenplatz verloren, und seitdem ist Deutschland stetig weiter abgefallen. Noch 1995, in dem Jahr, in dem der Fahrplan für den Euro endgültig beschlossen wurde, lag unter den Ländern der Eurozone nur Luxemburg im Pro-Kopf-Einkommen vor der Bundesrepublik, seitdem (Stand 2012) haben uns die Niederländer, die Österreicher, die Finnen, die Belgier und selbst die vormals so armen Iren überholt, deren bescheidenes Leben viele noch aus dem *Irischen Tagebuch* von Heinrich Böll gut kennen. In den ersten Jahren des neuen Jahrtausends war Irland sogar pro Kopf nach Luxemburg das am Einkommen gemessen reichste Land der Europäischen Union.

Das aktuelle wirtschaftliche Aufatmen in Deutschland lässt völlig außer Acht, dass Deutschland in den ersten Euro-Jahren nicht der Anführer, sondern das Schlusslicht des Wirtschaftswachstums in Europa war. Die folgende Tabelle stellt einmal das Wirtschaftswachstum der zwölf Länder gegenüber, in denen am 1. Januar 2002 der Euro galt, beginnend wieder mit dem Jahr 1995, als auf dem Euro-Gipfel in Madrid der Fahrplan für den Euro endgültig vereinbart wurde, bis Ende 2007, dem Jahr, in dem die aktuelle Krise ihren Ausgang nahm. Sie zeigt, dass nur Italien langsamer wuchs als Deutschland, alle übrigen Euroländer, insbesondere die übrigen aktuellen Krisenländer, wuchsen schneller. In Irland etwa hat sich das reale Bruttoinlandsprodukt, und auch das damit eng zusammenhängende Volkseinkommen, in diesen zwölf Jahren mehr als verdoppelt. In Deutschland wuchs es gerade mal um magere 21 Prozent.

Obwohl die deutsche Wirtschaft seit der Krise robuster wächst als viele andere, sind diese Rückstände noch längst nicht wieder aufgeholt. Nimmt man noch die Jahre bis inklusive 2012 hinzu, bleibt Deutschland weiter Vorletzter mit 25 Prozent, vor Italien mit 12 Prozent, aber immer noch hinter Portugal (26 Prozent) und Spanien (30 Prozent). Selbst das krisengeschüttelte Griechenland ist von 1995 bis 2012 nicht langsamer gewachsen als Deutschland und verbucht wie dieses immer noch ein Wachstum seit 1995 von 25 Prozent. Und einsamer Spitzenreiter bleibt – Krise hin oder her – der keltische Tiger Irland mit 117 Prozent.

Tabelle 7 Wachstum des realen Bruttoinlandsprodukts 1995–2007

Irland	132%
Luxemburg	79%
Finnland	58%
Griechenland	56%
Spanien	54%
Niederlande	40%
Österreich	36%
Portugal	33%
Belgien	32%
Frankreich	31%
Deutschland	21%
Italien	20%

Quelle: *Eurostat*

Das sind zwar weniger Wachstumsprozente als 2007, aber immer noch mehr, als alle anderen Euro-Länder zu verzeichnen haben, sie stehen immer noch für mehr als eine Verdopplung der Wirtschaftsleistung seit 1995. Das gab es in Deutschland nur einmal, zur Zeit des Wirtschaftswunders in den Fünfzigerjahren. Wenn man also unter den zwölf Premierenländern des Jahres 2002 den großen Gewinner des Euro suchen wollte, so wäre das gewiss nicht Deutschland.

Viele haben heute schon vergessen, dass in den ersten Jahren des neuen Jahrtausends Deutschland als der kranke Mann Europas galt: »Die Zahl der Arbeitslosen steigt und steigt – und die schwache Konjunktur ist nur eine der Ursachen: Gewerkschaften mauern. Die rot-grüne Regierung verhindert mit immer mehr Gesetzen, dass neue Jobs entstehen. Der Arbeitsmarkt funktioniert nicht mehr.« So war im *Spiegel* (Nr. 6/2002) zu lesen, in einem langen Artikel, der sehr passend »Die deutsche Krankheit« übertitel war: »Hoffnungslos hat sich die Regierung in ihrer eigenen Arbeitsmarktpolitik verheddert. In dem Versuch, vermeintlichen Missständen mit immer neuen Regeln beizukommen, schafft sie ständig neue Ungerechtigkeiten, die ihrerseits nun dringend neuer Regeln bedürfen – und damit vermutlich neue Ungerechtigkeiten erzeugen. Unter Rot-Grün hat sich damit eine Entwicklung noch beschleunigt, die diverse Regierungen in Bonn und Berlin bereits vor über einem Vierteljahrhundert angestoßen hatten: Mit immer neuen Gesetzen, Vorschriften und Auflagen verwandelten sie den deutschen Arbeitsmarkt in ein weltweit belächeltes Lehrbeispiel für Bürokratie und Erstarrung.«

Als der *Spiegel* dies Anfang des Jahres 2002 schrieb, stand die Arbeitslosenzahl in Deutschland bei 3,9 Millionen. Zwei Jahre später waren die 5 Millionen überschritten. Nahezu alle großen Industrienationen hatten in dem Jahrzehnt vor dem *Spiegel*-Artikel neue Arbeitsplätze geschaffen: die USA 23 Millionen, Großbritannien knapp 2 Millionen und die kleinen Niederlande 1,8 Millionen. Nur in Deutschland war in dieser Dekade die Zahl der Arbeitsplätze geschrumpft, um nahezu 300 000 – die ersten Jahre des Euro waren für Deutschland ein ökonomisches Desaster ohnegleichen.

An einem Teil dieses Desasters, der Überregulierung des Arbeitsmarktes, war die deutsche Politik selbst schuld. Dank der Agenda 2010 und der mutigen, wenn auch späten Reformen der Regierung Schröder sind diese Hindernisse für das Wirtschaftswachstum inzwischen zu einem guten Teil überwunden. Aber den anderen Teil, die schwache Konjunktur, hatte die deutsche Politik allenfalls indirekt zu verantworten. Denn die vielleicht wichtigste Ursache für diese lange Zeit so lahme deutsche Wirtschaft war eine große Zurückhaltung bei Investitionen aller Art. Über viele Jahre war die deutsche Investitionsquote (die in Deutschland getätigten Realinvestitionen in Prozent des Bruttoinlandsprodukts) eine der niedrigsten im ganzen Euroraum. Die Deutschen investierten zwar, aber nicht im eigenen Land, sie trugen ihre Ersparnisse nach Spanien, Irland oder Portugal. Viele Sparer wussten das vermutlich nicht einmal, denn dieser Kapitalexport fand über Versicherungen oder Banken statt, und die legten die Gelder ihrer Kunden vorzugsweise außerhalb der Landesgrenzen an. Weil aber Investitionen und Wirtschaftswachstum sozusagen Zwillinge sind, war über lange Jahre das Wirtschaftswachstum in Deutschland so bescheiden und in Irland, Griechenland, Portugal und Spanien so hoch.

Die folgende Tabelle zeigt das deutsche Investitionsdesaster in seiner ganzen Traurigkeit. Wie man sieht, ging seit dem Festzurren des Eurofahrplans die Investitionsquote in Deutschland stetig zurück. Und parallel dazu stieg sie in den heutigen Krisenländern stetig an.

Tabelle 8 Bruttoinvestitionen in Prozent des Bruttoinlandsprodukts

	Deutschland	Irland	Griechenland	Spanien	Portugal
1995	21.9	17.3	17.0	21.5	22.5
1996	21.3	18.9	17.8	21.4	23.0
1997	21.0	20.1	18.1	21.8	25.2
1998	21.1	21.6	19.4	23.0	26.5
1999	21.3	23.1	20.8	24.6	26.8
2000	21.5	23.1	21.6	25.8	27.1
2001	20.0	22.4	21.6	26.0	26.5
2002	18.3	21.6	22.5	26.3	25.0
2003	17.9	22.4	23.3	27.2	22.9
2004	17.5	24.4	22.2	28.0	22.6
2005	17.4	26.6	20.6	29.4	22.2
2006	18.2	26.9	21.5	30.6	21.7
2007	18.8	26.0	21.4	30.7	21.8

Quelle: *Eurostat*

Noch dramatischer wird dieses Bild für die Nettoinvestitionen, das heißt die Bruttoinvestitionen minus die Abschreibungen. Denn nur durch die Nettoinvestitionen nimmt der für das Wirtschaftswachstum unentbehrliche Kapitalstock einer Wirtschaft zu. Im letzten Vorkrisenjahr 2007 zum Beispiel betrugen die Bruttoinvestitionen in Deutschland insgesamt 468 Milliarden Euro. Davon entfielen aber 352 Milliarden Euro auf Abschreibungen, das heißt, netto wurden nur 116 Milliarden Euro investiert, das waren 4,7 Prozent des damaligen Bruttoinlandsprodukts, weniger als die Hälfte der Quote in den heutigen Krisenländern.

Vor allem die enttäuschenden deutschen Bauinvestitionen lagen der Investitionsmisere zugrunde. Die folgende Abbildung ist dem Jahresgutachten 2000/2001 des Sachverständigenrates zur Begutachtung der gesamtwirtschaftlichen Entwicklung nachempfunden (*Bundestagsdrucksache* 14/4792, S. 71); sie zeigt, dass pünktlich mit dem Festzurren des Euro-Fahrplans die Baulust in Deutschland zu sterben schien; zwar wurde weiter ein guter Teil der in Deutschland erzielten Ersparnisse in Betongeld umgesetzt, aber eben nicht innerhalb, sondern außerhalb der Landesgrenze. So wurden etwa in Spanien in der Mitte der Zweitausendnullerjahre mehr Häuser und Wohnungen gebaut als in Deutschland, Frankreich und England zusammen, das Land war Europameister im Zementverbrauch, die Leute bauten wie verrückt. Aber wie gesagt: nicht in Deutschland, sondern anderswo.

Dass die deutschen Banken und Versicherungen in so großem Umfang die in Deutschland erwirtschafteten Ersparnisse ins Ausland transferierten und transferieren konnten, war eine direkte Konsequenz des Euro. Denn wie in Kapitel 5 gezeigt, gingen mit dessen Einführung die von potenziellen Schuldnern zu zahlenden Zinsen deutlich zurück, und dieses Angebot griffen die Peripherieländer nur allzu gerne auf – eine gigantische Verschuldungswelle begann, mit einer spiegelbildlich genauso gigantischen Welle von Auslandsinvestitionen alias Kapitalexporten anderswo, deren desaströses Brechen aktuell die Eurozone erschüttert.

Abbildung 9 Bauinvestitionen in Deutschland 1991–2000

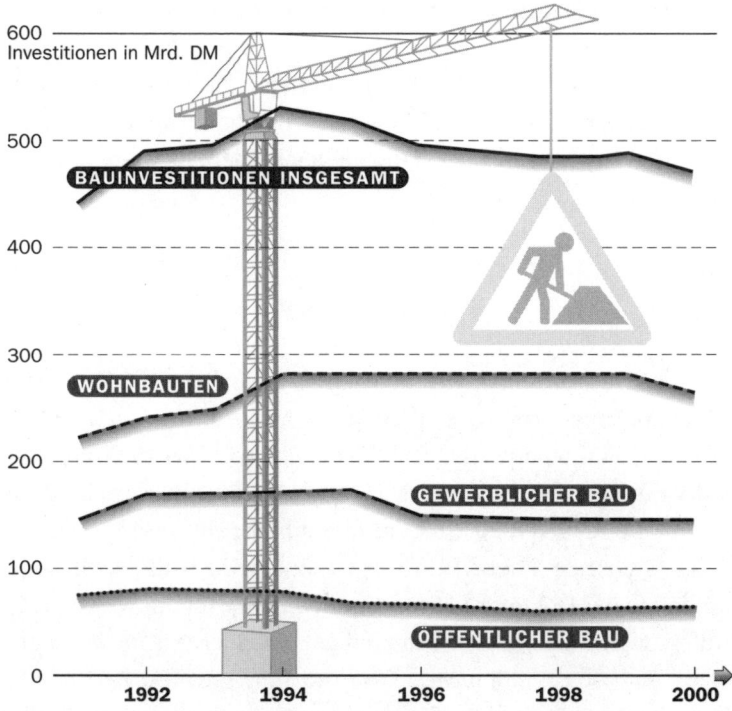

Quelle: *Sachverständigenrat zur Begutachtung der gesamtwirtschaftlichen Entwicklung, Jahresgutachten 2000/01*

Erst mit der Krise 2008 kehrte sich diese Entwicklung um, und für das Jahr 2012 (das letzte, für das bei der Abfassung dieser Zeilen Informationen vorliegen) lagen die Bruttoinvestitionen in Deutschland relativ zum Inlandsprodukt wieder über denen in Irland, Griechenland und Portugal. Seit in Deutschland ansässige Kapitalanleger ihre Gelder wieder in der Heimat investieren, stehen auch die Baukräne wieder in Berlin und Stuttgart statt in Dublin und Madrid und werden neue Werksanlagen lieber in München oder Hamburg statt in Barcelona oder Lissabon geplant. Aber die in den langen Jahren zuvor erlittenen Bremsverluste hat die deutsche Wirtschaft noch nicht wieder eingeholt. Selbst nach fünf Krisenjahren, in denen die Wirtschaftsleistung vieler ehemaliger Tigerstaaten anders als in Deutschland kaum noch stieg oder sogar sank, liegt Deutschland, über die gesamte Euro-Zeit gesehen, immer noch zurück. Im Vergleich zu Irland etwa ist die deutsche Wirtschaft von 1995 bis 2012 nur halb so stark gewachsen – und holt diesen Rückstand vielleicht niemals wieder auf.

Ergänzende Literatur

Die positive Euro-Sicht der deutschen Exportwirtschaft ist sehr schön dokumentiert in der Kienbaum-Studie *Deutschland braucht den Euro! Eine Analyse aus Sicht der deutschen Wirtschaft über den Nutzen des Euro und über seine Zukunft*, 17.1.2011. Das in der deutschen Öffentlichkeit zu Unrecht (denn hier geht es um viel Geld) völlig ignorierte Thema »Münzgewinn« wird umfassend abgehandelt in der Doktorarbeit von Carsten Lange (heute Wirtschaftsprofessor in Kalifornien): *Seigniorage. Eine theoretische und empirische Analyse des staatlichen Geldschöpfungsgewinns*, Berlin 1995 (Duncker und Humblot). Siehe auch seinen Artikel (mit Florian Nolte) »Konsequenzen der Europäischen Währungsunion für den Geldschöpfungsgewinn der Mitgliedsländer« in *Kredit und Kapital* 4/1998, S. 494–519. Die obigen Abschätzungen der deutschen Verluste sind aus Hans-Werner Sinn und Holger Feist, »Der Euro und der Geldschöpfungsgewinn: Gewinner und Verlierer durch die Währungsunion«, *ifo Schnelldienst 53 (31)*, 2000, S. 14–22. Zu den Zinsgewinnen Deutschlands siehe J. Boysen-Hogrefe: »Die Zinslast des Bundes in der Schuldenkrise: Wie lukrativ ist der sichere Hafen?«, in: *Perspektiven der Wirtschaftspolitik*, 13/2012, (Sonderheft), S. 81–91.

SIEBEN

EXPORTE SIND KEIN SELBSTZWECK

Bedenkliche Defizite –
Wem nützt der Zaubertaler Euro?

Weil Deutschland wirtschaftlich der größte EU-Nutznießer ist, profitiert auch kein Land so sehr vom Euro. Die gemeinsame Währung hat zu einem regelrechten Exportboom geführt.

Spiegel Online

Wann immer man in Deutschland das Für und Wider des Euro diskutiert, findet man auf der Pro-Seite die wunderbaren deutschen Exporte aufgeführt. Das letzte Kapitel hat einige beispielhafte Stimmen genannt. Aber sind Exporte wirklich der reine Segen, als den sie Politik und Medien hierzulande gerne sehen? Eins ist klar: Der internationale Warenverkehr nützt allen Beteiligten, ohne ihn wäre die Welt als Ganzes heute ärmer. Er überträgt das von dem großen Adam Smith ins Rampenlicht gerückte Prinzip der Arbeitsteilung auf die internationale Ebene. Jeder macht das, was er am besten kann – oder unter seiner Erdoberfläche findet –, die einen Autos, die anderen Schuhe, Möbel oder Käse, Erdöl, Programme für Computer oder Single Malt Whiskey, und dann wird getauscht. Das gilt im Kleinen wie im Großen. Wie ein anderer großer Ökonom, David Ricardo, herausgefunden hat, ist das selbst dann noch nutzenstiftend, wenn ein Land sowohl in der Käse- als auch in der Autoproduktion effizienter als sein Nachbar ist: Das am preiswertesten produzierte Gut wird nochmals intensiver hergestellt, mit dem Verkauf ans Nachbarland bekommt man mehr Käse, als hätte man ihn selber hergestellt. Insofern profitieren auch alle in Deutschland tätigen Wirtschaftsteilnehmer ganz enorm davon, dass es einen internationalen Warenaustausch gibt.

Die folgende Tabelle stellt einmal die deutschen Importe und Exporte des Jahres 2012 – getrennt nach sogenannten Güterabteilungen – einander gegenüber. Für den statistischen Laien ist diese Warenaufteilung nicht immer auf den ersten Blick verständlich. So sind etwa mit »Textilien« vor allem Rohstoffe oder Zwischenprodukte, mit »Bekleidung« dagegen Endprodukte gemeint. Und die Nahrungs- und Futtermittel, von denen Deutschland übrigens mehr exportiert als importiert, sind definitionsgemäß industriell erzeugt und zählen daher nicht zu den Erzeugnissen der Landwirtschaft (von denen umgekehrt Deutschland mehr importiert als exportiert). Typische Produkte sind hier etwa »Fleisch und genießbare Schlachtnebenerzeugnisse von Rindern, Schweinen, Schafen, Ziegen, Pferden u. a. Einhufern« oder »Schweinespeck

Tabelle 9 Deutsche Exporte/Importe 2012 nach Gütergruppen

	Exporte (Mio. Euro)	Importe (Mio. Euro)
Erzeugnisse der Landwirtschaft und Jagd	8 636	26 774
Forstwirtschaftliche Erzeugnisse	339	630
Fische und Fischereierzeugnisse	205	458
Kohle	135	4 564
Erdöl und Erdgas	9 153	97 394
Erze	159	8 223
Steine und Erden, sonstige Bergbauerzeugnisse	1 333	1 490
Nahrungsmittel und Futtermittel	45 498	38 542
Getränke	4 796	5 175
Tabakerzeugnisse	3 751	1 026
Textilien	10 314	9 579
Bekleidung	13 691	25 608
Leder und Lederwaren	5 079	9 501
Holz und Holz-, Kork-, Korb-, Flechtwaren ohne Möbel	5 804	5 237
Papier, Pappe und Waren daraus	18 881	14 101
Kokereierzeugnisse und Mineralölerzeugnisse	15 560	29 788
Chemische Erzeugnisse	104 483	71 663
Pharmazeutische und ähnliche Erzeugnisse	54 727	38 381
Gummi- und Kunststoffwaren	37 962	24 995
Glas und -waren, Keramik, Steine und Erden	12 837	8 521
Metalle	57 924	54 874
Metallerzeugnisse	37 022	23 456
Datenverarbeitungsgeräte, elektrische und optische Erzeugnisse	85 793	87 429
Elektrische Ausrüstung	65 865	43 238
Maschinen	163 588	68 244
Kraftwagen und Kraftwagenteile	189 976	80 433
Sonstige Fahrzeuge	50 956	33 706
Möbel	8 485	9 527
Energieversorgung	3 671	2 302
Sonstige Waren	80 722	84 232
Insgesamt	1 097 349	909 092

Quelle: *Statistisches Bundesamt*

(ohne magere Teile), Schweinefett, nicht ausgeschmolzen, frisch, gekühlt, gefroren, gesalzen, in Salzlake, getrocknet oder geräuchert« und andere Delikatessen mehr. Von Letzterer wurden im Jahr 2012 mehrere Tausend Tonnen von Deutschland aus in den Rest der Welt versandt.

Die wichtigsten deutschen Exporte sind aber Autos, Maschinen und Chemieprodukte. Importiert werden vor allem landwirtschaftliche Erzeugnisse und Rohstoffe, besonders Kohle, Erze, Erdöl und Erdgas. Dann gibt es verschiedene Gütergruppen wie EDV-Zubehör, Möbel, Textilien, Metalle oder Gummiwaren, da wird gleichermaßen importiert wie exportiert, da schlagen sich die sogenannten komparativen Vorteile bei den nächstfolgenden Gliederungsebenen, den Gütergruppen, -klassen oder -arten, nieder. So wird etwa in der Güterabteilung Gummi- und Kunststoffwaren die Güterart »Regenerierter Kautschuk in Primärformen oder in Platten, Blättern oder Streifen« ausschließlich importiert, die Güterart »Kunstdärme aus gehärteten Eiweißstoffen oder aus Cellulosekunststoffen« dagegen fast ausschließlich exportiert. Summa summarum verblieb für die deutsche Wirtschaft nach diesem internationalen Warentausch im Jahr 2012 ein Überschuss von mehr als 180 Milliarden Euro.

Ein Teil dieses Überschusses wird durch ein Defizit beim Austausch gewisser Dienstleistungen wieder ausgeglichen. Denn ein großer Teil der Dienstleistungsimporte besteht in den Ausgaben deutscher Touristen und Geschäftsleute im Ausland: Wenn ein deutscher Messegast in Mailand 200 Euro für ein Hotel bezahlt, geht das als Import von italienischen Dienstleistungen in die deutsche Statistik ein. Ebenso die Pizza an der Strandbar in Rimini oder die Eintrittskarten für den Louvre in Paris. Insgesamt gaben Reisende aus Deutschland im Jahr 2012 knapp 64 Milliarden Euro im Ausland aus, das war beinahe Weltrekord. Im Jahr zuvor hätte das noch für den Spitzenplatz gereicht, aber 2012 waren US-Amerikaner und Chinesen noch ausgabefreudiger. Das meiste deutsche Geld floss dabei wie gehabt in die drei traditionellen Lieblingsreiseländer Spanien, Österreich und Italien.

Umgekehrt gaben ausländische Gäste in Deutschland im Jahr 2012 nur 29 Milliarden Euro aus. Damit ist Deutschland immerhin noch das sechstbeliebteste Reiseland der Welt, hinter dem internationalen Spitzenreiter Frankreich, den USA, Spanien, China und Italien, aber noch vor Großbritannien, Österreich und der Türkei. Vermutlich sind es vor allem die vielen internationalen Messegäste, die hier die deutschen Werte über die von England heben. Aber netto verbleibt damit im Tourismusbereich trotzdem ein Minus von 35 Milliarden Euro, und das gleicht den Exportüberschuss im Warenverkehr zumindest teilweise wieder aus.

Die Gegenüberstellung der Exporte von Waren und Dienstleistungen auf der einen und der Importe von Waren und Dienstleistungen auf der anderen Seite heißt auch »Leistungsbilanz«. Und die deutsche Leistungsbilanz verzeichnet seit mehr als zehn Jahren einen Überschuss – es wird mehr exportiert als importiert. Der letzte negative Saldo wurde vor mehr als zehn Jahren, im Jahr 2000, angezeigt. Und es sind diese ewigen Überschüsse in der Leistungsbilanz, die man hierzulande feiert und die man den Deutschen im Ausland neidet.

Aber warum eigentlich? Das am Konsum gemessen reichste Land der Welt, die USA, hat seit Langem riesige Leistungsbilanzdefizite. Und vor allem deshalb geht es den Amerikanern auch so gut – man lässt sich den Konsum vom Ausland finanzieren. Umgekehrt schlagen sich Überschüsse einer Leistungsbilanz in Forderungen an das Ausland, d. h. in einem ständig anwachsenden Auslandsvermögen nieder. Das gilt für Deutschland wie für jedes andere Land der Welt. Man liefert Waren sozusagen auf Kredit. Und Kredite kann man nicht essen. Sie sind, ganz im Gegenteil, vielleicht eines Tages weg. Genau davon handelt schließlich dieses Buch. Der Prototyp wäre ein deutscher Autobauer, der auf Kredit nach Griechenland exportiert. Diesem Exportüberschuss stünde dann ein gleich hoher Anspruch auf Rückzahlung des Kredits gegenüber. Aus deutscher Sicht ist die Zunahme der Forderungen des Autobauers ein sogenannter Kapitalexport.

Weitere Kapitalexporte finden auch unabhängig von Güterimporten und -exporten, etwa durch Zunahme von im Ausland befindlichen sächlichen Vermögenswerten, statt: Ein deutscher Textilkonzern macht eine Produktion in Thailand auf und gibt dafür 50 Millionen Euro aus, ein deutsches Rentnerehepaar kauft sich für 300000 Euro eine Ferienwohnung an der Costa Blanca, die Firma VW übernimmt für x Milliarden DM den spanischen Automobilhersteller SEAT usw. Vom Umfang her noch wichtiger ist aber in letzter Zeit die Zunahme von im Ausland befindlichen finanziellen Vermögenswerten und Forderungen aller Art: Ein Kleinaktionär kauft für 10000 Euro Aktien der Bank of Ireland, eine deutsche Bank kauft für 5 Milliarden Euro Schuldverschreibungen des Staates Griechenland oder die Deutsche Bundesbank erwirbt Ansprüche gegen das europäische Zentralbanksystem. Zu diesem letzten Posten später noch sehr viel mehr.

Deutsche Kapitalexporte können aber auch in einer Abnahme von Verbindlichkeiten deutscher Wirtschaftsteilnehmer gegenüber dem Ausland bestehen: Eine deutsche Bank zahlt einen in Frankreich aufgenommenen Kredit zurück, ein amerikanischer Filmstar verkauft sein Luxus-Penthouse in Berlin, die Deutsche Bundesbank führt ihre Ansprüche gegen das europäische Zentralbanksystem zurück. In allen diesen Fällen findet – zumindest prinzipiell – eine Geldübertragung von Deutschland Richtung Ausland statt (die Europäische Zentralbank, obwohl in Frankfurt ansässig, wird hier bilanztechnisch als Ausland aufgeführt).

Bei Kapitalimporten dagegen fließt in aller Regel Geld aus dem Ausland nach Deutschland: Der chinesische Maschinenbauer Weichai Holding Group steigt mit 740 Millionen Euro beim deutschen Hydraulikspezialisten und Hersteller von Gabelstaplern Kion ein. Ein amerikanischer Hedgefonds kauft für 100 Millionen Euro Aktien von VW, eine deutsche Großbank verkauft (im Ausland!) für 3 Milliarden Euro Schuldverschreibungen des Staates Griechenland usw. Kapitalimporte gehen also mit einer Abnahme von Forderungen an das Ausland oder mit einer Zunahme von Verbindlichkeiten dem Ausland gegenüber einher. Das Einzige, worauf es dabei ankommt, ist: Wenn die Kapitalexporte die Kapitalimporte übersteigen, nehmen die Forderungen an das Ausland netto zu. Und genau das ist in Deutschland seit langer Zeit der Fall.

Damit nähern wir uns dem Kern des Problems, nämlich der Frage, was langfristig aus diesen Kapitalexporten wird, die zwangsweise mit den Überschüssen in der deutschen Leistungsbilanz einhergehen. Denn dieses Auslandsvermögen ist alles andere als sicher, und ein guter Teil davon ist jetzt schon weg.

Die jährliche Gegenüberstellung von Kapitalimporten und -exporten eines Landes heißt auch Kapitalbilanz. Zusammen mit der Leistungsbilanz erzeugt die Kapitalbilanz die sogenannte Zahlungsbilanz. Im Prinzip ist die Zahlungsbilanz also die Aufstellung aller grenzüberschreitenden Geldströme eines Landes insgesamt. Allerdings sind einige dieser Geldströme rein virtuell. Liefert etwa ein deutscher Exporteur auf Kredit für 1 Million Euro Waren nach Griechenland, so erscheint in der deutschen Zahlungsbilanz in der Abteilung Export die Summe von 1 Million Euro. Und eine weitere Million Euro erscheint in der Abteilung Kapitalexport, denn die Forderungen von in Deutschland ansässigen Wirtschaftsteilnehmern an das Ausland haben um 1 Million Euro zugenommen. Aber trotzdem hat sich kein einziger Euro über die Grenze bewegt.

Leicht irreführend ist auch das Wort Bilanz, denn unter einer Bilanz versteht man in aller Regel eine Aufstellung von Werten zu einem Stichtag. Die Zahlungsbilanz misst aber jährliche *Veränderungen* von Forderungen und Verbindlichkeiten. Diese jährlichen Veränderungen von Forderungen und Verbindlichkeiten gegenüber ausländischen Wirtschaftsteilnehmern gestalteten sich für Wirtschaftsteilnehmer in Deutschland im Jahr 2012 wie folgt:

Tabelle 10 Deutsche Zahlungsbilanz 2012 (in Milliarden Euro)

Güterimporte: 909,1	Güterexporte: 1097,4
Dienstleistungsimporte: 210,0	Dienstleistungsexporte: 256,6
Kapitalexporte: 396,0	Kapitalimporte: 161,1

Quelle: *Statistisches Bundesamt und Deutsche Bundesbank*

Diese Zahlungsbilanz gibt zunächst das schon aus Tabelle 9 bekannte Faktum wieder, dass die deutschen Güterexporte die Güterimporte im Jahr 2012 um 188,3 Milliarden Euro überstiegen haben. In der Dienstleistungsbilanz sind – statistisch nicht ganz korrekt – auch Erwerbs- und Kapitaleinkünfte aus dem Ausland (64 Milliarden Euro) sowie laufende Übertragungen an die EU mitgezählt, damit ergibt sich trotz der ausgabefreudigen deutschen Touristen auch hier ein Überschuss.

Umso größer wird damit das Defizit der Kapitalbilanz. Denn die Summen der linken und der rechten Spalte in obiger Tabelle sind definitionsgemäß immer gleich. Defizit heißt hier: Die Kapitalexporte übersteigen die Importe von Kapital. Und zwar im Fall von Deutschland im Jahr 2012 um 234,9 Milliarden Euro. In diesem Umfang haben in Deutschland tätige Wirtschaftsteilnehmer zusätzliche Forderungen an das Ausland angehäuft.

Diese zentrale Gleichung ist eine logische Notwendigkeit, auch wenn sie manchen Menschen nicht gefällt. So gibt es Politiker, an erster Stelle die französische Direktorin des Internationalen Währungsfonds, Christine Lagarde, die von Deutschland verlangen, seine Leistungsbilanzüberschüsse zurückzufahren. Stattdessen sollten die Deutschen den Krisenländern mit weiteren Krediten helfen. »Das verschlägt einem den Atem«, schreibt Hans-Werner Sinn. Genauso könnte Frau Lagarde verlangen, dass ein Land mehr sparen und gleichzeitig mehr ausgeben soll. Ein höherer deutscher Kapitalexport ist ohne einen Überschuss in der Leistungsbilanz nicht darzustellen, was auch immer Frau Lagarde darüber denkt. »Man kann entweder den Kapitalimport und das Leistungsbilanzdefizit gemeinsam vergrößern, oder man kann beide Größen gemeinsam senken«, so Hans-Werner Sinn (*Die Target-Falle*, S. 70). »Aber man kann nicht die eine vergrößern und die andere verkleinern. Das ist ein Ding der Unmöglichkeit. Frau Lagarde muss sich schon entscheiden, was sie eigentlich sagen will.«

Also noch mal: Jeder Überschuss an Exporten von Gütern und Dienstleistungen schlägt sich logisch notwendigerweise in einem exakt gleich hohen Zuwachs an Forderungen gegenüber ausländischen Wirtschaftsteilnehmern nieder. Genauso wie auf einem Markt die Summe aller Einnahmen der Käufer der Summe aller Ausgaben der Verkäufer entsprechen muss, stimmt auch die Summe der Kapitalimporte und Güter- und Dienstleistungsexporte eines Landes auf der einen Seite immer mit der Summe seiner Kapitalexporte und Güter- und Dienstleistungsimporte auf der anderen Seite überein.

In der Schule würde man jetzt sagen: »Lagarde, diesen Satz zehnmal abschreiben.«

Bei den Kapitalexporten stechen einmal deutsche Direktinvestitionen im Ausland in Höhe von 52,1 Milliarden Euro hervor. Dieses Geld ist – hoffentlich – renditebringend angelegt. Dazu kommen Käufe ausländischer Wertpapiere durch in Deutschland ansässige Wirtschaftsteilnehmer von 108 Milliarden Euro. Hier ist ein positiver Nettoertrag – siehe Griechenanleihen – schon weniger sicher. Dito die Kredite durch den deutschen Staat an andere Länder der EU von insgesamt 78,9 Milliarden Euro. Davon ist ein mehr oder weniger großer Teil wohl abzuschreiben. Aber der größte Brocken bei den Kapitalexporten sind die zusätzlichen Forderungen der Deutschen Bundesbank an das EZB-System. Diese summieren sich allein für das Jahr 2012 auf 132,7 Milliarden Euro, und auch dieses Geld werden seine aktuellen Besitzer zu großen Teilen vermutlich niemals wiedersehen.

Wie man die Sache also auch dreht und wendet, es bleibt dabei: Wenn im Jahr 2012 die deutschen Exporte von Gütern und Dienstleistungen die entsprechenden Importe um 234,9 Milliarden Euro übertroffen haben, so stehen dieser Differenz gleich hohe Netto-

Kapitalexporte gegenüber, und das heißt nichts anderes, als dass die Forderungen von Deutschland an den Rest der Welt um netto (d. h. nach Abzug der Verbindlichkeiten gegenüber dem Ausland) 234,9 Milliarden Euro zugenommen haben. In diesem Ausmaß nimmt das Vermögen zu, das in Deutschland ansässige Wirtschaftsteilnehmer außerhalb der Landesgrenzen besitzen, und das dann später, wenn die Folgen der Überalterung die deutsche Wirtschaft treffen und aus Exportüberschüssen Exportdefizite werden, unsere Renten und unseren Lebensabend finanzieren soll.

★

Damit sind wir wieder bei der zentralen Frage dieses Buches angelangt: Ist dieses Geld dann, wenn es gebraucht wird, auch tatsächlich da? Wie sicher sind denn eigentlich die Auslandsguthaben, auf die viele in Deutschland ansässige Wirtschaftsteilnehmer ihre alten Tage gründen? Sind die inzwischen riesigen deutschen Auslandsvermögen vielleicht zu großen Teilen niemals eintreibbar und so kaum mehr als Schall und Rauch? Und wäre damit auch der viel bewunderte Exportüberschuss, die notwendige Kehrseite des aus Deutschland herausfließenden Kapitalexports, dann doch nicht nur der reine Segen, als den ihn viele Deutsche gerne sehen? Er sichert zwar Arbeitsplätze, aber wird die in den Export geflossene Arbeit eines Tages auch bezahlt? Sonst, d. h., sollten diese Forderungen einmal wertlos werden, hätten die in Deutschland tätigen Wirtschaftsteilnehmer diese Exporte dem Ausland sozusagen geschenkt.

In welchem Umfang die durch jahrelange Exportüberschüsse angehäuften deutschen Auslandsvermögen wie auch das deutsche Geldvermögen allgemein tatsächlich einmal wertlos werden könnten, wird in den nächsten Kapiteln noch ausführlich Thema sein. Es hat mit Inflation, aber noch mehr mit dem Euro zu tun. Das Grundprinzip lässt sich sehr schön in der folgenden Fabel vom schlauen Fuchs und der dummen Gans erkennen:

Der schlaue Fuchs war bei einer dummen Gans zu Gast. Er hätte sie gerne gegessen, aber es waren zu viele andere Gänse da, die passten auf. Deshalb sagte er: »Hier ist ein Zaubertaler, wer ihn besitzt, bekommt dafür ein gutes Essen und ein Nachtquartier.« Und er legte den Zaubertaler auf den Tisch und bekam ein gutes Essen und ein Nachtquartier. Denn die dumme Gans dachte sich: »Mit dem Zaubertaler gehe ich morgen zu einer anderen dummen Gans, die gibt mir dafür auch ein gutes Essen und ein Nachtquartier.« Am nächsten Morgen verabschiedete sich der Fuchs und ward nicht mehr gesehen. Und der Zaubertaler wanderte von einer Gans zur anderen, und jede bekam dafür ein gutes Essen und ein Nachtquartier.

Die Fabel geht gleich weiter. Der bisherige Teil zeigt aber schon mal, warum sich bei den Gänsen niemand aufregt: Man verliert ja nichts, man bekommt für seinen Zaubertaler genau das, was man geleistet hat, zurück. Wenn man jetzt statt Zaubertaler die 50 000 Euro nimmt, die ein deutscher Autobauer für sein Produkt bekommen hat, so wird klar, warum auch im Land der Exporteure niemand schimpft: Der Autobauer bezahlt mit diesen 50 000 Euro seine Arbeiter und Zulieferer, die bezahlen damit ihre Mieten und Gemüsehändler, die bezahlen damit ihre Hausmädchen und Kinobesuche, und so weiter und so fort. Der Zaubertaler wandert von einer Gans zur anderen, keine beschwert sich, denn man kriegt ja Ware für das Geld.

Jetzt spinnen wir die Fabel etwas weiter. Nach einer Urlaubsreise kommt der Fuchs zurück, mit einem neuen Zaubertaler. Den legt er auf den Tisch und lässt sich weiter bedienen und bewirten. Und verschwindet dann auf eine neue Urlaubsreise. Jetzt laufen schon zwei Zaubertaler bei den dummen Gänsen um. Aber da man weiter für seinen Zaubertaler gut bewirtet wird, regt das keine von den Gänsen auf. Und so geht das Jahr für Jahr. Der Fuchs kommt zu Besuch, lebt in Saus und Braus und lässt immer mehr Zaubertaler bei den Gänsen zurück, bis die eines Tages so viele davon haben, dass sie sagen: »Wir können uns doch nicht ewig untereinander bewirten, jetzt gehen wir mal zum Fuchs, der soll auch mal was für uns tun.« Aber da ist der Fuchs schon längst über alle Berge und die dummen Gänse werden ihre Zaubertaler nicht mehr los.

Wer jetzt denkt: Aha, die Zaubertaler, das sind doch all die Euros, mit denen die Südländer es sich Jahrzehnte haben gut gehen lassen, der hat völlig recht. Diese Euros haben die Südländer selbst gedruckt, jetzt laufen sie als Zaubertaler in den Exportnationen der Eurozone um. Während also Erwin Kraftmann in Stuttgart an der Werkbank steht und den Mercedes produziert, den Yannis Patros später einmal fährt, liegt Yannis in der Sonne und freut sich an dem schönen Sommerwetter. Erwin hat zwar Arbeit, Yannis nicht, aber dafür hat Yannis das Auto und Erwin eine Forderung, die in den Kellern der EZB verdampft.

Das ist natürlich stark vereinfacht dargestellt, trifft aber trotzdem des Pudels Kern. Natürlich erhält Erwin nicht nur eine Forderung, sondern bares Geld, und das von Erwin produzierte Auto landet nicht bei Yannis, sondern bei einem reichen Zahnarzt oder Immobilienhändler in Athen, der die Worte »Steuern zahlen« nur vom Hörensagen kennt und in erster Linie für die aktuelle Krise seines Landes die Verantwortung trägt. Das macht die Sache noch unerfreulicher, als sie ohnehin schon ist. Aber aus der Sicht des Exportlandes ist das gleich. Worauf es hier allein ankommt: Dieses Auto wird letztendlich mit Forderungen bezahlt, die Wirtschaftsteilnehmern in der Bundesrepublik gehören, Sparern, Rentnern, Pensionären. Und wenn diese Sparer, wenn diese Rentner und Pensionäre in 10 oder 20 Jahren ihre Ersparnisse auflösen, das heißt ihre Forderungen eintreiben wollen, um damit ihren Lebensabend zu gestalten, könnten sie eine böse Überraschung erleben: Dieses virtuelle Vermögen könnte sich dann nämlich als das herausstellen, was es ist, als rein virtuell und nicht in Wahrheit existent. Oder um im Bild vom schlauen Fuchs und der dummen Gans zu bleiben:

Und so verging Jahr um Jahr. Die Gänse wurden alt und gebrechlich und sie suchten und suchten den Fuchs, damit er sie in ihren alten Tagen für ihre Zaubertaler bewirte. Aber der Fuchs war nicht zu sehen und die Gänse starben eine nach der anderen. Am Ende waren alle tot, und die Zaubertaler lagen weit verstreut im Gänseland herum.

Diese Gefahr ist auch für deutsche Sparer und Rentner nicht von der Hand zu weisen. Wenn die Inhaber all dieser Zaubertaler alias Auslandsguthaben eines Tages denken: »Jetzt löse ich mal meine Zaubertaler ein, um meinen Lebensabend zu genießen«, dann werden sie unter Umständen lange suchen müssen, um einen Abnehmer dafür zu finden. Denn da gibt es möglicherweise niemanden, der diese Zaubertaler honorieren bzw. gegen »richtiges Geld« eintauschen wird.

Ergänzende Literatur

Die Zahlen zum internationalen Reiseverkehr stammen aus der Commerzbank-Reisestudie 2013, zu finden unter *http://www.deutschertourismusverband.de/themen/marktforschung/allgemeine-touristische-studien/reisestudie-der-commerzbank.html*
    Zur deutschen Zahlungsbilanz siehe Deutsche Bundesbank: *Monatsbericht März 2013: Die deutsche Zahlungsbilanz für das Jahr 2012.*

ACHT

DAS VERFLIXTE
SIEBTE JAHR

Immobilienkrise,
Lehman und die Folgen

Bankraub ist für Dilettanten.
Profis gründen eine Bank.

Bertolt Brecht

Am 15. September des Jahres 2008, einem Montag, ging in New York das Bankhaus der Gebrüder Lehman (Lehman Brothers Inc.) in Konkurs. Deutsche Kommentatoren sagen gerne »Liemähn«, aber die Gründer der Firma, die Brüder Henry und Maier Lehman, kamen tatsächlich aus Deutschland, aus der Gegend von Würzburg, von wo sie Mitte des 19. Jahrhunderts ausgewandert waren. In ihrer neuen Heimat betrieben sie zunächst einen Gemischtwarenladen, dann einen Baumwollhandel, dann eine kleine, bald größere Bank, die dann, lange nach dem Tod der Gründer, nach zahlreichen Umsiedlungen, Übernahmen (aktiv und passiv), Zukäufen und Ausgründungen zu einer der weltweit größten sogenannten Investmentbanken überhaupt geworden ist. Das sind Banken, die sich auf Vermögensverwaltung und den Handel mit Wertpapieren spezialisieren. In dieser Funktion waren die Lehman-Brüder bis über beide Ohren auch im Immobiliengeschäft involviert, und das war dann ihr – und vieler anderer Banken – Untergang.

Dieser Untergang hat die Eurokrise und den dadurch orchestrierten, sozusagen subkutanen, indirekten Großangriff auf das Vermögen der deutschen Sparer und Rentner weder verursacht noch ausgelöst, aber beschleunigt und viele unangenehme Tatsachen, die man ansonsten noch lange hätte verschleiern können, weit früher ans Tageslicht gebracht. Vorausgegangen war ein beispielloser Anstieg der amerikanischen Immobilienpreise – in den zehn Jahren zwischen 1996 und 2006 hatten sorglose Häuslebauer im Verein mit unvorsichtigen Banken und verschlafenen Bankenaufsehern die größte Immobilienblase der amerikanischen Geschichte erzeugt. In dieser Dekade stieg der Case-Shiller-Index, der Standard-Maßstab für die Verkaufspreise von Einfamilienhäusern in den größeren amerikanischen Metropolregionen, um fast 200 Prozent, mehr, als jemals sonst in solch kurzer Zeit gemessen worden ist. Und der Kauf sehr vieler dieser Häuser geschah auf Pump, oft ohne einen einzigen Dollar Eigenkapital. Das waren die sogenannten NINJA-Hypotheken: »No Income, No Job, No Assets.« In Deutschland bekäme man in einer solchen Lage von keiner einzigen Bank auch nur einen Cent. In den USA aber schon. Denn nach einem im Jahr 1995 von Präsident Clinton erlassenen Gesetz (einer Verschärfung des sogenannten »Community Reinvestment Act« aus dem Jahr 1977) waren Hypothekenbanken verpflichtet, einen gewissen Prozentsatz ihrer Immobiliendarlehen an Minderheitengruppen zu vergeben. Jeder Amerikaner, so Clinton, sollte sein eigenes Haus besitzen, und damit das auch mittellose Amerikaner konnten, fuhr man die Zinsen und die Sicherheiten auf Geheiß von oben immer mehr zurück – das Paradebeispiel einer Krise, die nicht durch *Deregulierung*, sondern durch *Regulierung* hervorgerufen worden ist. Denn ohne dieses Clinton-Gesetz hätte es die Immobilienblase und die nachfolgende Weltwirtschaftskrise vermutlich nicht gegeben.

In normalen Zeiten werden in den USA pro Jahr rund eine Million neuer Einfamilienhäuser gebaut, im Jahr 2006, kurz bevor die Blase platzte, waren es dagegen über zwei Millionen, und die ausstehenden Hypotheken erreichten 80 Prozent des amerikanischen Sozialprodukts, zusammen mehr als fünf Billionen US-Dollar. So hoch war der private Schuldenstand noch nie.

Die Banken ließen sich auf dieses Spiel vor allem aus zwei Gründen ein. Erstens bedeuten unsichere Hypotheken für den Geldverleiher in Zeiten steigender Immobilienpreise fast kein Risiko: Zahlt der Häuslebauer seine Zinsen nicht, wird das Haus versteigert und die Bank macht sogar noch einen Gewinn (in den USA haben Hypothekengeber nur Anspruch auf das Haus, aber das gehört ihnen dann komplett). Und zweitens hatten findige amerikanische Bankmanager eine Idee, wie man Hypotheken auch noch dann begeben kann, wenn das zur Absicherung nötige Eigenkapital in Höhe von 8 Prozent der Außenstände nicht mehr reicht: Man gründet eine Zweckgesellschaft in einer der vielen Steueroasen dieser Erde, die kauft dann die Hypothek. Damit ist diese aus den Büchern der Ursprungsbank verschwunden und die kann weiter Kunden fangen. Und die Zweckgesellschaft ihrerseits bastelt aus diesen Krediten handelbare Wertpapiere, sogenannte »Asset-Backed Securities«, und verkauft diese nochmals weiter. Abnehmer gibt es genug, schließlich sind diese Papiere ja durch Immobilien gedeckt. Und für vorsichtige Kunden, die dann immer noch zögern sollten, werden diese Papiere noch mit einer Ausfallversicherung kombiniert und heißen dann »Collaterized Debt Obligations« (CDOs). Und so verteilten sich die windigen amerikanischen Hypothekenkredite über die ganze Welt; Ende 2007 waren CDOs im Gesamtwert von mehr als zwei Billionen Euro auf Investorenportfolios weltweit verteilt, vor allem deutsche Landesbanken, aber auch viele Privatbanken deckten sich bis über beide Ohren mit solchen Papieren ein.

Es gibt Indizien, dass viele dieser Papiere überhaupt nur gebastelt wurden, um sie an deutsche Banken zu verkaufen. Der frühere baden-württembergische Finanzminister Gerhard Stratthaus behauptete in einem Vortrag (siehe *Frankfurter Allgemeine Zeitung* vom 3. Dezember 2009, S. 36), amerikanische Banken hätten faule Kredite von vornherein für deutsche Geschäftspartner reserviert. »Mit diesen strukturierten Wertpapieren waren gigantische Provisionen drin!«, bestätigt das ein amerikanischer Wertpapierhändler (zitiert nach Blümel 2008): »Ich hätte mit dem Verticken dieser Produkte ein Vermögen machen können. Und das Beste: Der Kunde hatte keine Ahnung, weil die Gewinne in den Produkten versteckt waren. Zweitens, der Kunde ist ja total blöd. Das wurde den *Sales Guys* an ihren Arbeitsplätzen immer wieder eingetrichtert. Die deutschen Banken? Das sind Deppen! Verkauft alles an sie!«

Und so sahen sich die deutschen Landesbanken und andere halbstaatliche Kreditinstitute nach dem Platzen der Immobilienblase einem Abschreibungsbedarf von 27 Milliarden Euro gegenüber. Nur zum Vergleich: Der Berliner Skandalflughafen soll mittlerweile 4 Milliarden Euro kosten, und das Transrapid-Projekt wurde wegen zu hoher Kosten von 3 Milliarden Euro eingestellt. Allein die Abwicklung der von amerikahörigen Bankmanagern in den Ruin getriebenen WestLB soll deutsche Steuerzahler 18 Milliarden Euro kosten, so die *Frankfurter Allgemeine Zeitung* (21. Juni 2012): »Dabei wurde die Zukunft bis 2028 fortgeschrieben, der Zeitpunkt, zu dem nach heutigem Stand die Abwicklung der WestLB-Vermögen unter dem Dach der Ersten Abwicklungsanstalt (EFA) beendet ist.«

Aber auch amerikanische Banken, an erster Stelle Lehman, zahlten für das Platzen der Immobilienblase mit ihrem Leben – mehr als 50 amerikanische und 12 britische Banken sind allein im Laufe des Jahres 2008 verschwunden oder ganz oder teilweise verstaatlicht worden. Insgesamt hatte Lehman rund 200 Milliarden Euro Schulden hinterlassen, die fehlten nun in den Bilanzen anderer Banken und trieben auch diese in den Ruin. Und deren nun nicht mehr bediente Schulden führten zu neuen Abschreibungen anderswo, und so weiter und so fort, eine lange und traurige Kettenreaktion. Der größte Kollateralschaden traf die Washington Mutual, die größte Bausparkasse der USA, hier hoben panische Kunden in der Woche nach der Lehman-Pleite mehr als 15 Milliarden Dollar ab und trieben die Bank damit in die Illiquidität. Landesweit am härtesten traf es das kleine Island, hier hat keine einzige große private Bank die Pleitewelle überlebt.

In Deutschland blieb die Zahl der Insolvenzen nach Auskunft der Bundesanstalt für Finanzdienstleistungsaufsicht (BaFin) dagegen eher marginal. Das waren vor allem kleinere Häuser wie die Gontard & MetallBank AG, die Berliner Bürgschaftsbank AG oder die Privatbank Reithinger GmbH & Co. Nur im Fall der deutschen Niederlassungen der Lehman-Brüder und der isländischen Kaupthing Bank waren Privatanleger in größerem Maße direkt betroffen.

Indirekt betroffen sind aber weit mehr, auch viele unbeteiligte Steuerzahler, nämlich durch die massiven staatlichen Stützungsmaßnahmen für angeschlagene Geldhäuser aller Art. Denn in Deutschland und im Rest der Eurozone werden insolvente Geldverleiher anders als in den USA nur ungern auch offiziell für insolvent erklärt, hier schießt der Steuerzahler die nötigen Finanzen nach. Dazu im nächsten Kapitel noch viel mehr. Zu diesen auf Kosten der Allgemeinheit geretteten oder unter Umgehung der Insolvenz abgewickelten Instituten gehören zum einen die bereits erwähnten maroden Landesbanken, aber auch bislang profitable Geldhäuser wie die Commerzbank und vor allem die seit 2009 verstaatlichte Münchner Hypo Real Estate (wo allein schon der Name sagt, dass man einem solchen Institut besser nicht vertrauen soll), deren Rettung große Summen an Steuergeldern verschlang. Im Fall der Hypo Real Estate waren das über 100 Milliarden Euro Garantien und über 7 Milliarden Euro direkte Unterstützung. Insgesamt wurde der im Oktober 2008 gegründete Sonderfonds Finanzmarktstabilisierung (SoFFin) mit 480 Milliarden Euro Steuergeldern ausgestattet, ein großer Teil davon ist inzwischen weg.

Wer nun denkt, das sei aber viel, kennt die Zahlen für Gesamteuropa nicht. So beziffert etwa EU-Finanzmarktkommissar Michel Barnier die bis Anfang 2013 für EU-Finanzinstitute reservierten Staatshilfen auf insgesamt 4,5 Billionen Euro, rund das Doppelte des deutschen Sozialprodukts. Oder etwas anschaulicher formuliert: Um die den europäischen Banken zugesagten Hilfen aufzubringen, müssten alle in Deutschland ansässigen Erwerbstätigen, Arbeiter, Angestellten, Putzfrauen, Busfahrer, Fliesenleger, Bauern, Winzer, Ärzte, Lehrer oder Professoren zwei Jahre lang unentgeltlich arbeiten (und bekämen auch noch ihre Vermögenseinkommen aus Zinsen, Dividenden oder Immobilien abgenommen). Ein Großteil dieser Gelder sind »nur« Bürgschaften und Garantien, aber auch die tatsächlich verbrauchten Mittel addieren sich inzwischen zu erklecklichen Summen auf. Insgesamt sind seit der Gründung des SoFFin allein in Deutschland bisher über 20 Milliarden Euro letztendlich vom Steuerzahler aufzubringender Verluste aufgelaufen. Und der Europäische Finanzstabilisierungsmechanismus EFSM hat bis heute (Frühjahr 2013) 165 Milliarden Euro ausgezahlt (Quelle: Bundesministerium der Finanzen), davon 110 Milliarden Euro allein an Griechenland. Mit 18 Milliarden Euro ist Portugal und mit 12 Milliarden Euro ist Irland dabei. Und 77 Milliarden der insgesamt 165 Milliarden Euro wurden von Deutschland aufgebracht.

Dass es so weit kommen konnte, liegt an einem zentralen Konstruktionsfehler des modernen Bankensystems: der faktischen Trennung von Haftung und Risiko. Und daran, dass es modernen Banken durch laxe Eigenkapitalanforderungen möglich ist, die übernommenen Risiken in gigantische Dimensionen auszuweiten. Geht diese Wette auf, macht die Bank einen ebenso gigantischen Gewinn und der Vorstand genehmigt sich Bonuszahlungen in Millionenhöhe. Oder sollte man besser sagen: Milliardenhöhe? Laut *Frankfurter Allgemeine Zeitung* vom 8.2.2013 verteilt allein die Deutsche Bank für das Jahr 2012 Boni im Wert von über 3 Milliarden Euro, mehr als das Vierfache der an die Aktionäre ausgeschütteten Dividenden. Und in den USA gaben Banken im Jahr 2006 sogar rund 37 Milliarden Dollar nur für zusätzliche (also auf die ohnehin schon stattlichen Gehälter draufgesattelten) Bonuszahlungen an ihre Vorstände und Händler aus. Das ist Weltrekord. Selbst in den Krisenjahren 2010, 2011 und 2012 summierten sich die Bonuszahlungen noch auf 22, 18,5 und 20 Milliarden Dollar (»New Yorker Banker bekommen mehr Bonus«, *Wall Street Journal Deutschland*, 26.2.2013). Insgesamt, so die Nachrichtenagentur Reuters, haben die 35 größten Banken der Welt trotz Massenentlassungen und öffentlicher Bescheidenheitsbekundungen im Jahr 2012 deutlich mehr Geld an ihre Mitarbeiter ausgeschüttet als 2011, insgesamt 275 Milliarden Euro. Damit übertrafen die in einem Jahr ausgeschütteten Gehälter und Bonuszahlungen an raffgierige Bankangestellte das komplette Bruttosozialprodukt von drei Vierteln aller Länder dieser Welt.

Selbst bei Verlusten, wie im Jahr 2012 bei der Schweizer Skandalbank UBS, fließen die Bonuszahlungen weiter. Deren Spitzenangestellte ließen sich für dieses Jahr insgesamt 2,5 Milliarden Franken Bonus überweisen, das entsprach fast exakt dem gesamten Konzernverlust. Oder anders ausgedrückt: Der gesamte Konzernverlust geht allein auf die Raffgier an der Konzernspitze zurück (siehe »Boni für UBS-Banker so hoch wie Konzernverlust«, *Die Welt*, 16.3.2013).

Zumindest in der Eurozone soll diese obszöne Selbstbereicherung demnächst ein Ende haben, Bonuszahlungen sollen das Grundgehalt nicht übersteigen. Aber die Bremswirkung dieser Regel ist beschränkt – dann steigt eben das Grundgehalt. Es gibt wohl keine Bevölkerungsgruppe auf der Welt, die im Abzocken ihrer Kunden, Aktionäre und indirekt auch der Steuerzahler so erfolgreich ist wie das Spitzenmanagement einiger großer deutscher und internationaler Banken (dass die grundsoliden Leiter kleiner deutscher Volksbanken und Raiffeisenkassen hier nicht gemeint sind, versteht sich fast von selbst). Man könnte zuweilen glauben, diese Leute würden von der Partei Die Linke für ihr Unwesen bezahlt.

Dass diesen Gehaltsexzessen, bei großen Banken wie bei Großkonzernen überhaupt, keine genauso exzessiven Leistungen gegenüberstehen, versteht sich fast von selbst. Wie von Günter Ogger in seinem Bestseller *Nieten in Nadelstreifen* überzeugend vorgeführt, zählt in vielen Unternehmenshierarchien ab einer gewissen Höhe kaum noch Können, da werden andere Kriterien wie Beziehungen und Netzwerkpflege wichtig. Deshalb kann auch das Argument, ein Gehaltsdeckel für Führungskräfte würde diese nach Amerika vertreiben, niemanden erschrecken, ganz im Gegenteil. Würden sämtliche Vorstände sämtlicher DAX-Konzerne beim nächsten großen Ökonomentreffen in Davos im Festzelt von einem Winterblitz erschlagen, wäre das zwar für deren Familien, nicht aber für die deutsche Wirtschaft ein Verlust. Vermutlich würde der deutschen Aktienindex DAX sogar am nächsten Morgen steigen.

Diese Gehaltsexzesse speziell bei Banken sind nur möglich, weil diese mit kleinem Einsatz große Räder schlagen dürfen. Ich habe 1 Euro, und beteilige mich an einem Spiel, das mir 100 Euro Rendite bringt. Vorausgesetzt, der Plan geht auf. Falls nicht, ist der Euro weg. Und die sonstigen Kollateralschäden bezahlen andere.

Für die Händler und Manager der Banken sind riskante Geschäfte damit alles andere als riskant: Geht die Zockerei auf, winkt ein satter Bonus. Geht sie schief, fällt der Bonus aus (oder auch nicht, siehe UBS), schlimmstenfalls steht man auf der Straße. Und die Besitzer der Banken schauen zu und machen mit, denn auch sie haben viel zu gewinnen und nur wenig – das in aller Regel eher bescheidene Eigenkapital – zu verlieren. Und selbst dieser Verlust fällt gegen die zuvor akkumulierten und privatisierten Gewinne kaum ins Gewicht. Die Kosten der Abwicklung dagegen übernimmt der Staat, das heißt der Steuerzahler, das heißt der sprichwörtliche kleine Mann. Ein genialeres System der heißen Enteignung hat sich seit Adam und Eva noch niemand ausgedacht.

Dass die Politik dagegen so wenig unternimmt, ist ebenfalls leicht zu erklären: Banken braucht man für das Schuldenmachen. Solange etwa für Staatsanleihen keine Unterlegung mit Eigenkapital vonnöten ist, sind diese für Finanzminister und Banken gleichermaßen lukrativ. Hier scheint seit Jahrzehnten in gewissen Euroländern ein ungeschriebener Grundkonsens zu herrschen: »Ihr leiht uns Geld zur Finanzierung der sozialen Hängematte und damit unseres nächsten Wahlerfolgs, dafür drücken wir bei euren Gehaltsexzessen beide Augen zu.« Auch diese unheilige Allianz zwischen öffentlicher Finanzpolitik und privatem Geldgewerbe hat maßgeblich zum aktuellen Eurodesaster beigetragen. Mit einem einzigen Federstrich hätte man auch für Staatsanleihen eine Unterlegung mit Eigenkapital verlangen und damit fast alle großen Bankenpleiten der letzten Jahre verhindern können. Aber auf der anderen Seite wäre so das staatliche Schuldenmachen, das ja vor allem über die Verkäufe von Staatsanleihen an Banken funktioniert, weit mühsamer gewesen, und deshalb hat man es dann nicht gemacht. Oder warum wird nicht schon längst in Deutschland, wie kürzlich per Volksabstimmung in der Schweiz beschlossen, das Recht zur Festlegung der Vorstandsbezüge den Aufsichtsräten weggenommen, die sich seit Jahrzehnten gegenseitig die Gelder zuschieben, und stattdessen den Eigentümern, den Aktionären übertragen? Zwar lassen sich auch diese auf den

Hauptversammlungen meistens von Banken vertreten, aber dann fände zumindest das gegenseitige Bereichern nicht mehr hinter verschlossenen Türen statt. Oder warum wird nicht per Gesetz das maximale Gehalt in einer Firma auf ein bestimmtes Vielfaches des in dieser Firma gezahlten Minimalgehaltes festgelegt? Man kann nur spekulieren, wie viele Millionen Euro Wahlkampfspenden von großen deutschen Firmen an unsere Parteien geflossen sind, damit genau dies nicht geschieht.

★

Damit aber zurück zu den Banken und zum Thema Risiko. Denn die Gehaltsexzesse bei großen Banken und großen Konzernen allgemein sind zwar ärgerlich, haben aber die aktuelle Schuldenkrise nicht bewirkt. Diese entstand durch die Trennung von Haftung und Risiko. »Die Gretchenfrage jeder wirtschaftlichen Ordnung ist: Haftung und Entscheidung, Risiko und Chance dürfen nicht auseinanderfallen«, sagte Wolfgang Schäuble in der Debatte zur Bankenrettung am 17. Januar 2013 im Deutschen Bundestag. Das hätte er besser fünf Jahre früher sagen sollen. Wer bereit ist, hohe Risiken einzugehen, darf das gerne tun, aber dann mit seinem eigenen Geld. Riskante Börsengeschäfte mit Haftungsausschluss sind dagegen eine einzige Einladung zur Zockerei, und genau das ist in den Jahren vor Lehman in großem Stil geschehen.

Dass es auch anders geht, zeigen immer wieder kleinere private, nicht börsennotierte Banken, wo die Inhaber noch mit ihrem Vermögen für die Verbindlichkeiten der Firma geradestehen. »Wir haften bis zum letzten Hosenknopf«, sagte Hans-Walter Peters, persönlich haftender Gesellschafter und Sprecher der Hamburger Berenberg Bank, in einem Interview mit der *Frankfurter Allgemeinen Zeitung* (13.2.2013). »So ungemütlich dieses für echte Privatbanken typische Haftungsprinzip auch ist – Peters hält es für ungeheuer heilsam« schreibt die *FAZ*. »Die Geschäftsführer achten aus ureigenem Interesse darauf, dass die Bank keine großen Risiken eingeht. Ob Werktag, Urlaub oder Wochenende, es vergeht kein Tag, an dem Peters nicht die wesentlichen Bilanzpositionen checkt.«

Die Besitzer und Manager von als Kapitalgesellschaft organisierten Banken haben das nicht nötig. Ihr »ureigenes Interesse« ist nicht das Überleben der Bank, sondern das Maximieren ihres kurzfristigen Gewinns. Die Berenberg Bank dagegen existiert seit dem Jahr 1590 und ist damit die älteste Privatbank Deutschlands. Unter anderem auch wegen der persönlichen Haftung der Gesellschafter hat sie die aktuelle Krise problemlos überstanden. Staatliche Hilfe kennt man bei solchen Banken nicht. Staatliche Hilfe gibt es nur für Zocker. Und welcher Zocker, der das weiß, hört mit dem Zocken auf?

Quasi nebenbei löste die Lehman-Pleite auch noch die größte Weltwirtschaftskrise seit 1929 aus. Erst einmal schrumpfte der Bankensektor selbst, Kredite wurden knapp, die Realwirtschaft hatte zu wenig Geld zum Investieren, das deutsche Bruttoinlandsprodukt sank im Jahr 2009 um 5,2 Prozent. Das ist der größte Rückgang, seit die Bundesrepublik Deutschland existiert.

Vor allem die schmerzhafte Kreditverknappung hatte diesen weltweiten Absturz ausgelöst. Denn die Banken hatten nun auch Angst, sich untereinander Geld zu leihen, der Kreditverkehr kam dadurch fast völlig zum Erliegen. Hätten nicht einige entschlossene Finanzminister, unter anderem auch Peer Steinbrück, hier mit der Unterstützung der Zentralbanken den Geldhahn kräftig aufgedreht (man darf den Geldhahn in Notlagen durchaus auch einmal öffnen, wenn man ihn hinterher genauso drastisch wieder schließt), wäre die Weltwirtschaft wie zur Zeit der großen Depression Anfang der Dreißigerjahre des vorigen Jahrhunderts möglicherweise völlig abgestürzt. Dies auch zur Erinnerung für alle Kritiker, die immer wieder behaupten, die Geldwirtschaft hätte mit der Realwirtschaft nichts zu tun und wäre nur ein Wurmfortsatz im modernen Wirtschaftsgefüge. So aber war zumindest in Deutschland das Desaster schnell wieder vorbei.

Dennoch verstärkte die Lehman-Pleite einen Teufelskreis, der nur allzu deutlich die Schwächen des Eurosystems offenlegt. Denn nicht nur in den USA, auch in Europa, besonders in Irland und in Spanien, hatte es einen irrationalen Immobilienboom gegeben, dessen Ende schmerzhafte realwirtschaftliche Konsequenzen hatte und bis heute hat. Abbildung 10, leicht angepasst aus dem Jahresgutachten 2012 des Sachverständigenrates zur Begutachtung für die gesamtwirtschaftliche Entwicklung, zeigt, wie die Bankenkrise, die Staatsverschuldung und die Wirtschaftskrise zusammenhängen und sich gegenseitig verstärken:

Abbildung 10 Der Teufelskreis von Makro-, Staats- und Bankenkrise

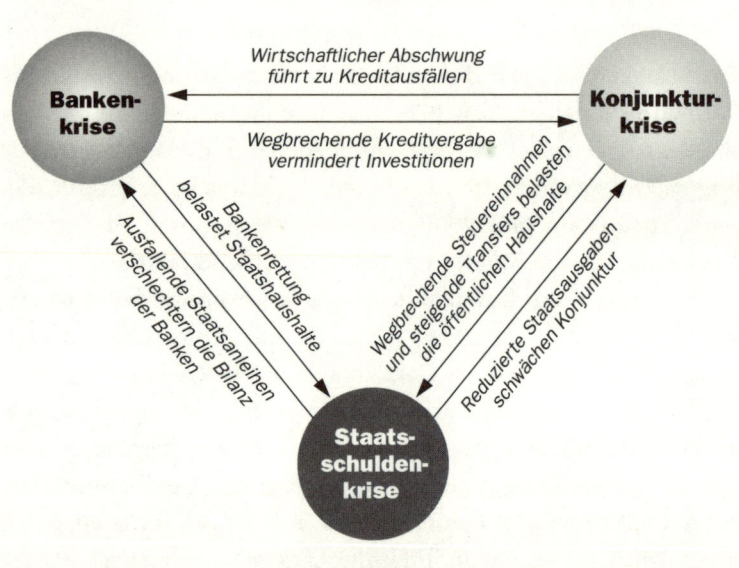

Beginnen wir mit den Kreisen unten und oben links, den gefährdeten Banken und den prekären Staatsfinanzen. Hier ist nicht immer klar, wer früher da war, die Henne oder das Ei, aber dass die Bankenkrise und die Staatsschuldenkrise sich gegenseitig verstärken, ist nur allzu offenbar. So liegt etwa das viele Geld, das die EU-Staaten für die Rettung ihrer Banken reservieren mussten, nicht auf der Straße herum, die Länder müssen sich diese Mittel leihen. Also nimmt die Staatsverschuldung zu. Am dramatischsten war das in Irland zu beobachten. Bis zum Beginn der Bankenkrise lag die irische Staatsverschuldung mit 25 Prozent des Bruttoinlandsprodukts am unteren Ende in Europa, heute liegt sie mit über 100 Prozent hinter Griechenland und Italien an der Spitze. Diese Verschuldung hielt die irische Regierung für nötig, um das Platzen der auch in Irland extremen Immobilienblase (siehe Abbildung 7) abzufedern, allein die mit faulen Immobilienkrediten mehr als vollgestopfte und dann verstaatlichte Anglo Irish Bank belastete die irische Staatskasse mit mehr als 15 Milliarden Euro.

Auf der anderen Seite feuert aber die aus dem Ruder laufende Staatsverschuldung das Misstrauen der Kapitalanleger an, die diesen Staaten Geld geliehen hatten oder neues Geld leihen sollen. Je höher die Staatsverschuldung, desto schwieriger ist die Rückzahlung der Schulden, desto geringer die Wahrscheinlichkeit, dass diese Rückzahlung eines Tages tatsächlich auch geschieht. Damit steigen die geforderten Zinsen und fallen spiegelbildlich die Kurse bereits begebener Staatsanleihen in den Keller. So notierte etwa eine zehnjährige griechische Staatsanleihe im Jahr 2006 noch über 90 Euro, sechs Jahre später war sie weniger als 20 Euro wert. Das bedeutet spürbare Wertverluste in den Bilanzen aller Banken, die dergleichen – offiziell ja völlig risikolosen – Staatsanleihen in großen Mengen in ihren Depots angesammelt hatten. So soll allein die deutsche Commerzbank griechische Staatsanleihen im Nennwert von mehr als drei Milliarden Euro halten. Aber diese einstmals drei Milliarden Euro sind heute auf weniger als eine Milliarde Euro geschrumpft, in diesem Umfang nimmt das Bilanzvermögen der Commerzbank ab.

Sogar mehr als das Doppelte dieser Summe hatte die Münchner Hypo Real Estate in ihrer Bilanz. Die ist aber inzwischen verstaatlicht, d. h., alle verbleibenden Risiken sind da, wo sie letztendlich immer landen, nämlich beim Steuerzahler angelangt.

Nochmals weiter verschärft wird diese ohnehin schon dramatische Lage durch den Einbruch der Wirtschaftskonjunktur. Das ist der Kreis in der Abbildung rechts oben. In Deutschland und drei bis vier weiteren Volkswirtschaften ist dieser Einbruch inzwischen wieder wettgemacht, im Rest der Eurozone aber nicht. Durch diesen Konjunktureinbruch fallen viele private Schuldner gänzlich aus, damit verlieren die Banken nicht nur wie bei griechischen Staatsanleihen einen Teil, sondern oft 100 Prozent des ausgeliehenen Kapitals. Das heizt die Bankenkrise nochmals weiter an. Und da die Banken weniger Geld zum Ausleihen haben, werden die Kredite für die reale Wirtschaft knapper, das verschärft den Konjunkturabschwung erneut.

Aber damit ist das negative Rückkopplungsgeflecht noch nicht komplett. Denn durch diesen Konjunkturabschwung brechen auch die staatlichen Steuereinnahmen weg, der Druck für neue Schulden wächst, die Rückzahlungswahrscheinlichkeit sinkt, die zu zahlenden Zinsen steigen an. Und durch die nötigen staatlichen Sparmaßnahmen wird die Konjunktur weiter gebremst, noch mehr Firmen werden insolvent, noch mehr Banken erhalten ihre ausgeliehenen Gelder nicht zurück, noch mehr Staatsfinanzen werden für die Rettung maroder Banken eingesetzt, und so weiter und so fort. Wenn jemals das Schlagwort vom Teufelskreis im Wirtschaftsleben angebracht gewesen ist, so ganz sicher hier.

An diesem Desaster ist der Euro nicht allein, aber doch zu großen Teilen schuld. Zunächst wäre ohne Euro die Immobilienblase in Irland und in Spanien, durch deren Platzen dieser Teufelskreis in Europa zumindest stark befördert wurde, in diesem Umfang nicht entstanden. Denn dieser Immobilienboom wurde nicht in erster Linie von den Iren oder Spaniern selbst, sondern durch Kapitalimporte aus dem Ausland finanziert. Und diese Kapitalimporte flossen aus einem einzigen Grund (siehe Kapitel 5): Der Euro hatte die Zinsen für spanische und irische Schuldner so deutlich verbilligt. Nur deshalb war die Kehrseite des Immobilienbooms, die explodierende Auslandsverschuldung, überhaupt in diesem Umfang möglich. Und nur deshalb konnten das Platzen der Immobilienblase und der dadurch ausgelöste Wertverfall der Schuldenpapiere auch jenseits der Landesgrenzen derartige Löcher in die Bilanzen der Geldverleiher reißen.

Wie alle Krisen geht auch diese irgendwann einmal vorbei. Das abschließende Kapitel 12 gibt dazu verschiedene Szenarien vor, der Teufelskreis wird sich nicht ewig weiterdrehen. Ob diese Genesung von Dauer oder nur eine Geisterheilung ist, entscheidet sich wie bei allen Krankheiten daran, ob man die Ursachen oder nur die Symptome bekämpft. Die Ursache der Eurokrise ist das chronische Leistungsbilanzdefizit vieler Südländer, die zu teuer und damit auf dem Weltmarkt konkurrenzunfähig geworden sind. So könnten etwa die aktuell am stärksten wegen ihrer weggebrochenen Wettbewerbsfähigkeit unter einer Wirtschaftsflaute leidenden Länder durch spürbare interne Abwertungen wieder konkurrenzfähig und damit wirtschaftlich erfolgreich und unabhängig vom Tropf des Steuerzahlers in den Kernländern der Eurozone werden. Oder diese Länder treten aus der Eurozone aus und werten extern ab. Das beschleunigt diese Gesundung ganz außerordentlich. Oder man entscheidet sich für das Kurieren an Symptomen und einigt sich letztendlich dann doch auf die von den Südländern aus verständlichen Gründen bevorzugte Transferunion. Auch das machen, wenn auch nur intern, gewisse Länder, Italien seit über 150 Jahren und Deutschland seit 23 Jahren vor. Wie auch immer aber diese Krise endet, sie lässt eine schwere Hypothek zurück. Denn auch dann, wenn die Staatsschulden der aktuellen Krisenländer nicht mehr wachsen, die verbliebenen Banken wieder gesund geworden und die Außenhandelsdefizite der aktuellen Krisenländer zurückgefahren sind, wird für die Wirtschaftsteilnehmer der Länder der dann noch verbleibenden Eurozone nichts mehr so sein wie zuvor.

Bei einer Transferunion findet die Enteignung der Wirtschaftsteilnehmer der Nordländer auf heißem Wege statt. Immerhin nimmt man ihnen aber nur vom Einkommen, nicht auch noch vom sichtbaren Vermögen etwas weg (vom unsichtbaren schon, denn dass diese Transfers auch auf Kosten künftiger deutscher Renten gehen, ist kaum zu vermeiden). Direkte Attacken auf das Geldvermögen gäbe es bei einem weiteren Schuldenschnitt wie 2012 für Griechenland, damit wurden weltweit Forderungen in Höhe von über 100 Milliarden Euro wertlos, davon mehr als 10 Milliarden Euro in deutscher Hand, oder bei einem Austritt eines Schuldnerlandes aus der Eurozone. Das von Ausländern in diesen Ländern gehaltene Euro-Vermögen würde dann entwertet, weil die Ansprüche gegen dieses Land zum Teil verfallen oder nur in der abgewerteten neuen Währung erstattet würden. Aber auch diese Enteignung wäre heiß, da nicht zu verheimlichen und für alle klar zu sehen.

Eher kalt kommt eine mögliche Enteignung der Wirtschaftsteilnehmer der Nordländer durch die Inflation einher. Auch das ist ein Ausweg aus der aktuellen Krise: Man bezahlt die Staatsschulden mit neu gedrucktem Geld. Diesem Thema wendet sich Kapitel 11 ausführlich zu. Diese Enteignung betrifft alle Inhaber von Geldvermögen in der Eurozone gleichermaßen. Und nur für die Bürger von Ländern, die in den letzten Jahren große Forderungen gegenüber der Europäischen Zentralbank angesammelt haben (die berühmten Target-Salden), das sind im Wesentlichen Deutschland, die Niederlande, Finnland und Luxemburg, kommt dann der letzte Enteignungsmechanismus noch hinzu, der allein dem Euro anzulasten ist: Diese Forderungen gegenüber der Zentralbank sind mit einer beträchtlichen Wahrscheinlichkeit nämlich niemals einzutreiben – und das Geld ist weg.

Ergänzende Literatur

Die systemwidrigen Anreize des modernen Bankensystems und die daraus folgenden Schäden für die Realwirtschaft sind nirgends besser beschrieben als in dem Buch *Kasino-Kapitalismus* von Hans-Werner Sinn, München 2009. Speziell zur Lehman-Pleite siehe auch Lawrence G. McDonald und Patrick Robinson: *A Colossal Failure of Common Sense. The Inside Story of the Collapse of Lehman Brothers*, New York 2009 (Random House). Speziell zu Bankenpleiten in Deutschland siehe die Antwort der Bundesregierung auf die Kleine Anfrage der Abgeordneten Frank Schäffler, Florian Toncar, Jens Ackermann, weiterer Abgeordneter und der Fraktion der FDP, Drucksache 16/12933. Und wie sich deutsche Landesbanken von ihren amerikanischen Geschäftspartnern übers Ohr haben hauen lassen, wird beschrieben von Martin Blümel: »Blümel staunt«, *in, Euro am Sonntag*, 18.1.2008 (im Internet unter: http://blogs.wallstreet-online.de/344-bluemel-staunt/2040-bluemel-staunt-stupid-german-money.html).

JETZT REICHT'S: DER GROSSE ÖKONOMENPROTEST VOM JULI 2012

Staatenrettung, Bankenrettung – und russische Profiteure

Ich finde das empörend.
Ich finde das der Verantwortung eines
Wissenschaftlers nicht entsprechend.

Wolfgang Schäuble, 6. Juli 2012

Der Brüsseler Eurogipfel vom 28. und 29. Juni 2012 und die Verabschiedung des Rettungsschirms im Deutschen Bundestag waren der sprichwörtliche Tropfen, der das Frust-Fass vieler Wirtschaftswissenschaftler und Wirtschaftswissenschaftlerinnen zum Überlaufen brachte. Denn mit diesen inzwischen von allen beteiligten Parlamenten ratifizierten Haftungsklauseln verdreifachte sich der potenzielle Zugriff der Schuldnerstaaten auf Renten und Sparvermögen in Deutschland und anderswo. Mit einem Federstrich wurden aus 3 Billionen Euro fast 9 Billionen Euro, für die im Extremfall die Gemeinschaft, das heißt im Klartext und auf lange Sicht vor allem deutsche Sparer und Steuerzahler geradestehen: Statt wie bisher nur die Eurostaaten als solche sollten ab jetzt auch die weit stärker verschuldeten individuellen Banken auf die Rettungsmilliarden des europäischen Stabilitätsmechanismus direkt zugreifen dürfen. Und das auch noch zu erheblich erleichterten Konditionen. Bislang war eine Bankenrettung nur über den Staatshaushalt des Sitzlandes möglich, das damit auch die Verantwortung für die Rückzahlung der Schulden zu tragen hatte. Jetzt wurde dieser Umweg ausgespart.

Das Motiv dieser Maßnahme war, einen der sechs Pfeile aus dem Teufelskreis in der Abbildung 10 des letzten Kapitels zu zerbrechen – und zwar den Pfeil, der von der Bankenkrise zur Staatenkrise führt. Wenn Banken gerettet werden, steigt die Staatsverschuldung, neue Schulden werden damit teurer, da für Geldverleiher riskanter, die Staatenkrise wird verschärft. Wenn aber nicht mehr der Sitzstaat, sondern der überstaatliche Rettungsmechanismus ESM die Banken rettet, bleiben die Staatsfinanzen geschont, Kredite werden billiger, der Staatsbankrott fällt aus. So das Argument der Ministerpräsidenten Monti und Rajoy, denen Angela Merkel schließlich nachgegeben hatte.

So wie eben deutsche Volksvertreter fast immer nachgeben, wenn die Interessen ihres Landes mit denen anderer Länder kollidieren. Dabei ist das Monti-Rajoy-Argument in vieler Hinsicht fehlerhaft. Wer z. B. sagt denn, dass sich die Zinsen auf Staatsanleihen nicht auch anders reduzieren lassen? Zu einer interessanten, in Finnland bereits praktizierten Variante, nämlich Staatsanleihen mit staatlichen Immobilien zu besichern und damit Zinsen einzusparen, weiter unten mehr. Oder wer bestimmt, dass die Staaten ihre Banken retten müssen? Denn längst nicht alle Kreditinstitute, die von sich behaupten, systemrelevant zu sein, sind tatsächlich relevant für das System. Was haben spanische Sparkassen, irische Zockerbanken oder zyprische Schwarzgelddepots mit der Zukunft der Europäischen Union zu tun? Auch darauf kommt das Buch, besonders im Fall von Zypern, wo sich die Eurozone gerade darauf verständigt hat, das illegal ins Ausland transferierte Vermögen korrupter russischer Ölmilliardäre weitgehend zu bewahren, noch zurück. Insgesamt waren es schließlich 277 deutschsprachige Wirtschaftsprofessoren und -professorinnen, das ist mit großem Abstand der Rekord bei allen derartigen Appellen der deutschsprachigen Ökonomenzunft, die den folgenden, am 4. Juli 2012 in der *Frankfurter Allgemeinen Zeitung* abgedruckten Aufruf unterschrieben:

Liebe Mitbürger,
die Entscheidungen, zu denen sich die Kanzlerin auf dem Gipfeltreffen der EU-Länder gezwungen sah, waren falsch. Wir, Wirtschaftswissenschaftlerinnen und Wirtschaftswissenschaftler deutscher Sprache, sehen den Schritt in die Bankenunion, die eine kollektive Haftung für die Schulden der Banken des Eurosystems bedeutet, mit großer Sorge. Die Bankschulden sind fast dreimal so groß wie die Staatsschulden und liegen in den fünf Krisenländern im Bereich von mehreren Billionen Euro. Die Steuerzahler, Rentner und Sparer der bislang noch soliden Länder Europas dürfen für die Absicherung dieser Schulden nicht in Haftung genommen werden, zumal riesige Verluste aus der Finanzierung der inflationären Wirtschaftsblasen der südlichen Länder absehbar sind. Banken müssen scheitern dürfen. Wenn die Schuldner nicht zurückzahlen können, gibt es nur eine Gruppe, die die Lasten tragen sollte und auch kann: die Gläubiger selber, denn sie sind das Investitionsrisiko bewusst eingegangen und nur sie verfügen über das notwendige Vermögen.

Die Politiker mögen hoffen, die Haftungssummen begrenzen und den Missbrauch durch eine gemeinsame Bankenaufsicht verhindern zu können. Das wird ihnen aber kaum gelingen, solange die Schuldnerländer über die strukturelle Mehrheit im Euroraum verfügen. Wenn die soliden Länder der Vergemeinschaftung der Haftung für die Bankschulden grundsätzlich zustimmen, werden sie immer wieder Pressionen ausgesetzt sein, die Haftungssummen zu vergrößern oder die Voraussetzungen für den Haftungsfall aufzuweichen. Streit und Zwietracht mit den Nachbarn sind vorprogrammiert. Weder der Euro noch der europäische Gedanke als solcher werden durch die Erweiterung der Haftung auf die Banken gerettet; geholfen wird stattdessen der Wall Street, der City of London – auch einigen Investoren in Deutschland – und einer Reihe maroder in- und ausländischer Banken, die nun weiter zulasten der Bürger anderer Länder, die mit alldem wenig zu tun haben, ihre Geschäfte betreiben dürfen.

Die Sozialisierung der Schulden löst nicht dauerhaft die aktuellen Probleme; sie führt dazu, dass unter dem Deckmantel der Solidarität einzelne Gläubigergruppen bezuschusst und volkswirtschaftlich zentrale Investitionsentscheidungen verzerrt werden. Bitte tragen Sie diese Sorgen den Abgeordneten Ihres Wahlkreises vor; unsere Volksvertreter sollen wissen, welche Gefahren unserer Wirtschaft drohen.

Die Reaktion auf den Aufruf war eher feindlich. Die der angegriffenen Politiker – siehe Schäuble im Zitat oben – sowieso. Auch die überwiegend von wohlmeinenden, aber ökonomisch vielfach ahnungslosen Gutmenschen dominierten öffentlich-rechtlichen Massenmedien zeigten sich pikiert. Dass deutsche Wissenschaftler auch öffentlich deutsche Interessen vertreten, ist man hierzulande nicht gewöhnt, das ist für viele Redakteure bei ARD und ZDF, aber auch beim *Spiegel* und der *Süddeutschen Zeitung* ganz im Gegenteil fast schon ein Alarmsignal, so etwas tut man einfach nicht.

Dabei liegen die Probleme wie auch deren Lösung klar zutage. »Wenn die Schuldner nicht zurückzahlen können, gibt es nur eine Gruppe, die die Lasten tragen sollte und auch kann: die Gläubiger selber, denn sie sind das Investitionsrisiko bewusst eingegangen und nur sie verfügen über das notwendige Vermögen.« Also: Die Gläubiger, die Reichen, die Nutznießer der voraufgegangenen Vermögensblasen sollen zahlen. Nach Auskunft der Beratungsfirma Boston Consulting Group beläuft sich allein das von offiziellen Verwaltern betreute weltweite Geldvermögen derzeit auf über 100 Billionen Euro, warum soll man diese Vermögen retten? Dazu kommen noch mindestens 21 Billionen US-Dollar, entsprechend 17 Billionen Euro, die die Superreichen dieser Erde in allen möglichen Steueroasen vor dem Finanzamt verstecken (siehe http://www.spiegel.de/wirtschaft/soziales/studie-zu-steuerflucht-reiche-bunkern-21-bis-32-billionen-im-ausland-a-845747.html), das ist fast das jährliche Sozialprodukt der beiden weltweit größten Volkswirtschaften, der USA und Japan, zusammen. Damit wäre die Eurokrise und wären viele andere Krisen auf der Erde morgen früh zu Ende.

Aber genau diese Vermögen profitieren am meisten von den ständigen Eurozonen-Hilfspaketen; in dem Umfang, wie sie direkt oder indirekt an dem Schicksal von Krisenbanken hängen, gehen sie mit diesen gemeinsam unter oder werden mit diesen gemeinsam gerettet.

In Wahrheit sind die 17 Billionen illegal versteckten Euro eine eher konservative Schätzung, so das in Großbritannien ansässige Tax Justice Network, das eine einschlägige Studie in Auftrag gegeben hatte. Vermutlich sei das wahre versteckte Geldvermögen weitaus höher. Allein in Schweizer Banken z. B. sind nach einer Schätzung der Genfer Aktienhändlerfirma Helvea wertmäßig mehr als 80 Prozent des in Ausländerhand befindlichen Vermögens in den Heimatländern der Besitzer nicht deklariert. Die nächste Grafik gibt für eine Reihe von Jahren deshalb einmal die Unter- und die Obergrenzen für diese illegal im Ausland versteckten Vermögen an. Wie man sieht, waren diese Vermögen vor der

Krise schon mal höher, aber man arbeitet sich an die alten Höchststände heran. Vermutlich werden diese von den aktuellen Zahlen für 2011 und 2012 (derzeit noch nicht verfügbar) um mehrere hundert Milliarden Euro übertroffen.

Sichere Häfen für diese enormen illegalen Gelder gibt es leider immer noch genug. Allein auf den Britischen Jungferninseln, einer kleinen, von England verwalteten Inselgruppe in der Karibik, gibt es mehr als zehnmal so viele Firmen wie Einwohner, was die dort tun, ist nicht schwer zu erraten. Auch wenn die traditionellen Steuerschwindlerhäfen Schweiz und Liechtenstein inzwischen nolens volens enger mit den Finanzbehörden anderer Länder ko-

Abbildung 11 Unter- und Obergrenzen für weltweites illegales Geldvermögen

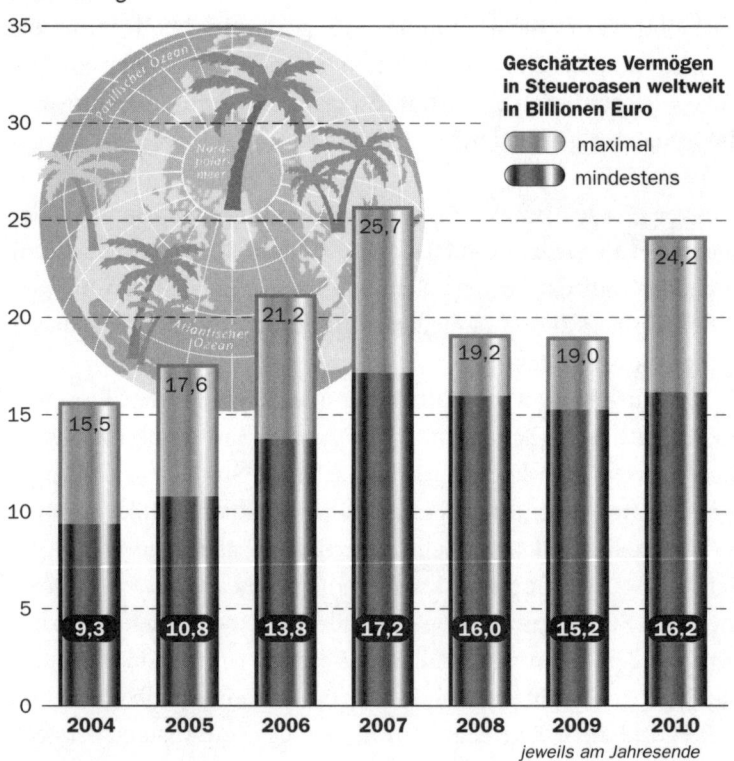

Quelle: *Tax Justice Network*

operieren, bleibt das so lange nutzlos, wie an deren Stelle weltweit neue Verwahrungsorte aus der Erde sprießen und laut werben: Warum kommst du nicht zu uns …

»Sie alle – Kriminelle, Korrupte und Kreditbetrüger – nutzen für ihre Machenschaften die Verschwiegenheit und die undurchsichtigen Firmenstrukturen in Steueroasen aus«, schreibt die *Süddeutsche Zeitung* (»Kriminelle willkommen«, 4.4.2013). »Länder wie die Britischen Jungferninseln, die Cook-Inseln oder die Bahamas schaffen mit ihren Gesetzen die Grundlagen für ein ideales Geldversteck: die Offshore-Firma. Wer will, kann in den Steuerparadiesen Geld anhäufen, ohne dass irgendwer davon erfährt. Kein Finanzamt, keine Exfrau, keine Geschäftspartner und keine Opposition.« In manchen Entwicklungsländern, so das Tax Justice Network, hätten diese sogenannten Offshore-Vermögen inzwischen sogar die Staatsschulden überholt. Nähme man also diesen Steuerpflichtigen ihr illegal ins Ausland geschmuggeltes Vermögen ab, wären diese Länder völlig schuldenfrei.

Und das wäre nicht nur im Kongo, in Aserbeidschan (wo die Familie des Präsidenten Ilham Aliyev das Land systematisch ausplündert) oder in Simbabwe so. Da hat Muller Conrad Rautenbach, ein Diamantenhändler und Helfer des simbabwischen Autokraten Robert Mugabe, große Summen illegal ins Ausland transferiert. Wo sind etwa die vielen Milliarden Euro geblieben, die Griechenland bisher als Liquiditätshilfe erhalten hat? »Liegen sie auf Schweizer Konten?«, fragt der Nürnberger Wirtschaftshistoriker Werner Lachmann. Die nationalen Eliten hätten durch ihre Politik die Staaten an den Rand der Insolvenz gebracht und sich dabei oft bereichert, und deshalb, so Lachmann, sei zu fragen, ob nicht zuerst die Eliten der Schuldnerländer für die Rückzahlung der Staatsschulden heranzuziehen seien. Die Mehrheit der aktuellen Krisenstaaten könnten ihre Staatsschulden bequem aus dem Vermögen der eigenen Bürger ablösen, dazu bräuchte es weder einen Rettungsschirm noch einen Appell an den deutschen Steuerzahler.

Tabelle 11 gibt einmal die offiziellen Pro-Kopf-Geldvermögen in ausgewählten Ländern der Eurozone an (die echten sind natürlich weit höher, siehe oben, vor allem in den aktuellen Krisenländern; dieser Tage trat ein französischer Minister wegen Geldschmuggel zurück). Das sind Bankeinlagen (sofern bekannt), Versicherungen, Anleihen, Bargeld, Pfandbriefe und Aktien, aber keine Immobilien. Die Zahlen sind netto, das heißt vom Bruttovermögen sind bereits die Schulden abgezogen.

Wie hier zu sehen, haben die Menschen im Krisenland Italien mehr Geld auf dem Konto als ihre Nachbarn nördlich der Alpen, denen man als Erste bei der Krisenbekämpfung in die Tasche greift. Noch höher ist das Pro-Kopf-Vermögen in Großbritannien (52 600 Euro), in den Niederlanden (61 315 Euro) oder in Belgien (68 490 Euro). Aber diese Länder wollen auch kein Geld von der Europäischen Union. Den Rekord in dieser Statistik hält die Schweiz mit 138 062 Euro pro Kopf.

In die Durchschnitte gehen auch Menschen ohne alles Vermögen oder mit negativen Vermögen (= Schulden) ein, genauso wie die Aldi-Brüder oder Silvio Berlusconi. Aber vom Standpunkt der Schuldentilgung ist das ja eher angenehm, denn in dem Umfang, wie diese Großvermögen zur Tilgung der Staatsschulden heran-

Tabelle 11 Pro-Kopf-Geldvermögen in ausgewählten Ländern der Eurozone

Italien	42 875 Euro
Frankreich	42 643 Euro
Deutschland	38 521 Euro
Irland	25 461 Euro
Portugal	19 572 Euro
Spanien	16 875 Euro
Griechenland	8 830 Euro

Quelle: *Allianz Global Wealth Report 2012*

gezogen werden, trifft das genau die Richtigen. Ferner zeigt die obige Tabelle, dass auch die Menschen in angeblich so armen Ländern wie Spanien oder Portugal über ansehnliche Geldvermögen verfügen – bei einer Familie mit drei Kindern und Oma und Opa im Haus ergäben etwa die rund 20 000 Euro pro Kopf in Portugal ein Familienvermögen von durchschnittlich 140 000 Euro.

Noch deutlicher wird dieses Vermögensmissverhältnis zwischen den in Deutschland ansässigen Zahlern und den um das Mittelmeer verteilten Empfängern der diversen Euro-Hilfen, wenn man auch Immobilien und anderes Sachvermögen einbezieht. Davon scheint im Süden Europas mehr als genug vorhanden zu sein: Ein Blick in die Vergnügungshäfen von Monaco, Piräus, Marbella, San Remo, Portofino oder St. Tropez genügt – eine Millionenyacht neben der anderen, am Kai der in einem bescheidenen Hotel auf Urlaub weilende, von seiner begleitenden Ehegattin untergehakte deutsche Hochschullehrer (der wie viele andere Berufszweige in Deutschland seit 20 Jahren ohne reale Gehaltserhöhung ist), mitleidig belächelt von den Champagner schlürfenden Yachtbesitzern: »Du armes Würstchen, selber schuld.«

Die folgende Tabelle gibt einmal das durchschnittliche Netto-Gesamtvermögen pro Haushalt ausgewählter Euroländer an; die Zahlen entstammen der sogenannten PHF-Studie (»Private Haushalte und ihre Finanzen«) der Deutschen Bundesbank, eine regelmäßige Umfrage unter mehreren Tausend repräsentativ ausgewählten Haushalten, die als Teil des europaweiten »Household

Tabelle 12 Durchschnittliches Netto-Gesamtvermögen pro Haushalt in ausgewählten Ländern der Eurozone 2011

Spanien	285 800 Euro
Österreich	265 000 Euro
Frankreich	229 300 Euro
Deutschland	195 200 Euro

Quelle: *Deutsche Bundesbank*

Finance and Consumption Networks« (HFCN) auch Umfragedaten anderer Euroländer zur Verfügung stellt. Zurzeit liegen diese aber erst für Frankreich, Österreich und Spanien vor.

Wie hier zu sehen, geht es den krisengeschüttelten Spaniern vermögensmäßig weitaus besser als den Zahlmeistern aus Deutschland, deren Geld man reklamiert. Und noch deutlicher werden diese Unterschiede, nimmt man als Durchschnitt nicht das arithmetische Mittel, so wie in den Tabellen 11 und 12, sondern den Median. Das ist dasjenige Vermögen, das genau in der Mitte der Verteilung liegt. Wenn drei Familien ein Vermögen von 0, 1 und 14 besitzen, so ist das arithmetische Mittel 5 und der Median ist 1. So wie in diesem Beispiel liegt das Vermögen der meisten deutschen Familien unter dem arithmetischen Mittel, der Median ist weitaus kleiner und liegt bei nur 51 400 Euro. In Spanien ist er dagegen dreimal so hoch, nämlich 178 000 Euro, und auch für Italien, wo man das arithmetische Mittel aus Unkenntnis der ganz großen Vermögen nicht kennt, weiß man zumindest den Median: 163 900 Euro, ebenfalls mehr als das Dreifache des deutschen Wertes. Warum man angesichts dieser Zahlen die deutschen Sparer und nicht die italienischen Multimillionäre zur Sanierung der Finanzen der Europäischen Union heranzieht, wird wohl ewig ein Geheimnis zwischen Mario Monti und Angela Merkel bleiben.

Auch wenn diese Zahlen darunter leiden, dass etwa Rentenansprüche in dieser Statistik nicht zum Vermögen zählen oder das Familienvermögen in vielen Anrainerstaaten des Mittelmeers vor allem wegen der eigenen vier Wände das deutsche übersteigt, die Basisaussage bleibt: Wenn man das Geld da abholen will, wo es augenblicklich schwerpunktmäßig liegt, dann eher nicht von Konten derjenigen EU-Bürger, an die man bei dieser Frage aktuell als Erste denkt. Selbst die in der Tabelle 11 bezüglich Pro-Kopf Geldvermögen noch hinter den durchschnittlichen in Deutschland aktiven Wirtschaftern liegenden Iren, Spanier, Portugiesen und Griechen könnten allein aus ihrem privaten Geldvermögen ihre Staaten von allen Schulden befreien. Und ihre Immobilien besäßen sie dann immer noch.

Genau das versucht übrigens der Reederei-Erbe Peter Nomikos derzeit in Griechenland – er sammelt bei Spendern Geld, kauft damit griechische Staatsanleihen, die schenkt er dann dem Staat. Und der Staat ist seine Schulden los (http://www.spiegel.de/wirtschaft/soziales/reederei-erbe-nomikos-sammelt-spenden-fuer-griechenland-a-841336.html).

»Die Griechen haben mit dem Euro eine sehr starke Währung«, erklärte Nomikos dem *Spiegel*, »während der Preis der Staatsanleihen eingebrochen ist. Man kann griechische Schuldscheine also für sehr wenig Geld kaufen und so die Staatsschuld mit relativ geringem Aufwand abbauen.« Die nominalen griechischen Staatschulden liegen zwar mit rund 25 000 Euro pro Kopf über dem Netto-Geldvermögen, aber da griechische Staatsanleihen zeitweise für 20 Prozent ihres Nennwertes zu kaufen waren, reicht ein Pro-Kopf-Vermögen von 8 800 Euro allemal.

Der eigentliche Anlass für den Ökonomenaufruf waren aber nicht die Schulden der Staaten, sondern die Schulden der Banken innerhalb der Staaten. Die führen in der öffentlichen Diskussion ein Schattenleben, sind aber weit höher und potenziell gefährlicher. Bis zum Euro-Gipfel des Juni 2012 war es Sache der Sitzstaaten dieser Banken, für angeschlagene Geldinstitute einzustehen (oder auch nicht). Das hat dann die Staatsfinanzen angegriffen und die Kreditwürdigkeit der Sitzstaaten unterhöhlt.

Der Extremfall ist Irland. Wie schon im letzten Kapitel gesehen, wies dieses Land vor der Krise eine Staatsverschuldung von weniger als 30 Prozent des Bruttoinlandsproduktes auf, daraus sind heute über 100 Prozent geworden. Aber warum um Gottes Willen war das nötig? Warum eigentlich sollen die Sitzstaaten maroder Banken deren Schulden übernehmen? Schon in Irland sehen das viele im Nachhinein als großen Fehler, und erst recht bedenklich erscheint das im aktuellen Problemfall Zypern, dessen große Banken riesige Abschreibungen auf massenhaft gehaltene griechische Staatspapiere zu verdauen haben und eigentlich längst hätten abgewickelt werden müssen.

Inzwischen ist das bei einer auch geschehen. Aber warum hält die EU den Rest des Bankensektors mit 10 Milliarden Euro steuerfinanzierten Hilfsgeldern über Wasser? Damit sich deutsche Politiker in Nikosia als Nazis beschimpfen lassen dürfen? Damit die russischen Groß-Oligarchen ihre in Zypern geparkten Steuerfluchtmilliarden nicht völlig abzuschreiben brauchen? Und weiter von ihren Yachten aus die an der Kaimauer spazierenden deutschen Touristen bemitleiden können? Der hier immer wieder ins Spiel gebrachte Eigenbeitrag ist dermaßen lächerlich, dass man sich nur wundern kann, wie erfolgreich die deutsche Politik diesen Skandal als Erfolg verkauft. Wenn sich deutsche Multimilliardäre wie Schlecker oder der bekannte Unternehmer Adolf Merckle verzocken (der hatte sich bei VW-Aktien verspekuliert und danach Selbstmord verübt), dann sind sie ihre Gelder los. Wenn sich russische Multimilliardäre verzocken, kommt Finanzminister Schäuble und sagt:»Böse, böse, ich kassiere einen Teil des Einsatzes, und du behältst den Rest.«

Für den unvoreingenommenen Beobachter ist es schlichtweg unbegreiflich, warum man zum Aufstocken des Eigenkapitals und zur Tilgung der aufgelaufenen Schulden angeschlagener Banken nicht zunächst einmal die Personen oder Institutionen zur Kasse bittet, denen die Bank direkt oder indirekt gehört. Zum einen sind es die Aktionäre, denen gehört die Bank direkt, sie haften mit ihrem Eigenkapital, und sie hatten tatsächlich, gemessen am Börsenwert ihrer Aktien, in den letzten Jahren ansehnliche Verluste zu ertragen. Eine Aktie der Bank of Ireland etwa notierte im Januar 2007 bei 14 Euro, vier Jahre später bei 7 Cent. Der Schreiber diese Zeilen besitzt davon eine ganze Menge. Damit hatten deren Aktionäre fast 100 Prozent ihres Einsatzes verloren. Aber die Aktionäre und ihr bescheidenes Eigenkapital sind auf den Passivseiten moderner Bankbilanzen nur eine kleine Minderheit. Das große Geld kommt durch das Fremdkapital, also die vielen anderen natürlichen und juristischen Personen, von denen sich die Bank das Geld geliehen hat, um ihre Geschäfte zu betreiben, und die noch immer prächtig davon profitieren. Denn dieses Fremdkapital blieb bislang weitgehend verschont, und seine Besitzer setzen alle medialen und politischen Hebel in Bewegung, damit das auch so bleibt.

Bei den Sichteinlagen von kleinen Privatkunden ist das auch in Ordnung. Aber diese Einlagen machen bei den meisten Banken nur einen geringen Teil der Passivseite der Bilanzen aus. Die mit Abstand dicksten Brocken auf dieser Passivseite sind die Termingelder und sonstigen Anlagen von Großinvestoren und anderen Banken überall auf der Welt, im Fall von Zypern etwa die bereits erwähnten ins Ausland geschmuggelten Ölmilliarden russischer Wirtschaftskrimineller, die diese sich bis vor Kurzem mit über 7 Prozent verzinsen ließen und mit denen die zyprischen Banken bis vor Kurzem weltweit lukrative Geschäfte betrieben. »In einem geheimen Bericht legt der Bundesnachrichtendienst (BND) dar, wer vor allem von den europäischen Steuermilliarden profitieren wird«, schreibt der *Spiegel* (»Hering und Wodka«, Nr. 45/2012): »Russische Oligarchen, Geschäftsleute und Mafiosi, die ihr Schwarzgeld in Zypern angelegt haben.«

Erleichtert werde diese Geldwäsche, schreibt der *Spiegel*, »durch großzügige Möglichkeiten für reiche Russen, die zyprische Staatsangehörigkeit zu bekommen. Nach Erkenntnissen des Bundesnachrichtendienstes haben sich auf diese Weise 80 Oligarchen Niederlassungsfreiheit in der gesamten EU verschafft.« Insgesamt 26 Milliarden Dollar hätten Russen bei Banken in Zypern deponiert.

Und dieses Geld wäre dann bei einer Pleite der zyprischen Banken weg.

★

Ja, warum auch nicht, wird hier wohl die Mehrzahl aller Leser sagen. Die Eurozone wurde schließlich nicht gegründet, um russischen Oligarchen bei der Geldwäsche zu helfen. Und selbst wenn die Gläubiger der Banken auf ehrliche Weise zu ihren Milliarden gekommen sind, was spricht dagegen, auch diese Milliarden den Unwägbarkeiten des Marktes zu unterwerfen? Was unterscheidet eine Bank von einer Werft oder von einem Drogeriekonzern? Warum dürfen die einen pleitegehen und die anderen nicht?

Weil eine insolvente Bank zugleich andere Banken in den Bankrott treiben könnte, sagt die Bankenlobby. Weil speziell große Banken für das Exportgeschäft ihrer Sitzländer geradezu unentbehrlich sind, sagen die großen Banken. Weil Banken überhaupt, so wie das Motoröl einen Automotor, die Wirtschaft am Laufen halten, sagen die Lehrbücher der Wirtschaftswissenschaften, und so weiter und so fort.

Beim näheren Hinsehen steht hinter diesen Argumenten aber nicht viel mehr als heiße Luft. Denn eine bestimmte Bank pleitegehen zu lassen heißt doch nicht, das gesamte System auszuschalten. Ganz im Gegenteil funktioniert das Bankensystem nach einem solchen Exempel vielleicht sogar noch besser als zuvor. Und auch der immer wieder als Schreckgespenst hervorgeholte Dominoeffekt ist ebenfalls nicht bankenspezifisch. War das denn bei der Schlecker-Pleite grundsätzlich anders? Oder bei Neckermann, der Firma Q-Cells, den P+S Werften oder den Siag Nordseewerken, die alle im Jahr 2012 insolvent geworden sind? Auch davon waren viele andere Firmen betroffen, insbesondere Zulieferer, die dann ihrerseits zum Teil in den Konkurs getrieben worden sind. Dieser wirtschafts- und staatstragende Charakter der Banken wird von diesen gerne übertrieben, und man muss schon sehr nach Argumenten suchen, um den Gläubigern von Banken einen privilegierten Status gegenüber den Gläubigern von anderen Wirtschaftsunternehmen einzuräumen. Es stelle sich vielmehr die Frage, so Axel Weber, noch zu seiner Zeit als Präsident der Deutschen Bundesbank, ob nicht die privaten Gläubiger viel stärker an einer Lösung [der Bankenkrise] beteiligt werden müssten: »Wir sollten keine Blanko-Garantien für Banken mehr geben«, forderte er in einer Rede vor dem Deutschen Bankentag. »Es ergibt überhaupt keinen Sinn, das Scheitern einer Bank zu verhindern. Ich kann mich an keine Diskussion erinnern, in der jemals eine irische Bank als systemrelevant bezeichnet wurde.«

Heute ist Weber Chef der Schweizer Großbank UBS und sieht die Dinge vielleicht anders. Mit seinen damaligen Argumenten jedenfalls griff er den protestierenden Wirtschaftsprofessoren sozusagen vor: Es ergibt überhaupt keinen Sinn, das Scheitern einer Bank zu verhindern.

Und auch unter Praktikern und Investoren findet die Forderung der Wirtschaftsprofessoren nach mehr Haftung für die Gläubiger viel Unterstützung. »Ja, eine Bankpleite wird Folgen haben«, sagte der Deutschland-Chef der Firma Pimco, des weltweit größten Investors in Staatsanleihen überhaupt, in der Hamburger *Zeit*, »aber sie werden weniger dramatisch sein, als wenn wir so weitermachen wie bisher und alle Banken retten.« Und auch er sagt: Lasst Banken pleitegehen.

Außerhalb der Eurozone geschieht das auch. Die US-amerikanische Volkswirtschaft z. B., mit einem der Eurozone vergleichbaren Sozialprodukt, hatte von 2007 bis 2012 weitaus mehr Bankenpleiten zu verzeichnen, ohne dass dies der Wirtschaft sehr geschadet hätte. Das Jahrhundertereignis Lehman-Pleite ist hier natürlich ausgenommen, da wurde die Wirtschaft sozusagen auf dem falschen Fuß erwischt. Aber schon die Insolvenz der größten amerikanischen Bausparkasse wenige Tage danach regte nur noch deren Gläubiger, aber sonst kaum jemanden besonders auf. Offenbar haben diese Gläubiger in den USA eine weniger starke Lobby als in der Eurozone. In beiden Wirtschaftsräumen gab es Anfang 2007 rund 6 000 Banken. In den USA ist jede zehnte heute nicht mehr da. In der Eurozone haben 99 Prozent überlebt. Ganz offensichtlich scheint hier ein Schutzengel über gefährdete Geldinstitute zu wachen, westlich des Atlantik dürfen Banken untergehen, östlich des Atlantik eher nicht.

Ein Teil dieser Unterschiede erklärte sich vielleicht durch abweichende Definitionen – wann zählt eine Bank als insolvent? Dann mag auch das traditionell eher konservative deutsche Bankwesen zu den im Vergleich salopperen USA zu den hierzulande kleineren Zahlen beitragen. Aber über die gesamte Eurozone gesehen geben diese Zahlen doch zu denken. Ganz offensichtlich werden in der Eurozone klinisch tote Geldinstitute mit Steuergeldern sozusagen komatös ernährt. »Das sind Banken – nehmen wir als Beispiele die Crédit Immobilier de France, eine Bank mit einem Kreditvolumen von 33 Milliarden Euro, die Alpha Bank in Griechenland mit einem Kreditvolumen von 70 Milliarden Euro und die spanische Banco de Valencia mit einem Kreditvolumen von 20 Milliarden Euro –, die in den USA selbstverständlich abgewickelt werden würden«, beklagte der Abgeordnete Gerhard Schick vom Bündnis 90/Die Grünen am 17. Januar 2013 im Deutschen Bundestag. »Über 400 Banken sind in den USA seit Ausbruch der Krise ohne Kosten für den Steuerzahler abgewickelt worden. Wir wollen dasselbe endlich auch für Europa erreichen.«

Das Protokoll verzeichnet Beifall bei Bündnis 90/Die Grünen und bei der SPD.

Warum Beifall nur dort? Wieso applaudierte niemand von der CDU und FDP? Die Wahrheit einer Aussage hängt doch nicht davon ab, welcher Partei man angehört. Wann werden wir dasselbe endlich auch für Europa erreichen, fragte Gerhard Schick völlig zu Recht. Denn sobald sich die Regierungen der Eurozone dazu durchringen, marode Banken nicht mehr zu unterstützen, sinkt auch ihr Finanzbedarf. Sie haben zwar einige Käufer weniger für ihre Staatspapiere, aber zum Ausgleich brauchen sie auch nicht so viele davon. Und damit steigt für potenzielle Geldgeber die Aussicht, ihre ausgeliehenen Gelder wiederzusehen, und die geforderten Zinsen sinken von allein.

Die Krokodilstränen über die unverdient hohe Zinsbelastung hätten sich die Regierungschefs der Südländer auch noch aus anderen Gründen sparen können. Denn wie man auch in Wirtschaftskrisen preiswert Geld bekommt, hat Finnland Anfang der Neunzigerjahre vorgeführt. Dort war es kurz zuvor zu einem starken Anstieg der Kreditvergabe gekommen, befeuert von einem für Finnland sehr günstigen bilateralen Handelsabkommen mit der noch existierenden Sowjetunion. Auch die ausländischen Kapitalmärkte wurden intensiv genutzt. Als dann mit dem Ende des Ostblocks auch die russischen Blütenträume platzten, stand Finnland ungefähr da, wo heute Griechenland und Irland stehen: Die Wirtschaft brach ein, Kredite liefen aus, Geld zum Bezahlen war nicht da, woher die Gelder nehmen?

Anders als den aktuellen Krisenstaaten gelang es den Finnen, sich aus dieser Falle weitgehend ohne fremde Hilfe zu befreien. Und zwar, indem sie sich einer altbewährten Methode bedienten und Geld zu vergleichsweise günstigen Konditionen liehen: Sie boten ganz einfach Sicherheiten, nicht nur wie die aktuellen Krisenstaaten gute Worte: Staatsbetriebe, Immobilien und Land. Diesen Vorschlag brachte die finnische Finanzministerin Jutta Urpilainen auch auf dem Brüsseler Eurogipfel Ende Juni 2012 ins Spiel: Die Krisenländer könnten doch Pfandbriefe nach internationalem Recht begeben, wie seinerzeit in Finnland, besichert mit Immobilien oder in Staatsbesitz befindlichen Unternehmen. Das würde die Kreditwürdigkeit und die Attraktivität ihrer Anleihen erheblich steigern. Und mit dem Risiko für den Geldgeber sänke automatisch auch der Zins.

Statt mit Sachwerten könnten derartige pfandbriefähnliche Staatspapiere auch mit künftigen Steuereinnahmen gedeckt werden, ergänzte der finnische Ministerpräsident Jyrki Katainen. Sicherheit ist Sicherheit, und wenn Schuldner wirklich an die Rückzahlung der ausgeliehenen Gelder glauben, ist auch das Besorgen dieser Sicherheiten kein allzu großes Problem. Nach diesem Prinzip funktioniert etwa das Gewerbe der Pfandleiher seit Jahrtausenden ganz ausgezeichnet. Was also spricht dagegen, dass Griechenland sich günstig frisches Geld beschafft und als Sicherheit dafür die Insel Lesbos hinterlegt? Oder zumindest alles Land auf dieser Insel, das dem Staat gehört? Italien könnte den David von Michelangelo verpfänden, Portugal die Algarve-Küste und Spanien vielleicht den Flughafen von Madrid. Der Flughafen Madrid-Barajas ist der fünftgrößte Verkehrsflughafen Europas (nach London-Heathrow, Paris-Charles de Gaulle, Frankfurt am Main und Amsterdam) sowie der wichtigste europäische Knotenpunkt für Flüge nach Südamerika und Heimatflughafen der Fluggesellschaften Iberia, Air Europa und Air Pullmantur sowie eine wichtige Basis für Ryanair und easyJet. Da käme einiges an Einnahmen zusammen.

Natürlich lehnten Monti und Rajoy diesen Vorschlag entrüstet ab. So erkennt man notorische Kreditbetrüger. Aber dieser Vorschlag ist durchaus nicht nur als Scherz abzutun. Und auch weltanschaulich weit weniger anstößig, als manche delikate deutsche Seele sich jetzt vielleicht einzuwenden verpflichtet fühlen glaubt. Denn eine solche Verpfändung heißt ja nur, dass es die Schuldner mit der Rückzahlung wirklich ernst meinen. Und dass genau deshalb diese Pfänder niemals fällig werden. Und je höher die Glaubwürdigkeit der Rückzahlung, desto niedriger das Risiko und desto niedriger der Zins. Bösartige Beobachter könnten daher die Weigerung der Südländer, auf den finnischen Vorschlag einzugehen, auch als implizites Eingeständnis dahingehend werten: Sie sind letzten Endes nicht gewillt, ihre Schulden wirklich zu begleichen.

Eine gute Nachricht brachte der Euro-Gipfel aber doch: nämlich dass es in Zukunft eine einheitliche europäische Bankenaufsicht geben würde. Für sich allein genommen ist das ohne jeden Zweifel positiv, denn auch der Laxheitswettbewerb, den die verschiedenen nationalen Bankenaufsichten auszutragen scheinen, hatte einen beträchtlichen Anteil an der aktuellen Krise: Hätte man den Banken in Irland und Spanien nicht das hemmungslose Vergeben von Hypotheken gegen mehr als wackelige Sicherheiten gestattet oder auch bei Staatspapieren eine europaweit einheitliche Hinterlegung mit Eigenkapital verlangt, dann gäbe es die aktuelle Bankenkrise nicht.

Sobald es aber in die Einzelheiten geht, wird deutlich, dass auch hier wieder eine Umverteilung zulasten Deutschlands zumindest in Kauf genommen wird. Etwa indem es Überlegungen gibt, dass auch deutsche Sparkassen und Volksbanken in eine geplante einheitliche europäische Einlagensicherung einzuzahlen hätten. Genau diese Einlagensicherung praktizieren die Sparkassen und Volksbanken Deutschlands seit Jahrzehnten mit großem Erfolg ganz ausgezeichnet.»Deshalb wenden wir uns mit aller Deutlichkeit gegen Brüsseler Überlegungen, eine europäische Einlagensicherung einzuführen oder eine grenzüberschreitende Haftung zwischen den bestehenden nationalen Sicherheitssystemen für Einladungen vorzusehen«, verkündeten die Präsidenten des Deutschen Sparkassen- und Giro-Verbandes und des Bundesverbandes der Deutschen Volksbanken und Raiffeisenbanken in ganzseitigen Anzeigen in der deutschen Presse.»Dies würde eine Verminderung des Schutzniveaus für unsere Kunden bedeuten und zu einer Beeinträchtigung der selbst erarbeiteten Stärke von Sparkassen und Genossenschaftsbanken führen. Die Übernahme von Zahlungspflichten für ausländische Banken würde das Vertrauen unserer Kunden in die Sicherheit unserer Spareinlagen gefährden. [...] Statt die hier angesparten Sicherungsmittel für Schieflagen von Banken im europäischen Ausland einzusetzen, müssen auch in anderen Ländern der Währungsunion leistungsfähige Einlagensicherungssysteme aufgebaut werden.«

Wer schon nachweisbar erfolgreich Risiken vorbeugt, sollte nicht auch noch die Kosten der Risikovorbeugung für die Zocker zahlen. Vielleicht wollten sich die Südländer so für die von ihnen ungeliebte Bankenaufsicht schadlos halten? Denn auch die unselige Kumpanei von geldhungrigen Politikern und dienstbereiten Bankern, die dieses Geld beschaffen, wäre dann erschwert. Bezeichnenderweise kam daher auch die dringend nötige europäische Bankenaufsicht nicht zuerst, sondern eher als nachträgliches Trostpflaster für die zögerlichen deutschen Verhandlungsführer zustande, die ansonsten dem Rettungsschirm nie zugestimmt hätten. Verschiedene südländische Regierungsvertreter, vielleicht sogar die Mehrheit, sehen die gemeinsame Bankenaufsicht eher als notwendiges Übel und scheinen schon jetzt nur begrenzt entschlossen, deren Regeln dann auch wirklich durchzusetzen. (Sofern dies mit Kosten für das eigene Land verbunden ist. Fällt die Bankenregulierung dagegen anderen zur Last, gibt man gern den linientreuen Europäer.)

Auch in vielen anderen Details ist die Brüsseler Vereinbarung zur Bankenregulierung schwammig und offen für unterschiedliche Interpretationen. Wie viel Eigenkapital ist vorzuhalten? Dürfen Staatsanleihen auch in Zukunft ohne jedes Eigenkapital gehalten werden? (Genau aus diesem Grund war die hemmungslose Aufnahmebereitschaft des Bankensektors für dubiose Staatsanleihen überhaupt erst möglich.) Welche Banken haben Anspruch auf die Rettungsgelder, welche nicht? Wie und wo soll die neue Behörde eingerichtet werden? Wie so oft entscheidet sich das Schicksal von Großprojekten hier im Kleingedruckten.

Zumindest die letzte Frage ist inzwischen entschieden – die Kontrolle übernimmt die Europäische Zentralbank in Frankfurt. Damit ist zugleich auch schon das mögliche Scheitern dieses lobenswerten Unternehmens programmiert. Wer den Bock (siehe das folgende Kapitel 10) zum Gärtner macht, erzielt nie das beste Resultat.

Unbeschränkt euphorisch reagierten die Kapitalmärkte und die Gläubiger der Banken weltweit auf die Brüsseler Gipfelbeschlüsse. »Kursfeuerwerk: Finanzmärkte bejubeln Start in die Schuldenunion«, titelte die Berliner *Welt.* »An den Börsen ist Merkels Niederlage beim EU-Gipfel ein voller Erfolg: DAX und Euro legen kräftig zu. Die größten Gewinner aber sind die Banken: Sie können künftig ohne Auflagen gerettet werden.« Dementsprechend waren auch die Aktien der Banken am Freitag nach dem Gipfel die größten Gewinner, die Kurse der spanischen Geldhäuser BBVA oder Intesa Sanpaolo, der italienischen Unicredit oder

der französischen Institute BNP Paribas oder Société Générale stiegen um über sechs Prozent, auch die Aktien der Commerzbank und der Deutschen Bank stiegen noch um mehr als vier bzw. fünf Prozent. Für die meisten dieser Banken war das der größte Kursanstieg an einem Tag im ganzen Jahr, und damit ist auch klar, wem der Bankenrettungsschirm vor allem nützt: den Banken selbst.

Und genauso klar ist damit auch, warum der Bankensektor den Professorenaufruf nahezu einhellig als unseriös und populistisch in die Schmuddelecke abzudrängen suchte: Nach dem Motto »Haltet den Dieb« versucht man hier von eigenem Fehlverhalten abzulenken. Weltweit müssen nach den Brüsseler Beschlüssen in den Chefetagen der Großbanken die Champagnerkorken geflogen sein, diese Feier lässt man sich nicht von ein paar hergelaufenen deutschen Hochschullehrern vermiesen.

»Ähnlich ist die Interessenlage der Vereinigten Staaten und Großbritanniens, die beide als Gläubiger der europäischen Schuldenstaaten riesige Beträge im Feuer stehen haben«, schreibt der Münsteraner Wirtschaftsprofessor Ulrich van Suntum in der *Frankfurter Allgemeinen Zeitung*, in einem Artikel, der passend »Die politische Ökonomie hinter der ›Euro-Rettung‹« überschrieben ist. Auch von dort kamen haufenweise böse Kommentare. Und auch hier können nur Blinde die wahren Motive übersehen: »Logischerweise drängen sie Deutschland, ihnen ihre faulen Wertpapiere über die Rettungsschirme abzukaufen.« Und wer sagt: »Behaltet eure faulen Wertpapiere selbst«, der wird medienmäßig abgestraft.

Genauso ist auch die süß-saure Reaktion der Arbeitgeberverbände und der Gewerkschaften durch die jeweils eigenen Interessen zu erklären: »So verdient die deutsche Exportindustrie prächtig an den Leistungsbilanzdefiziten der Schuldnerländer, auch wenn diese letztlich vom deutschen Steuerzahler maßgeblich mitfinanziert werden«, schreibt van Suntum. Wenn also der Direktor des Instituts der deutschen Wirtschaft (IW) in Köln den Professorenaufruf als »unverantwortlich« bezeichnete, der »mit ökonomischer Argumentation nichts zu tun« habe, so sei klar, woher diese Meinung käme. Und die Arbeitnehmer profitierten durch ihren sicheren Arbeitsplatz. Dass ein großer Teil dessen, was sie da erarbeiten, möglicherweise als unbezahltes Geschenk ans Ausland fließt, ist den Gewerkschaften dabei zunächst einmal egal. »Nimmt man alles zusammen, so ist die breite Unterstützung für den gegenwärtigen Weg der ›Euro-Rettung‹ in Politik und Verbänden aus den jeweiligen Interessenlagen durchaus erklärlich«, resümiert van Suntum. »Wundern muss man sich eher darüber, dass die fleißigen Bürger und Sparer sich nicht vehementer dagegen wehren. Denn sie sind es, die auf diese Weise um die Früchte ihrer Lebensleistung gebracht werden. Nur das Bundesverfassungsgericht wird ihnen vielleicht noch helfen können.«

Dieser Artikel erschien am 30. Juli 2012. Am 6. September tagte das Bundesverfassungsgericht. Wie alle Leser wissen, wurde den »fleißigen Bürgern und Sparern« leider nicht geholfen.

Ergänzende Literatur

Der Ökonomenaufruf und die komplette Liste der 277 Unterzeichner sind einzusehen unter http://www.statistik.tu-dortmund.de/kraemer.html. Eine ausführliche Darstellung der finnischen Bankenkrise findet sich in Nyberg, P., Vihriälä, V.: »The Finnish Banking Crisis and its Handling«, in: *Bank of Finland Discussion Papers* 7/1994. Die makroökonomischen Ursachen der nordischen Bankenkrise untersucht Pesola, J.: »The Role of Macroeconomic Shocks in Banking Crises«, in: *Bank of Finland Discussion Papers* 6/2001. Und eine brillante Generalabrechnung mit den Scheinargumenten der Bankenlobby und der Dummheit der Politiker, die sich immer wieder von dieser einwickeln lassen, ist das Buch *The Bankers' New Clothes* von Anat Admati und Martin Hellwig, Princeton University Press 2013. Von nun an kann sich kein Politiker, der wieder einer maroden Bank Milliarden Steuergelder zuschiebt, damit die ihm seine Staatsanleihen abkauft, mehr damit herausreden, er hätte die wahren Zusammenhänge nicht gekannt.

ZEHN

AUGEN ZU
UND DURCH

Wie die Europäische Zentralbank
Deutschlands Zukunft ruiniert

**Nach Artikel 127 Absatz 1 und Artikel 282 Absatz 2 des Vertrags
über die Arbeitsweise der Europäischen Union ist es das
vorrangige Ziel des ESZB, die Preisstabilität zu gewährleisten.**

Protokoll (Nr. 4) über die Satzung des Europäischen Systems der
Zentralbanken und der Europäischen Zentralbank

Wirtschaftswissenschaftler sind sich nicht in allen Fragen einig. Aber in einer ganz wichtigen schon: Wie man Inflation erzeugt. Dazu muss man noch nicht einmal Volkswirtschaft studieren. Je mehr Geld es gibt, desto weniger ist es wert. Deswegen gibt es auch ein absolut zuverlässiges Mittel, wie man Geld entwertet: Man druckt immer mehr davon. So wie die Deutsche Reichsbank im Jahr 1923. Da wurden im Lauf des Jahres auf den Banknoten fleißig Nullen nachgedruckt, am 15. November 1923 existierten im Deutschen Reich rund 10 Milliarden Banknoten mit einem Nennbetrag von 3 877 Trillionen Mark. Für eine Milliarde Mark bekam man gegen Schluss der Inflation noch nicht einmal ein Frühstücksei. Und zwanzig Milliarden Mark, so wie auf dem Geldschein in Abbildung 12, reichten gerade mal für ein Pfund Mehl.

Ein derartiges Drama droht dieser Tage nicht. Aber eine reduzierte Fassung schon, wenn auch eher auf lange Sicht. »Aus genau diesem Grund haben wir schon vor 60 Jahren, zu Beginn der Bundesrepublik Deutschland, den politischen Mehrheiten die Bankno-

Abbildung 12 Das reichte im November 1923 gerade mal für ein Pfund Mehl

tenpresse entzogen, die Unabhängigkeit der Notenbank beschlossen und eine Beschränkung auf das eng ausgelegte geldpolitische Mandat vorgenommen.« So Finanzminister Wolfgang Schäuble am 17. Januar 2013 vor dem Deutschen Bundestag. »Dabei hat uns die Erkenntnis geleitet, dass politische Mehrheiten lieber Geld ausgeben, als den Bürgern die Rechnung für die Ausgaben zu präsentieren.«

Die Erkenntnis, dass politische Mehrheiten lieber Geld ausgeben [= drucken], *als den Bürgern die Rechnung zu präsentieren* – das war in der Tat die Basis für den phänomenalen Erfolg der D-Mark und der Deutschen Bundesbank, so, wie im dritten Kapitel dieses Buches nacherzählt. Und sie stand auch Pate bei der Geburt der Europäischen Zentralbank; so, wie die Bundesbank die D-Mark hütete und bewachte, sollte sie auch den Euro hüten und bewachen. Ihre Aufgaben wurden erstmals im Vertrag von Maastricht 1992 festgelegt; seit dem Vertrag von Lissabon 2007 ist die Europäische Zentralbank ein offizielles Organ der Europäischen Union. Artikel 13 des EU-Vertrags sagt:

(1) Die Union verfügt über einen institutionellen Rahmen, der zum Zweck hat, ihren Werten Geltung zu verschaffen, ihre Ziele zu verfolgen, ihren Interessen, denen ihrer Bürgerinnen und Bürger und denen der Mitgliedstaaten zu dienen sowie die Kohärenz, Effizienz und Kontinuität ihrer Politik und ihrer Maßnahmen sicherzustellen.

Die Organe der Union sind

– das Europäische Parlament,
– der Europäische Rat,
– der Rat,
– die Europäische Kommission (im Folgenden ›Kommission‹),
– der Gerichtshof der Europäischen Union,
– die Europäische Zentralbank,
– der Rechnungshof.

(2) Jedes Organ handelt nach Maßgabe der ihm in den Verträgen zugewiesenen Befugnisse nach den Verfahren, Bedingungen und

Zielen, die in den Verträgen festgelegt sind. Die Organe arbeiten loyal zusammen.

Ihren Sitz hat die Europäische Zentralbank in Frankfurt, nur wenige Kilometer von der Deutschen Bundesbank entfernt. Das hat der die Wirkung solcher Symbole gut kennende Bundeskanzler Helmut Kohl gegen den Widerstand Frankreichs durchgesetzt, diese räumliche sollte auch eine gewisse sachliche Nähe suggerieren. Zum Ausgleich war dann ein Franzose als einer der ersten Präsidenten dieser neuen Zentralbank vorgesehen. Diesen Kuhhandel hat Kohl zwar immer abgestritten, aber wenn man die näheren Umstände der Amtseinführung des Franzosen Trichet verfolgt, bleibt wohl kein anderer Rückschluss übrig (siehe *Spiegel* 4/1998: »Wehret den Anfängen«).

Der Name »Europäische Zentralbank« führt etwas in die Irre, denn daneben blieben auch die bisherigen Zentralbanken weiterhin erhalten, unter anderem die Deutsche Bundesbank, wenn auch mit reduzierten Kompetenzen. Das wird später in diesem Kapitel noch einmal wichtig werden. Zusammen mit der Zentrale in Frankfurt bilden diese regionalen Banken das europäische Zentralbanksystem. Dessen Wirken ist in Artikel 282 des Vertrags über die Arbeitsweise der Europäischen Union wie folgt festgelegt:

(1) Die Europäische Zentralbank und die nationalen Zentralbanken bilden das Europäische System der Zentralbanken (ESZB). Die Europäische Zentralbank und die nationalen Zentralbanken der Mitgliedstaaten, deren Währung der Euro ist, bilden das Eurosystem und betreiben die Währungspolitik der Union.

(2) Das ESZB wird von den Beschlussorganen der Europäischen Zentralbank geleitet. Sein vorrangiges Ziel ist es, die Preisstabilität zu gewährleisten. Unbeschadet dieses Zieles unterstützt es die allgemeine Wirtschaftspolitik in der Union, um zur Verwirklichung ihrer Ziele beizutragen.

(3) Die Europäische Zentralbank besitzt Rechtspersönlichkeit. Sie

allein ist befugt, die Ausgabe des Euro zu genehmigen. Sie ist in der Ausübung ihrer Befugnisse und der Verwaltung ihrer Mittel unabhängig. Die Organe, Einrichtungen und sonstigen Stellen der Union sowie die Regierungen der Mitgliedstaaten achten diese Unabhängigkeit.

Das liest sich auf den ersten Blick nicht schlecht: Preisstabilität ist das vorrangige Ziel, und die Europäische Zentralbank ist politisch unabhängig. Der Präsident wird für acht Jahre bestellt und weder ab- noch neugewählt, kann also ohne Rücksicht auf die eigene berufliche Zukunft entscheiden. Für diese politische Unabhängigkeit hatten die deutschen Euro-Verhandler hart gekämpft.

Beim zweiten Lesen des Artikels 282 wird jedoch eine folgenreiche, von den deutschen Verhandlern übersehene Falle deutlich: Die Europäische Zentralbank unterstützt auch die allgemeine Wirtschaftspolitik und kann damit fast alles rechtfertigen, was immer sie auch tut. Dergleichen Sekundäraufgaben – neben dem Primärziel stabiler Preise – hatte die Bundesbank stets abgelehnt. Aber die staatsdirigistisch aufgewachsenen Wirtschafts- und Finanzpolitiker anderer Länder sahen und sehen darin die natürlichste Sache der Welt und haben von Beginn an wenig Zweifel zugelassen, dass sie die den Deutschen nur widerwillig auf dem Papier gewährten Zugeständnisse im Ernstfall nicht zu honorieren gedenken. Vor allem aus Sicht der französischen Regierung war die »Unabhängigkeit« der Europäischen Zentralbank nur ein Mittel, um der deutschen Regierung die Zustimmung zum Euro zu erleichtern, ernst war es ihr damit nie. So verkündete Präsident Mitterrand vor dem französischen Maastricht-Referendum mehrfach öffentlich, die europäische Geldpolitik würde nicht von der EZB diktiert, über den Euro bestimme letztendlich nicht der Zentralbankrat, sondern die Politik (also die von Frankreich angeführte Mehrheit in der Eurozone). Und damit ist die »Unabhängigkeit« der EZB ganz offen als das entlarvt, was sie von Anfang an gewesen ist: eine Chimäre, um den deutschen Wählern den Abschied von der Bundesbank nicht ganz so schmerzhaft erscheinen zu lassen, wie er wirklich war.

Und damit die Europäische Zentralbank auch wirklich alles tun kann, was die französisch geführte politische Mehrheit in Europa will, wird im nächsten Paragrafen das Stimmrecht Deutschlands im Rat der Europäischen Zentralbank mit dem von Zypern oder Malta gleichgesetzt: »Der Rat der Europäischen Zentralbank besteht aus den Mitgliedern des Direktoriums der Europäischen Zentralbank und den Präsidenten der nationalen Zentralbanken der Mitgliedstaaten, deren Währung der Euro ist.« Aus heutiger Sicht erscheint es unbegreiflich, wie sich die deutschen Unterhändler auf einen solchen Passus einlassen konnten.

Aktuell besteht die Eurozone aus 17 Ländern, jedes entsendet seinen Zentralbankpräsidenten in die Europäische Zentralbank (es sind tatsächlich ausnahmslos Männer). Für Deutschland ist das Jens Weidmann, der Präsident der Deutschen Bundesbank. Dazu kommen noch die sechs Mitglieder des Direktoriums der Europäischen Zentralbank. Eines davon ist zurzeit der ehemalige Finanz-Staatssekretär Jörg Asmussen. Damit hat Deutschland in diesem Gremium zwei von 23 Stimmen, haftet aber mit 27 Prozent für alle Risiken der Bank. Dergleichen Ungleichgewichte sind weder bei internationalen Organisationen noch bei privaten Kapitalgesellschaften üblich, beim Internationalen Währungsfonds zum Beispiel ist das Stimmrecht eines jeden Landes an seinen Kapital- und Haftungsanteil geknüpft.

Wie zu erwarten, wird Deutschland daher bei fast allen wichtigen Abstimmungen überstimmt. Selbst zusammen mit stabilitätspolitisch nahestehenden Ländern wie den Niederlanden, Finnland oder Österreich kommt es auf höchstens 30 Prozent der Stimmen. Die von einer laxen Politik der Europäischen Zentralbank profitierenden Südländer um Frankreich dagegen (von Hans-Werner Sinn gern »Club Mediterrané« genannt) vereinen über 70 Prozent aller Stimmen und setzen daher ihre Inflations- und Schuldenpolitik ohne große Schwierigkeiten durch. Die Europäische Zentralbank kauft verbotenerweise Staatsanleihen auf? Die Mehrheit des Rates ist dafür, die deutschen Vertreter sind dagegen, werden aber überstimmt. Die Europäische Zentralbank akzeptiert immer windigere Aktiva als Pfand für Kredite und damit neu gedrucktes Geld? Die Mehrheit des Rates ist dafür, die deutschen Vertreter sind dagegen, werden aber überstimmt. Die Europäische Zentralbank gibt Krisenländern versteckten Kredit in unbegrenzter Höhe? Die Mehrheit des Rates ist dafür, die deutschen Vertreter sind dagegen, werden aber überstimmt, und so weiter. Eine mehr als beängstigende und erschreckende Liste, die sich leider wohl unendlich fortsetzen lässt.

Dass die deutschen Mitglieder tatsächlich häufig überstimmt werden, lässt sich nur indirekt erschließen, die Ratssitzungen sind geheim. Sie dürfen aber Protestbriefe schreiben, so wie Jens Weidmann im Februar 2012, da hat er beim Präsidenten der Europäischen Zentralbank Draghi eine bessere Besicherung der sogenannten Target-Forderungen angemahnt. Kein Wunder jedenfalls, dass zwei deutsche Ratsmitglieder, Axel Weber und Jürgen Stark, verzweifelt das Handtuch geworfen und ihre Posten vorzeitig aufgegeben haben. Weber war ein Gegner der von der Europäischen Zentralbank gestützten monetären Staatsfinanzierung, und auch Stark wolle die Verantwortung für den Kauf von Staatsanleihen durch die Zentralbank nicht länger mittragen, las man in der *Frankfurter Allgemeinen Zeitung* (»Streit über Anleihekäufe stürzt EZB in Führungskrise«, 5.9.2011). Nach Webers Ausscheiden hatte er als Einziger öffentlich den Aufkauf von Anleihen maroder Staaten kritisiert. »Mit Stark geht der Zentralbanker, der wie kein Zweiter im EZB-Rat für stabilitätsorientierte Geldpolitik eintrat« (*Die Welt*).

Aktuell hält also nur noch Jens Weidmann im Rat der Europäischen Zentralbank »als alleiniger Kämpfer gegen die umstrittenen Anleihenkäufe« (*Handelsblatt*, 31. 8. 2012) die Stabilitätsfahne hoch. Der zweite deutsche Vertreter scheint dagegen eher als verlängerter Arm der Bundesregierung zu agieren, die sich in Stabilitätsangelegenheiten gern erpressen lässt. Aber auch Weidmanns Rücktritt scheint nur eine Frage der Zeit.

★

Der Widerstand Weidmanns im Rat der Europäischen Zentralbank richtet sich vor allem gegen zwei Komponenten der Europäischen Zentralbank-Politik, die beide als mehr oder weniger offene Angriffe auf deutsche Renten- und Sparvermögen anzusehen sind. Die erste ist die sogenannte monetäre Staatsfinanzierung. Damit meinen Ökonomen, dass Staaten ihre Haushaltsdefizite nicht mehr durch Kredite, sei es bei den eigenen Bürgern oder im Ausland, sondern durch das Drucken neuen Geldes finanzieren. Das war zu D-Mark-Zeiten völlig undenkbar und der Grund für deren weltweiten Erfolg. Aber an anderen Orten und zu anderen Zeiten haben an Geldnot leidende Regierungen immer wieder gerne diesen Trick genutzt. Das begann mit den noch unbeholfenen Versuchen des Königs Midas, seinen Silbermünzen Kupfer beizumischen, und setzte sich über die berüchtigten Assignaten der französischen Revolution und – nach der Aufhebung des Goldstandards – über Deutschland, Österreich, Ungarn und viele andere Länder, in jüngerer Zeit vor allem in Südamerika (Argentinien 1991, Brasilien 1994) und Südostasien (Thailand, Indonesien und Südkorea 1997) in eindrucksvoller Weise fort. Absoluter Weltrekordhalter ist hier wohl das schon in Kapitel 2 erwähnte afrikanische Simbabwe, hier stiegen die Verbraucherpreise von 2005 bis 2009 um mehrere Milliarden Prozent. In allen Fällen gab es nur einen Grund für die Inflation: Der Staat hatte die jeweilige Zentralbank gekidnappt und einfach Geld gedruckt.

Offiziell ist der Europäischen Zentralbank eine derartige monetäre Staatsfinanzierung verboten. Das war ein großer Erfolg der deutschen Verhandlungsführer, denn in den meisten anderen Ländern der Eurozone war man seit jeher daran gewöhnt, bei Geldknappheit den Geldhahn aufzudrehen, eine unabhängige Zentralbank war in Frankreich, Italien oder Spanien unbekannt.

Nicht ohne Grund hat daher die D-Mark, wie in Kapitel 3 gezeigt, gegenüber dem französischen Franc, der italienischen Lira oder der spanischen Pesete in ihrem kurzen Leben um das Vier- bis Sechsfache an Wert gewonnen.

Damit also der Euro genauso stabil würde wie die Deutsche Mark, ist in Artikel 123, Satz 1 des Vertrags über die Arbeitsweise der Europäischen Union auf Druck Deutschlands und gegen den Willen der aktuellen Krisenländer unmissverständlich Folgendes bestimmt:

> Überziehungs- oder andere Kreditfazilitäten bei der Europäischen Zentralbank oder den Zentralbanken der Mitgliedstaaten (im Folgenden als »nationale Zentralbanken« bezeichnet) für Organe, Einrichtungen oder sonstige Stellen der Union, Zentralregierungen, regionale oder lokale Gebietskörperschaften oder andere öffentlich-rechtliche Körperschaften, sonstige Einrichtungen des öffentlichen Rechts oder öffentliche Unternehmen der Mitgliedstaaten sind ebenso verboten wie der unmittelbare Erwerb von Schuldtiteln von diesen durch die Europäische Zentralbank oder die nationalen Zentralbanken.

Das ist so deutlich, wie Juristendeutsch nur deutlich werden kann: Zentrale, regionale oder lokale Gebietskörperschaften der Länder der Europäischen Union (also die zentralen, regionalen und lokalen Regierungen) erhalten bei der Zentralbank keinen Kredit. Denn durch solche Kredite würde die Zentralbankgeldmenge erhöht. Stattdessen müssen sie ihre Defizite durch Kreditaufnahme bei anderen Wirtschaftsteilnehmern decken. Damit wechseln nur die Besitzer des Zentralbankgeldes, die gesamte Geldmenge bleibt gleich und die Inflationsgefahr gebannt.

Aber wie so vieles, das offiziell in der Europäischen Union verboten ist, wird es inoffiziell dann doch getan. Das Schlupfloch ist das kleine Wort »unmittelbar«. Die Regierungen von Italien, Spanien oder Griechenland brauchen dringend Geld? Die Europäische Zentralbank darf ihnen keines geben und private Geldverleiher haben keine Lust? Dann verspricht die EZB, Staatsanleihen von konkursbedrohten Krisenländern in beliebiger Höhe aufzukaufen (konkret: so viel wie nötig – »whatever it will take« – um Staatsbankrotte zu verhindern. Eventuell nötige Abschreibungen auf diese Ramschanleihen gehen zulasten der EZB). Und schon öffnen private Geldverleiher wieder ihre Portemonnaies, leihen den Krisenstaaten Geld (d. h., decken sich direkt oder indirekt mit deren Staatspapieren ein) und laden dann diese Papiere bei der Europäischen Zentralbank ab. So hat die Europäische Zentralbank den klammen Staaten das Geld zwar nicht unmittelbar gegeben, aber ohne die Garantien der Europäischen Zentralbank hätten sie es auch von niemand anderem bekommen. Und über Umwege landen die Schulden dann trotzdem bei der Europäischen Zentralbank. Wenn das keine Staatsfinanzierung mit der Notenpresse ist, was denn sonst?

Diese Ankündigung unbegrenzter Aufkäufe von Staatspapieren bedrängter Länder geschah am 6. September 2012. Damit ließ die Europäische Zentralbank sozusagen endgültig die Maske fallen. Begonnen hatte sie diese monetäre Staatsfinanzierung schon mehr als zwei Jahre früher, im Mai 2010. Damals begründete die EZB das Aufkaufen von Staatsanleihen mit einem vermeintlichen Versagen der Märkte, die Banken liehen sich untereinander wie zu Zeiten der Lehman-Pleite kein Geld, deshalb müsste die Europäische Zentralbank ihnen mit Anleihekäufen frisches Geld verschaffen. Gute Gründe für diese monetäre Staatsfinanzierung zu finden ist nicht schwer. Auch die deutsche Reichsregierung im Jahr 1923 hatte gute Gründe.

Aber damals, im Frühjahr und Frühsommer 2010, hatten die Bedenken der Bundesbank noch etwas mehr Gewicht. Daher wurde beschlossen, einen neuen Rettungsschirm mit dem Namen ESM (»Europäischer Stabilitätsmechanismus«) zu gründen, der dann statt der EZB die Staatspapiere kaufen sollte. Damit hätte sich die EZB wieder um ihre eigentlichen Aufgaben kümmern können. Und während in den Parlamenten über diesen ESM beraten wurde, setzte die EZB tatsächlich ihre Käufe von Staatspapieren aus. »Die EZB ist nur hilfsweise eingesprungen, solange es den ESM noch nicht gab, danach hört die monetäre Staatsfinanzierung wieder auf. Also stimmen wir dem Mechanismus zu.« So sollten offensichtlich die gewählten Volksvertreter denken, und so dachten sie dann auch. Aber kaum war dann der ESM im Sommer 2012 ratifiziert (siehe Kapitel 1), machte die EZB genau da weiter, wo sie zwei Jahre zuvor aufgehört hatte.

Es erübrigt sich die Feststellung, dass diese Aufkäufe von Staatspapieren bedrohter Krisenländer natürlich an strikte Bedingungen und härteste Kontrollen geknüpft sein sollen. Doch was von strikten Bedingungen und härtesten Kontrollen zu halten ist, haben die ersten 15 Jahre des Euro ja hinreichend gezeigt. Ein Beispiel sind die Sicherheiten, gegen die die Europäische Zentralbank an Staaten oder Banken Geld verleiht. Die haben in den letzten Jahren stetig abgenommen:

– 15. Oktober 2008: Die Bonität der Pfänder wird von mindestens A- auf mindestens BB- gesenkt.

– 3. Mai 2010: Die Anforderung eines Mindestratings für griechische Staatspapiere wird völlig aufgegeben.

– 31. März 2011: Das Mindestrating für irische Staatspapiere wird völlig aufgegeben.

– 7. Juli 2011: Das Mindestrating für portugiesische Staatspapiere wird völlig aufgegeben.

– 8. Dezember 2011: Ab jetzt werden auch nicht handelbare sogenannte ABS-Papiere als Pfänder akzeptiert.

– 9. Februar 2012: Ab jetzt sind auch Unternehmenskredite als Pfänder erlaubt.

Aufgrund der letzten Entscheidung sollen inzwischen auch schon Kredite an spanische Fußballklubs, mit denen diese die exorbitanten Gehälter und Ablösesummen ihrer Spieler finanzieren, bei der Europäischen Zentralbank als Sicherheit hinterlegt worden sein. Und die Möglichkeit, dass diese Kredite ausfallen, ist nicht von der Hand zu weisen. So musste etwa zu Beginn des Jahres 2013 der spanische Staat mit 81 Millionen Euro die Pleite des FC Valencia abwenden. »Mit insgesamt 81 Millionen Euro springt die Generalität, die Regionalregierung, dem FC Valencia bei – in einer Zeit, in der Gehälter von Lehrern und Krankenschwestern gekürzt, die Sozialhilfe und Arbeitslosengeld zusammengestrichen werden«, schreibt die *Süddeutsche Zeitung* (»Pharaonengräber an der Costa Blanca«, 24. Januar 2013).

Insgesamt hat die Europäische Zentralbank auf diese Weise seit Krisenbeginn für mehr als 200 Milliarden Euro Staatsanleihen angekauft und damit indirekt die Budgetdefizite der Krisenländer finanziert. Das ist zwar kein Verstoß gegen den Buchstaben des Gesetzes, aber wenn es einen Verstoß gegen den Geist eines Gesetzes gibt, dann wohl hier: Die Europäische Zentralbank hat sich zum willigen Handlanger der Fiskalpolitik gemacht.

Ein aktueller Fall für dieses indirekte Aushebeln des Verbots der monetären Staatsfinanzierung sind die Hilfen der Europäischen Zentralbank für Irland, das jahrelang als Musterknabe der Eurozone galt. Und in gewisser Weise war es das ja auch. Durch Entbürokratisierung und Deregulierung der Arbeitsmärkte war Irland, der »keltische Tiger«, zehn Jahre lang das Wirtschaftswunderkind Europas, binnen weniger Jahre hat das BIP pro Kopf der Iren das der vormals reichen Deutschen ohne Mühe überholt. Bis dann die Bankenkrise kann. Die traf Irland besonders hart, weil man hier auch Dinge gründlicher als anderswo dereguliert hatte, die man besser reguliert gelassen hätte. Nirgendwo sonst in Europa, Spanien vielleicht ausgenommen, hatte billiges Baugeld eine derartige irrationale Immobilienblase erzeugt und nach deren Platzen ein derartiges Loch in den Staatshaushalt gerissen wie in diesem kurzzeitigen Wirtschaftswunderland.

Anfang des Jahres 2013 stand Irland mit Staatschulden von 120 Prozent des Sozialproduktes da. Wenige Jahre zuvor waren es unter 30 Prozent gewesen, das war damals in der Eurozone die niedrigste Quote überhaupt. Allein 30 Milliarden Euro kostete die

Rettung der als systemrelevant eingestuften Anglo Irish Bank. Zu diesem Zweck wurde eine kurzfristige, bereits da schon semilegale, marktwidrig geringverzinsliche Liquiditätshilfe der Europäischen Zentralbank gewährt. Um den Druck zum Abbau dieser Schulden abzumildern, hat die zum System der Europäischen Zentralbank gehörende irische Notenbank zusätzlich im Februar 2013 mit einem »abenteuerlichen Manöver« (so Holger Steltzner in der *Frankfurter Allgemeinen Zeitung*, 12.2.2013) den irischen Staat von einem großen Teil dieser Zinslasten befreit und kurzfristige Schuldscheine in langlaufende Anleihen umgetauscht, die erst ab dem Jahr 2038 fällig werden. Also im Klartext so gut wie nie. Und so lange bleibt dann auch der EZB-Kredit aus der Notenpresse erhalten, mit dem die notleidenden irischen Banken ausgestattet wurden. »Eigentlich wäre das Eingeständnis fällig gewesen, dass Irland seine Bankenlasten allein so nicht tragen kann und ein zweites Rettungspaket benötigt«, schreibt Holger Steltzner. »Aber das wollten die Euroretter wie Bundesfinanzminister Wolfgang Schäuble um jeden Preis vermeiden, um die Legende vom irischen Erfolg aufrechtzuerhalten.«

Der ehemalige EU-Zentralbanker Jürgen Stark hält schon die zur Vorbereitung vereinbarten Gespräche über einen Sanierungsbeitrag der Notenbank für fragwürdig. »Sollten ›Verhandlungen‹ zwischen der irischen Regierung und der Europäischen Zentralbank stattgefunden haben, wäre dies einerseits nicht überraschend, andererseits aber ein weiterer Beweis für das neue Verständnis der Europäischen Zentralbank im Krisenmanagement. Die Geschäftsgrundlage der Währungsunion und das Kernmandat der Europäischen Zentralbank treten weiter in den Hintergrund«, schreibt er in der *Welt*. »Eine unabhängige Zentralbank mit klarem Auftrag darf das Prinzip des Verbots der monetären Finanzierung nicht zum ›Verhandlungs‹-Gegenstand machen.«

Auch Bundesbankpräsident Jens Weidmann sieht den Schuldentausch in Irland gefährlich nahe an einer verbotenen monetären Staatsfinanzierung, dieser Schuldentausch sei ein rein haushaltspolitisches Manöver und ginge die Zentralbanken nichts an.

»Ich bin sehr besorgt«, sagt er dem Fernsehsender Bloomberg TV, »dass Geld- und Finanzpolitik zu stark vermischt werden und die Grenze zur monetären Staatsfinanzierung überschritten wird.« Vermutlich wird der Zentralbankrat der Europäischen Union diese Causa ausführlich beraten. Vermutlich wird Weidmann vorschlagen, dergleichen Handel für alle Zukunft auszuschließen. Und vermutlich wird er wie immer überstimmt.

Durch eine monetäre Staatsfinanzierung schafft die Europäische Zentralbank neues Geld. Das ist die conditio sine qua non für jede Inflation. Aber immerhin geschieht das noch bei Tageslicht. Und es gefährdet unser Geldvermögen vor allem auf lange Sicht. Viel aktueller, eher im Dunkeln und lange Zeit von der Öffentlichkeit wie auch von der Fachwelt nahezu unbemerkt findet aber eine zweite Attacke auf die Renten und Sparkonten der Überschussländer in der Eurozone statt. Diese Attacke hat mit dem grenzüberschreitenden Geldverkehr innerhalb der Eurozone zu tun und ist inzwischen als das sogenannte »Target-Problem« bekannt.

TARGET steht für »Trans-European Automated Realtime Gross Settlement Express Transfer System«; so heißt das Eurozonenspezifische Verrechnungssystem für den grenzüberschreitenden Geldverkehr. Experten nennen es gern auch TARGET2, denn vor der aktuellen Fassung war schon eine Vorgängerfassung in Betrieb. Dieses System kommt immer dann ins Spiel, wenn Wirtschaftsteilnehmer verschiedener Länder der Eurozone grenzüberschreitende Zahlungen über ihre jeweiligen nationalen Zentralbanken veranlassen. Angenommen, ein Autohändler in Athen kauft einen Daimler-Benz. Den bezahlt er bar, indem er den Kaufpreis von seinem Athener Girokonto auf ein Konto der Daimler-Benz AG in Stuttgart überweist. Überweisen heißt dabei konkret, dass dessen Bank in Athen der griechischen Notenbank Zentralbankgeld zurückgibt. Die bittet dann die Deutsche Bundesbank, an ihrer Stelle das Geld an die Bank von Daimler-Benz zu überweisen. Damit hat der Händler in Griechenland das Auto und die Daimler-Benz AG ihr Geld. Und im Umfang des Kaufpreises ist die Geldmenge in Griechenland gesunken und in Deutschland gestiegen.

Das funktioniert natürlich nur so lange, wie die Importeure ausreichend Zentralbankgeld auf ihren Konten besitzen. Dieses Geld kommt entweder durch Importe herein oder indem man sich die Mittel leiht. Und tatsächlich kam vor der Eurokrise immer wieder Nachschub von den Banken anderer Länder, die den Importeuren die nötigen Mittel liehen und damit den Überschuss der Importe über die Exporte sozusagen finanzierten. In Griechenland waren das übrigens vor allem französische Banken, aber die hatten sich das Geld wiederum von deutschen Banken und die wiederum von deutschen Sparern ausgeliehen. Aber diese Nachschubflüsse trockneten mit der Eurokrise aus, und damit hätten dann auch die Importüberschüsse der Südländer verschwinden müssen. Denn wenn die Südländer aus ihren eigenen Exporten nicht genug Geld erlösen, um ihre Importe zu bezahlen, und sie auch keine Kredite mehr erhalten, dann können die Importe nicht größer als die Exporte sein. Das war die zentrale Botschaft von Kapitel 7: Einen Importüberschuss gibt es nur bei gleichzeitigem Netto-Kapitalimport, und zwar logisch notwendigerweise, denn die beiden Größen sind zwei Seiten ein und derselben Medaille: Das eine ist ohne das andere nicht zu haben.

Aber die Südländer kauften trotz Krise weiter ihre Autos wie gehabt. Seit dem Beginn der Krise haben die Leistungsbilanzdefizite von Portugal, Italien, Spanien und Griechenland nur unzureichend abgenommen, insbesondere wird in aller Regel weiter mehr importiert als exportiert. Das ist das Werk des Zauberlehrlings TARGET2. Der griechische Importeur leiht sich das Geld nicht mehr im Ausland, sondern – über seine Hausbank in Athen – von der griechischen Nationalbank. Und diese schafft es quasi aus dem Nichts, sie druckt es einfach neu.

Hier hilft eine kleine Rückbesinnung auf Kapitel 2 und auf die Frage, wie Geld überhaupt entsteht. Es entsteht heutzutage dadurch, dass die Institution, die die Macht über die Geldschöpfung besitzt, in diesem Fall also das Europäische Zentralbank-system, einem Kunden sagt: Ich räume dir ein Konto von x Euro ein. Damit wird die sogenannte Geldbasis alias Zentralbankgeld-menge mit einem Federstrich um x Euro größer. Der Kunde kann damit Rechnungen begleichen, Schulden tilgen, Wertpapiere kaufen, sich, wenn er möchte, das Geld auch in Form von Euronoten auszahlen lassen – auf jeden Fall sind vorher nicht vorhandene x Euro jetzt auf einmal da.

Genau das macht derzeit die griechische Nationalbank in Athen: Sie räumt einer griechischen Geschäftsbank einen Kredit von x Euro ein. Das funktioniert soweit noch ohne TARGET2 und EZB. Die kommen erst dann ins Spiel, wenn in Griechenland tätige Wirtschaftsteilnehmer dieses neu geschaffene Geld benutzen, um damit im Ausland einzukaufen. Bleiben wir einmal bei unserem Autohändler in Athen. Auf seine Veranlassung hat die griechische Nationalbank 100 000 Euro aus dem Nichts erzeugt. Diese bittet nun die Zentrale der Europäischen Zentralbank in Frankfurt, der Deutschen Bundesbank diese 100 000 Euro zwecks Weiterleitung an die Bank von Daimler-Benz in Stuttgart gut-zuschreiben. Genau für diese Buchungsvorgänge gibt es ja das TARGET2-System. Als Endresultat hat die griechische National-bank bei der EZB eine Target-Verbindlichkeit und die Deutsche Bundesbank eine Target-Forderung von je 100 000 Euro.

Experten wissen natürlich, dass dergleichen Target-Forderun-gen und -Verbindlichkeiten auch noch durch andere Vorgänge als Importe und Exporte von Gütern entstehen. Zum Beispiel kann daran auch die Kapitalflucht aus den Südländern beteiligt sein. Die wiederum kann sich darin äußern, dass Banken aus den Nordländern ihre an Wirtschaftsteilnehmer der Südländer verge-benen Kredite – so wie in den letzten Jahren ganz massiv gesche-hen – nicht verlängern, hier fließt das ausländische Kapital zurück nach Hause, oder dass Wirtschaftsteilnehmer der Südländer ihr Bargeld in den Norden transferieren. Hier fließt das inländische Kapital ins Ausland. Aber am Grundprinzip ändert das nichts: Mit dem Geld aus der elektronischen Notenpresse, das die EZB zur

Verfügung stellt, kaufen sich die Südländer eben keine Waren, sie kaufen ausgegebene Schuldscheine zurück, investieren in Aktien und Staatspapieren oder kaufen auch schon mal eine mittelständische Firma auf. In allen Fällen aber fließt den Konten der Wirtschaftsteilnehmer der Nordländer Bargeld zu. Und dieses Bargeld wird quasi frisch gedruckt.

Bisher hat diese wundersame Geldvermehrung noch keine Inflation erzeugt. Denn bisher haben die Banken der Nordländer das ihnen so zufließende Geld vor allem dazu benutzt, ihre eigenen Notenbankkredite zu tilgen oder sogar Geld an ihre Notenbanken zu verleihen. Damit wird aber spiegelbildlich die Geldmenge wieder reduziert: Im Süden wird das Geld gedruckt, im Norden geschreddert. Genauso, wie eine Zentralbank durch das Einräumen von Girokonten Geld erzeugt, verschwindet dieses Geld durch das Kündigen solcher Konten wieder aus der Welt, und solange dies funktioniert, bleibt zumindest die Inflationsgefahr gebannt.

Realwirtschaftlich geht aber der Nettofluss von Gütern von Nord nach Süd, zuvor von den privaten Kapitalmärkten finanziert, weiter wie gehabt. Aus ökonomischer Sicht werden hier Kredite von privat an privat durch Kredite von Notenbank an Notenbank ersetzt, die Deutsche Bundesbank hat der griechischen Nationalbank quasi die (elektronische) Notenpresse ausgeliehen. Und im Umfang der Nettoüberweisungen aus dem Süden hat die Deutsche Bundesbank inzwischen mehrere hundert Milliarden Euro Target-Forderungen aufgebaut.

Im Verbund der Europäischen Zentralbank gleichen sich die Target-Buchungen immer aus. Und bis zum Ausbruch der Krise haben sie sich auch für jedes einzelne Land der Eurozone ausgeglichen. Das ist vermutlich der Grund, warum jahrelang hier niemand richtig hingesehen hat und warum die Politik so unwirsch reagierte, als der Präsident des ifo Instituts im Frühjahr 2011 auf diese Zusammenhänge hinwies. Damals hatte Hans-Werner Sinn diese Vorgänge als Erster beschrieben und in mühsamer Kleinarbeit die in den Bilanzen der nationalen Notenbanken versteckten Zahlen zusammengetragen, begleitet von einem demonstrativen Desinteresse der Bundesregierung und sogar der Bundesbank. Aber mittlerweile ist diese Sinn'sche Sicht der Dinge weltweit anerkannt: Seit die Ratingagentur Moody's angekündigt hat, man könnte Deutschland die gewohnte Bestnote AAA entziehen, weil die hohen Target-Forderungen der Bundesbank eines Tages vielleicht einmal verfallen könnten, kann niemand mehr so tun, als wäre das alles nur Buchhaltergezänk.

Ohne die Möglichkeit der Südländer, die ihnen durch das EZB-System eingeräumt wird, sich bei Kreditwünschen im Bedarfsfall der Notenpresse zu bedienen, hätten die in Deutschland ansässigen Wirtschaftsteilnehmer jetzt einklagbare Forderungen gegen ihre ausländischen Schuldner in der Hand. Oder diese Forderungen wären gar nicht erst entstanden, weil die Ausländer ihre Importe mit Exporten hätten bezahlen müssen. Mit Target dagegen besitzt die Deutsche Bundesbank und damit indirekt die deutsche Volkswirtschaft als Ganzes nur eine niemals fällig zu stellende und potenziell wertlose Forderung gegen das System der Europäischen Zentralbank.

Der einzelne Bürger merkt das vorläufig nicht, er sieht ja nur sein Sparguthaben bei der Bank. Aber diese Bank hat einen wachsenden Teil dieses Geldes nicht in Form von marktfähigen Vermögenstiteln, sondern bei der Bundesbank investiert, die selbst wiederum nur Buchforderungen gegenüber dem Zentralbanksystem besitzt, und diese Forderungen könnten eines Tages, sollte der Euro nicht mehr existieren, wertlos sein.

Allenfalls durch die historisch niedrigen Zinsen auf ihre Guthaben sind die Sparer bereits jetzt an der Eurokrise finanziell direkt beteiligt. Denn die EZB macht mit ihren hoch subventionierten Niedrigzinsen das Geldverleihen für private Banken unattraktiv, und die können damit auch ihren eigenen Kunden nichts mehr bieten. Aber die potenziellen Verluste bei einem möglichen Untergang des Euro wiegen weitaus schwerer. Ein privater Kredit eines deutschen Autobauers an einen griechischen Autohändler bleibt einklagbar, ob der Euro weiterhin existiert oder nicht. Aber die Target-Forderungen der Bundesbank sind dann (fast) ersatzlos

Tabelle 13 Target-Forderungen (+) und -Verbindlichkeiten (–)
ausgewählter nationaler Notenbanken (Jahresendbestände in Mrd. Euro).

	Deutschland	Niederlande	Italien	Spanien	Griechenland
2005	+ 30	– 1	+ 8	+ 17	– 6
2006	+ 5	+ 10	+ 23	+ 30	– 7
2007	+ 71	– 22	+ 36	– 3	– 10
2008	+ 116	– 19	+ 23	– 35	– 34
2009	+ 178	+ 15	+ 55	– 41	– 48
2010	+ 326	+ 41	+ 4	– 51	– 68
2011	+ 463	+ 153	– 191	– 175	– 103
2012	+ 655	+ 121	– 251	– 337	– 97

Quelle: *http://www.cesifo-group.de/ifoHome/policy/Haftungspegel.html*

weg. Die Bundesbank hätte natürlich gewisse Ansprüche an die
Konkursmasse, aber die reichen niemals aus, um die aufgelaufenen gigantischen Target-Forderungen zu bedienen. Tabelle 13
zeigt, zu welchen Größen sich diese in den letzten Jahren aufge-
schaukelt haben.

Wie die Tabelle 13 vor Augen führt, war bis Ende 2007 die europäische Target-Welt noch halbwegs in Ordnung. Angesichts der
Summen, die ansonsten in diesem Buch vorkommen, erscheinen
71 Milliarden Euro noch überschaubar, selbst das aktuelle Krisenland Italien hatte noch einen Target-Überschuss von 36 Milliarden
Euro. Aber dann geriet das System aus den Fugen, die Target-Forderungen und Target-Verbindlichkeiten explodierten geradezu,
mit Überschüssen auch in den Niederlanden und – in obiger Tabelle nicht eingetragen – in Finnland und Luxemburg. Pro Kopf
gerechnet, übersteigen die Luxemburger Target-Forderungen die
deutschen sogar um mehr als das Zehnfache.

Im Gleichschritt mit den Forderungen der einen explodierten
die Verbindlichkeiten der aktuellen Krisenländer auf der anderen
Seite. Speziell Italien und Spanien scheinen ihre Leistungsbilanz-

defizite und Kapitalexporte seit drei Jahren vor allem über die Gelddruckmaschine in Frankfurt zu finanzieren.

Seit der Ankündigung unbegrenzter Aufkäufe von Staatsanleihen durch die EZB vom September 2012 gehen die deutschen Target-Forderungen wieder leicht zurück. Aktuell (April 2013) halten sie bei 588 Milliarden Euro. In Deutschland tätige Wirtschaftsteilnehmer kaufen wieder Anleihen der Südländer und überweisen dafür Geld. Aber damit bekämpfen sie in gewisser Weise den Teufel mit dem Beelzebub. Denn auch diese Anleihen könnten eines Tages, wenn das Grundübel der Eurozone, die fehlende Wettbewerbs- und damit Schuldentilgungsfähigkeit der Südländer, nicht behoben wird, eines Tages wertlos sein.

Auf keinen Fall in Sicht ist eine Rückführung der deutschen Target-Salden auf den Normalwert null. Auch wenn die gewaltige Zahl von 655 Milliarden Euro in der Tabelle unten links nicht mehr so stark wie in den letzten Jahren steigen oder sogar leicht zurückgehen sollte – sie bleibt der große Klotz am Bein der deutschen Europapolitik. Denn nur mit dem Euro behält sie ihren Wert (bzw. beschränkt sich der Wertverlust auf die langsame Erosion durch die übliche Geldentwertung). Sollte die Eurozone zerbrechen, ist dieses Geld zu einem großen Teil unwiederbringlich weg. Mit anderen Worten, die deutsche Politik hat sich in höchstem Maße erpressbar gemacht: Entweder ihr sorgt dafür (im Klartext: bezahlt dafür), dass die Eurozone erhalten bleibt, oder ...

In der europäischen Geldpolitik wedelt der Schwanz in Zukunft mit dem Hund: Die vormals so mächtige Deutsche Bundesbank und die deutsche Europapolitik können in Zukunft fast nicht mehr anders, als zu allen Abenteuern Ja zu sagen.

Ergänzende Literatur

Zu den Gefahren der monetären Staatsfinanzierung siehe Christian Fahrholz: »Monetäre Staatsfinanzierung und europäische

Geld(un)ordnung«, *Working Papers on Global Financial Markets* 38, Universität Jena, Oktober 2012 oder Roland Vaubel: »Weshalb die Anleihekäufe der EZB nicht geldpolitisch begründet sind«, http://oekonomenstimme.org/a/430/.

Das Standardwerk zu Target-Salden ist natürlich Hans-Werner Sinn: *Die Target-Falle*, München 2012 (Hanser Verlag). Eine lesenswerte und didaktisch vorbildliche Einführung in die Problematik liefert auch Stefan Homburg: »Anmerkungen zum Target2-Streit«, *ifo Schnelldienst* 16/2011. Und dass die in letzter Zeit leicht zurückgehenden Target-Salden kein Zeichen der Stabilisierung sind, zeigt Frank Westermann in http://oekonomenstimme. org/a/482/. Und den tagesaktuellen Target-Saldo der deutschen Bundesbank erfährt man hier: http://www.bundesbank.de/Navigation/DE/Kerngeschaeftsfelder/Unbarer_Zahlungsverkehr/TARGET2/TARGET2_Saldo/target2_saldo.html

ELF

DAS GROSSE
MISSVERSTÄNDNIS

Die wahren Motive
der deutschen Europhorie

Jetzt müssen sie zahlen

Die französische Tageszeitung *Le Figaro*
zu den Maastrichter Verträgen 1992

Die ersten Jahre des Euro haben unter anderem gezeigt: Mit dem Euro und mit Europa verbinden verschiedene Länder verschiedene Dinge. Manche, vor allem in den nördlichen Ländern der EU, sehen die gemeinsame Währung als Friedensstifter, als Garanten einer goldenen gemeinsamen Zukunft: »Der Euro ist ein neues Instrument zur Schaffung von Frieden und Stabilität«, so der luxemburgische Premierminister und Ex-Vorsitzende der Eurogruppe Jean-Claude Juncker. »Wer an Europa zweifelt, wer an Europa verzweifelt, der sollte Soldatenfriedhöfe besuchen«, sagte er in einer Gedenkrede zum Volkstrauertag im Deutschen Bundestag. »Nirgendwo besser, nirgendwo eindringlicher, nirgendwo bewegender ist zu spüren, was das europäische Gegeneinander an Schlimmstem bewirken kann. Das Nicht-Zusammenleben-Wollen und das Nicht-Zusammenleben-Können haben im 20. Jahrhundert 80 Millionen Menschen das Leben gekostet. Jede Stunde des Zweiten Weltkrieges hat 1045 Tote gebracht.«

Nicht ohne Grund hat daher das Norwegische Nobelkomitee entschieden, den Friedensnobelpreis 2012 an die Europäische Union (EU) zu vergeben. »Die Union und ihre Vorgänger haben über sechs Jahrzehnte zur Förderung von Frieden und Versöhnung beigetragen«, heißt es in der Begründung. »Über 70 Jahre hatten Deutschland und Frankreich drei Kriege ausgefochten. Heute ist Krieg zwischen Deutschland und Frankreich undenkbar. Das zeigt, wie historische Feinde durch gut ausgerichtete Anstrengungen und den Aufbau gegenseitigen Vertrauens enge Partner werden können.«

Zu den »engen Partnern« weiter unten mehr. Hier in diesem Buch interessiert vor allem, dass man in Deutschland den Euro – zumindest offiziell – als Verstärker, als Katalysator, als »Kohäsionskitt« zur Verfolgung dieses Friedenszieles sieht. »Der Euro stärkt die europäische Union als Garanten für Frieden und Freiheit«, begründete Helmut Kohl den Euro am 23. April 1998 im Deutschen Bundestag. »Von der heutigen Entscheidung – ich meine das nicht pathetisch – hängt es wesentlich ab, ob künftige Generationen in Deutschland und in Europa in Frieden und Freiheit, in sozialer Stabilität und Wohlstand leben können.« Und zumindest nach außen war er dermaßen von dieser These überzeugt, dass er hinzufügte, er sei »ganz sicher …, dass diejenigen, die heute Nein zum Euro sagen, schon in wenigen Jahren leugnen werden, dass sie je eine solche Meinung vertreten haben.«

Ähnlich zehn Jahre später der deutsche EU-Kommissar Günther Oettinger: »Die Währung ist auch ein Garant für Frieden. Es geht nicht nur um Haftung, es geht auch um die Friedensordnung. Die Europäische Union insgesamt und ihre Währung sind zwei Garanten für dauerhaften Frieden, für Partnerschaft und Freundschaft.«

Heute steht vor allem Bundeskanzlerin Angela Merkel an erster Stelle, wenn es zu erklären gilt, bei der Euro-Rettung gehe es »um etwas Großes«, um die »Friedensidee Europas«. Das werde leicht vergessen, »wenn nur von Krisenmechanismus, Stimmrechten, Verträgen, Stabilitätskultur, Rettungsschirmen, IWF, Währung, EZB und vielem mehr die Rede ist«.

Aber seit wann hätte eine gemeinsame Währung die Menschen abgehalten, sich gegenseitig abzuschlachten? Der verlustreichste Krieg auf amerikanischem Boden, der Bürgerkrieg von 1861 bis 1865, fand zwischen Menschen statt, die mit dem gleichen Geld bezahlten. Ganz allgemein gehören Bürgerkriege oft zu den grausamsten. Auch das größte Gemetzel in Europa nach dem Zweiten Weltkrieg, in den Neunzigerjahren in Jugoslawien, wurde durch die gemeinsame Währung eher angefeuert. Und genauso wenig hat der gemeinsame Rubel das Auseinanderfallen des Vielvölkerstaates Sowjetunion verhindert. Vielleicht sollte Frau Merkel, bevor sie das nächste Mal den Euro als großen Friedensstifter zu preisen anfängt, einen kleinen Nachhilfekurs in moderner Zeitgeschichte nehmen? Dieses Gerede kann man nur als Wunschdenken verstehen, es zeugt vor allem davon, dass gewisse Meinungsmacher die historischen Tatsachen nicht kennen oder die Menschen für dumm verkaufen wollen.

Und in der Tat sind die wahren Motive für die deutsche Europhorie natürlich andere. Der Euro hat in der deutschen Politik vor allem deshalb eine starke Lobby, weil man ihn als Motor einer funktionierenden europäischen Gemeinschaft sieht oder besser gesagt: fast schon verzweifelt als solchen sehen will. Nach dem Schiffbruch der ursprünglichen Doktrin der deutschen Europapolitik – gemeinsame Währung erst *nach* politischer Union – ist man nun ganz offensichtlich auf Teufel komm heraus bestrebt, aus dieser vermeintlich zweitbesten Lösung herauszuholen, was herauszuholen ist. Vielleicht hat ja der eine oder andere verantwortliche Politiker dabei den 1834 begründeten Deutschen Zollverein im Hinterkopf, eine der Grundlagen für die Reichsgründung von 1871. So ähnlich könnten dann auch die »Vereinigten Staaten von Europa« entstehen – die Wirtschafts- und Währungsunion als Grundlage für die politische Union, der Euro als ein weiterer Schritt in ein vereintes Europa, unter dessen Schirm dann auch deutsche Politiker wieder gleichberechtigt mit Amerikanern, Russen und Chinesen in der Lage wären, die Geschicke dieses Planeten zu bestimmen. »Wenn die Wirtschaft verschmilzt, verschmilzt irgendwann auch die Politik«, hatte vor hundert Jahren schon Walter Rathenau gesagt, und diese Theorie scheint auch handlungsleitend für die aktuelle deutsche Europapolitik zu sein.

Für viele Menschen im Süden Europas war und ist der Euro dagegen – oder vielleicht sogar in erster Linie – ein Vehikel, um sich endlich einen Mercedes leisten zu können. Zumindest hat man solche Stimmen wie oben in Athen oder Lissabon kaum je gehört. »Der Grieche war heiß auf den Euro«, bekannte der griechische Sänger Costa Cordalis in *Menschen bei Maischberger* (Sendung vom 28. Februar 2012). »Er wollte einmal im Leben ein schönes deutsches Auto besitzen.«

Diese Sollbruchstelle lag von Beginn an klar zutage. Wann immer in den zahlreichen Verhandlungen der zahlreichen Gremien der EU von Haushaltsdisziplin, von Sparen und ausgeglichenen Staatshaushalten die Rede war, kamen die Bedenken stets aus der gleichen Ecke. Und wenn gespart wird, dann nicht, weil man will, sondern weil man muss. Er halte den von Deutschland durchgedrückten Stabilitäts- und Wachstumspakt für »dumm«, bekannte ganz offen Romano Prodi, der italienische Vorsitzende der Europäischen Kommission, und auch die französischen Verantwortlichen stellten mehrfach laut und deutlich klar, dass sie sich im Ernstfall nicht daran zu halten gedächten (so nachzulesen bei Philip Bagus: *Die Tragödie des Euro*, S. 48). Und das konkrete Procedere lässt dafür auch ausreichend Raum, der zuständige »Rat für Wirtschaft und Finanzen« (EcoFin) ist fest in südeuropäischer Hand. Die Folge: Bis heute hat kein einziges Eurozonenland für fiskalische Verfehlungen bezahlen müssen.

Nach dem Motto »Das Geld, das ich nicht habe, wird gedruckt«, hatten die Regierungen in Spanien, Frankreich, Italien, Griechenland und Portugal Jahrzehnte gut gelebt, und solche Gewohnheiten gibt man nur unter großen Schmerzen auf. Für einige Länder war die Eurozone daher von Anfang an als künftige Transferunion gedacht, als eine Gemeinschaft, in der wie zwischen den deutschen Bundesländern der Starke dem Schwachen unter die Arme greift (oder, um es weniger freundlich auszudrücken: Ein Teil Europas kann sich auf Kosten des anderen das Leben gemütlich machen). Schon im Werner-Plan unseligen Angedenkens waren fünf bis sieben Prozent des Bruttoinlandsprodukts der teilnehmenden Länder für Transfers zwischen den Mitgliedstaaten vorgesehen. Offen ausgesprochen wurde das natürlich nicht, da wären ja die Nordländer hellhörig geworden, aber geplant war das von den späteren Profiteuren mit großer Wahrscheinlichkeit von Anfang an.

Eine politische Union als Kehrseite dieser Transferunion scheint dagegen außerhalb Deutschlands kaum Freunde zu besitzen. Speziell den politisch tonangebenden Kreisen in Frankreich scheint ein wahrhaft vereintes Europa wenig wünschenswert, es wird vielmehr aktiv und vehement bekämpft: »Ich werde nicht akzeptieren, dass Europa sich in einen Superstaat verwandelt oder dass es seine Institutionen nach denen der Vereinigten Staaten formt«, erklärte der damalige französische Präsident Jacques Chirac bei der Einführung des Euro sehr bestimmt. Und seine Nachfolger denken offen oder heimlich ebenso, mit Frankreich ist ein wahrhaft vereintes Europa bis auf Weiteres vermutlich nicht zu haben. Als Finanzminister Waigel in den Neunzigerjahren den Stabilitäts- und Wachstumspakt zum Schutz des Euro propagierte, inklusive der darin notwendigerweise enthaltenen Übertragungen nationaler Hoheitsrechte auf übernationale Instanzen, wer war am deutlichsten dagegen? Und als zehn Jahre später Angela Merkel versuchte, den Europäischen Rettungsschirm durch den sogenannten Fiskalpakt gegen Missbrauch abzusichern, wer legte ihr da die meisten Steine in den Weg? Und versuchte, die ohnehin schon abgeschwächten Sanktionsmechanismen weiter abzuschwächen? Während des letzten französischen Präsidentenwahlkampfs hatte der spätere Wahlsieger Hollande versprochen, er werde den Fiskalpakt neu verhandeln und eine Ratifizierung in der damaligen Form ablehnen (während natürlich die Ratifizierung des parallelen EWS-Vertrags mit all seinen Möglichkeiten, den anderen EU-Ländern Geld abzunehmen, in Frankreich wenig Widerstände fand).

Inzwischen hat sich die französische Regierung zwar zu einer Ratifizierung durchgerungen, aber anders als Deutschland diese Regeln nicht in die Verfassung übernommen. Das kann man auch so lesen, dass man nicht gedenkt, sich im Ernstfall auch an diese Regeln zu halten.

Damit sind wir bei dem wichtigsten Grund, warum der Euro zu einem derartigen Desaster geworden ist: Für die politische Klasse in Frankreich war er in erster Linie ein Vehikel, um die verhasste D-Mark loszuwerden. Nichts hat die Franzosen in den Vor-Euro-Zeiten mehr beschämt und ihre nationale Selbsteinschätzung mehr gekränkt als die dauernden Abwertungen ihrer Währung gegenüber der Deutschen Mark. Und dass die französische Zentralbank als Befehlsempfänger der Deutschen Bundesbank betrachtet wurde (was sie in gewisser Weise ja auch war). Das ist für unsere Chauvinisten-Weltmeister westlich des Rheins ganz schwer zu ertragen.

Nicht ohne Grund waren es daher immer wieder französische Politiker und ihre Verbündeten, die die Idee einer gemeinsamen europäischen Währung auf die Tagesordnung brachten oder weitertrieben. Das begann mit dem sogenannten Werner-Plan von 1970, benannt nach dem luxemburgischen Ministerpräsidenten Pierre Werner, der entgegen den deutschen Vorstellungen eine Währungsunion als Vorstufe einer politischen Union vorsah (und nicht, wie damals die Deutschen, umgekehrt). Es folgte im Jahr 1979 das europäische Währungssystem EWS, ein geistiges Kind des französischen Präsidenten Giscard d'Estaing. Zwar war auch Bundeskanzler Helmut Schmidt an der Geburt beteiligt, aber anders als d'Estaing hätte er ein Ende der D-Mark ohne Gegenleistung niemals zugelassen. Dann kam im Jahr 1988 der unter Leitung des EG-Kommissionspräsidenten Jacques Delors verfasste sogenannte »Delors-Bericht«, den man als Blaupause für den späteren Euro lesen kann, der aber wegen der Weigerung der Deutschen, ihre D-Mark ohne spürbare Bewegung in Richtung eines politisch vereinten Europa aufzugeben, nur wenig von der Stelle kam.

Als dann aber im November 1989 die Berliner Mauer fiel, sah Frankreichs Präsident Mitterrand seine Stunde gekommen. Zwar musste er bald erkennen, dass die gemeinsam mit Margaret Thatcher betriebene Obstruktion der Wiedervereinigung an der positiven Einstellung der USA und deren Präsidenten Bush zu scheitern drohte, aber dafür entdeckte er die Deutsche Mark als Pfand. Auch wenn die damals beteiligten deutschen Politiker dies vehement bestreiten – die Tatsache, dass die deutsche Wiedervereinigung nur auf Kosten der D-Mark zu bekommen war, ist wohl heute nicht mehr zu bezweifeln.

Der Euro sei »nichts anderes als der Preis für die Wiedervereinigung« konstatierte ganz nüchtern Richard von Weizsäcker, der damalige Bundespräsident (*Die Woche*, 19. September 1997), er sei das Opfer, das Deutschland für die Zukunft Europas bringen müsse (Bagus: *Die Tragödie des Euro*, S. 69). Und dieses Opfer war der deutschen Politik durchaus bewusst. Man hätte zwar die D-Mark vielleicht eines Tages aufgegeben, aber nicht ohne europapolitische Gegenleistung, erst am Ende eines politischen Vereinigungsprozesses, der diesen Namen auch verdient, sozusagen als Krönung, aber nicht als Vorleistung, als ungedeckten Scheck. Denn nur so waren den widerspenstigen Franzosen Zugeständnisse auf dem dornigen Weg in diese Richtung zu entlocken. Noch in seiner Regierungserklärung zum Gipfeltreffen der Staats- und Regierungschefs der NATO in Rom im Jahr 1991 betonte Helmut Kohl: »Man kann dies nicht oft genug sagen: Die politische Union ist das unerlässliche Gegenstück zur Wirtschafts- und Währungsunion. Die jüngere Geschichte [...] lehrt uns, dass die Vorstellung, man könne eine Wirtschafts- und Währungsunion ohne politische Union auf Dauer erhalten, abwegig ist.«

Und Kohl sagte tatsächlich oft genug, »dass die Vorstellung, man könne eine Wirtschafts- und Währungsunion ohne politische Union auf Dauer erhalten, abwegig ist«. Ohne politische Union keine gemeinsame Währung. Punkt. Das war der Dreh- und Angelpunkt der deutschen Europapolitik. Nur für ein wahrhaft geeintes Europa geben wir Deutschen unsere starke D-Mark her.

Aber was Kohl als abwegig erachtete, trat dann ein. Denn jetzt hatte umgekehrt Frankreich ein Druckmittel in der Hand, um diese Reihenfolge umzukehren. Wie aus einem bislang geheimen Protokoll einer Unterredung Mitterrands mit dem damaligen Außenminister Hans-Dietrich Genscher deutlich hervorgeht, wollte Frankreich die Wiedervereinigung nur bei einem Entgegenkommen in der Währungsfrage unterstützen (siehe »Mitterrand forderte Euro als Gegenleistung für die Einheit«, *Spiegel Online*,

25.9.2010). »Deutschland kann nur dann auf die Wiedervereinigung hoffen, wenn es in einer starken Gemeinschaft steht«, sagte der französische Präsident. Und er ließ auch keinen Zweifel zu, wie diese Worte zu verstehen waren: »Mitterrand wollte keine Wiedervereinigung ohne einen Fortschritt bei der Europäischen Integration, und das einzige Terrain, das vorbereitet war, war die Währung«, sagte der frühere Mitterrand-Berater und spätere Außenminister Hubert Védrine in leichter Umdeutung der wahren Motive, die weniger in der Europäischen Integration als in der Abschaffung der D-Mark zu suchen waren. Oder wie es der frühere Bundesbank-Präsident Karl-Otto Pöhl noch deutlicher in Worte fasste: »Möglicherweise wäre die Europäische Währungsunion gar nicht zustande gekommen ohne deutsche Einheit.« Und so wurde dann in den Maastrichter Verträgen von 1992 der Weg zum Euro unwiderruflich abgesteckt.

Dass die Franzosen die Maastrichter Verträge genau als das auffassten, was sie wirklich sind, nämlich einen Sieg der französischen Politik über die Deutsche Bundesbank, dokumentierte Mitterrand in einer nicht für die Öffentlichkeit bestimmten Randbemerkung, da verglich er die Maastrichter Verträge mit dem notorischen Knebel-Vertrag von Versailles, er nannte sie gar ein »Super-Versailles«. So hat es der Leiter der Vertretung Bayerns bei der Europäischen Union wörtlich gehört (dokumentiert bei Hans-Werner Sinn: *Die Target-Falle*, S. 48). Und mit der Schlagzeile »Jetzt müssen sie zahlen« wiederholte der *Figaro* eine schon seinerzeit in Frankreich weithin kolportierte revanchistische Parole: »Die Gegner von Maastricht fürchten auch, dass die Einheitswährung und die Europäische Zentralbank die Überlegenheit der Mark und der Bundesbank festigen würden. Aber genau das Gegenteil ist der Fall. Wenn der Vertrag angewandt wird, muss Deutschland seine Geldmacht teilen, die es heute gebraucht und missbraucht, indem es sich die Wiedervereinigung vom Ausland bezahlen lässt. ›Deutschland wird zahlen‹, sagte man in den Zwanzigerjahren. Heute zahlt es: Maastricht, das ist der Versailler Vertrag ohne Krieg.«

Der Versailler Vertrag ohne Krieg. Es ist traurig, heute solche Töne zu vernehmen. Aber seit wann ist die Welt dadurch besser geworden, dass man die wahren Motive seiner Mitmenschen verkennt? Ein Teil dieser Rhetorik geht sicher auf das Konto des seinerzeitigen Referendums, in dem die Franzosen den Maastrichter Verträgen erst noch zustimmen sollten. Da musste man ihnen ja irgendwie die Vorteile des Ganzen nahebringen. Auch die einschlägigen Bemerkungen von Mitterrand waren wohl zunächst nur für den Hausgebrauch gedacht. Aber mehr als nur ein Gran Wahrheit bleibt: Wenn die Maastrichter Verträge der Deutschen Bundesbank das Rückgrat brachen, so war dieser Nebeneffekt zumindest nicht unerwünscht, vielleicht stand er sogar im Mittelpunkt, und damit ist auch eine weitere Ursache des aktuellen Euro-Desasters klar: Der Euro wurde unter falschen Prämissen mit den falschen Ländern zum falschen Zeitpunkt eingeführt, er kam viel zu früh.

Diese Einsicht ist inzwischen zu einem derartigen Gemeinplatz geworden, dass man sich fast scheut, sie aufzuschreiben. Damit wurde der Euro aber nicht, wie von der offiziellen deutschen Politik erhofft, zum Katalysator, sondern zum Spaltpilz einer wirklichen Europäischen Union. Wenn heute bei Besuchen deutscher Politiker in Griechenland Hakenkreuzflaggen geschwenkt und in Italien deutschenfeindliche Parolen verbreitet werden, so ist niemand anderer als der Euro daran schuld – statt die Europäer zu einen, scheint er eher Keile zwischen sie zu treiben. Nie zuvor seit dem Krieg war das Verhältnis der europäischen Staaten so angespannt wie heute.

An warnenden Stimmen hat es wahrhaftig nicht gefehlt. Eine besonders große »Allianz der Skeptiker« (so der Titel eines *Spiegel*-Artikels vom 8. September 1997) gab es von Anfang an in Deutschland. »Die Währungsunion ist ein großer Irrtum, ein abenteuerliches, waghalsiges und verfehltes Ziel, das Europa nicht eint, sondern spaltet«, warnte im Jahr 1995 Ralf Dahrendorf. Ähnlich auch der notorische Euroskeptiker Rudolf Augstein im *Spiegel*: »Wohl ist möglich, ja wahrscheinlich, dass eine Stabilitätsgemeinschaft nicht zustande kommt. Als Inflations- und Interventionsgemeinschaft könnte sie sich aber etablieren.« In der Politik waren es vor allem die Ministerpräsidenten bzw. Bürgermeister Gerhard Schröder, Kurt Biedenkopf, Edmund Stoiber und Henning Voscherau, die vor einer übereilten Einführung des Euro warnten, einer »kränkelnden Frühgeburt«, so Gerhard Schröder im Wahlkampf 1998. Der Euro dürfe erst dann beginnen, wenn alle beteiligten Länder ein Staatsdefizit von weniger als 3 Prozent erreicht hätten, assistierte Edmund Stoiber. Und würde dieses Ziel verfehlt, dann müsste der Euro eben warten. Und ähnlich sahen das auch Biedenkopf und Voscherau.

Diese Herren sind nicht als Freunde des Euro-Vorkämpfers Helmut Kohl bekannt. Insofern ist unklar, ob dieser Widerstand aus reiner Opposition oder besserer Einsicht geboren war. Diese bessere Einsicht war aber von Anfang an, und das fast unisono, in einer Wissenschaft vorhanden, nämlich bei den Ökonomen, denen man aktuell so gerne vorwirft, sie diagnostizierten Krisen vor allem hinterher. In diesem Fall haben es alle vorher schon gewusst. Eine große Mehrheit aller Wirtschaftswissenschaftler hielt, in den Worten des Nobelpreisträgers Paul Krugman, die seinerzeitige Einführung des Euro »für einen fatalen Schritt«. Die europäischen Eliten, so Krugman kürzlich im *Spiegel*, »waren derart begeistert von der Idee, ein starkes Symbol der Einheit zu schaffen, dass sie die Vorteile der gemeinsamen Währung übertrieben und alle Warnungen vor den Nachteilen in den Wind schlugen«.

Solche Warnungen vor den Nachteilen des Euro gab es massenhaft, und genauso massenhaft wurden sie von der tonangebenden Allianz von Politik und Medien europaweit ignoriert. In Amerika waren das vor allem Alan Greenspan, der Chef des dortigen Zentralbanksystems, der Nobelpreisträger Milton Friedman und der renommierte Harvard-Professor Martin Feldstein, die den Euro überhaupt für einen großen Fehler hielten. »Der

Euro wird kommen, aber er wird keinen Bestand haben«, sagte Greenspan in der *International Herald Tribune* vom 2. Mai 1997. »Euroland bricht in 5 bis 15 Jahren auseinander«, sagte Milton Friedman im Jahr 2002 in einem Interview mit dem Wirtschaftsmagazin *Capital*. »Die Mitgliedsländer reagieren zu unterschiedlich auf ökonomische Einflüsse von außen – deshalb ist etwa die für Irland richtige Geldpolitik der Europäischen Zentralbank für Deutschland völlig ungeeignet.« Und sein Kollege Feldstein hatte schon vier Jahre vorher in einem viel beachteten Aufsatz in der Zeitschrift *Economic Perspectives* all die Spannungen und Verteilungskämpfe vorausgesagt, die dann später tatsächlich eingetreten sind: »Der Euro wäre wirtschaftlich gesehen ein Klotz am Bein. Er würde zwar kleinere Vorteile beim Außenhandel und bei den Investitionen bringen, aber die zyklische Arbeitslosigkeit und möglicherweise auch die Inflation erhöhen, die strukturelle Arbeitslosigkeit zementieren und das Risiko des Protektionismus erhöhen.«

Wörtlich fast deckungsgleich äußerte sich auch der deutsche Ökonom Max Otte in einem Vortrag an der Boston University 1998. Der Euro wäre nichts als ein weitgehend hohles Symbol, er würde »gnadenlos« (»mercilessly«) die fehlende politische Integration Europas bloßstellen und nicht lange überleben (nachzulesen in »The Euro and the Future of the European Union«, Occasional Paper 1998/5). Ähnlich skeptisch auch Herbert Hax, der damalige Vorsitzende des Sachverständigenrats für die Begutachtung der gesamtwirtschaftlichen Entwicklung. Es werde immer klarer, zitiert ihn der *Spiegel*, dass die Einhaltung der vereinbarten Stabilitätskriterien und damit die Einhaltung des geplanten Euro-Starttermins nicht möglich seien: »Die frühe Festlegung war ein schwerer Fehler.« Und als die Wirtschaftsprofessoren Wim Kösters (Bochum), Manfred Neumann (Bonn), Renate Ohr (Hohenheim) und Roland Vaubel (Mannheim) im Februar 1998 einen weiteren Aufruf zum Innehalten formulierten, fanden sie 155 andere Wirtschafts-Professoren und -professorinnen als Mitunterzeichner, die das genauso sahen. Mit anderen Worten: Die große Mehrheitsmeinung der Fachwelt hat diesem Projekt in seiner damaligen Gestalt von Anfang an misstraut, und die wenigen bedingungslosen Unterstützer, die es damals unter Ökonomen gab, wollen davon heute nichts mehr wissen.

Da es, wie oben beklagt, in den letzten Jahren immer wieder Stimmen gab, Ökonomen wären als Ratgeber nutzlos, sie wüssten immer nur am Ende einer Krise, warum alles so gekommen sei, sei hier als Gegenbeweis auch dieser Aufruf, betitelt »Der Euro kommt zu früh«, in Gänze nochmals abgedruckt:

1. Zur Europäischen Integration gibt es keine Alternative. Die gemeinsame Währung wird dazugehören – jedenfalls für Kerneuropa. Aber der Euro kommt zu früh.

2. Die Konsolidierung der öffentlichen Haushalte hat Fortschritte gemacht. Jedoch ist sie nicht weit genug vorangetrieben worden, vor allem nicht in den großen Ländern wie Italien, Frankreich, aber auch Deutschland. Der Konsolidierungsprozess wurde zu spät und nur halbherzig begonnen. Trotz eines ungewöhnlich niedrigen Zinsniveaus und damit günstiger Zinsaufwendungen für die öffentlichen Haushalte und trotz zahlreicher Beispiele kreativer Buchführung ist es gerade den Kernländern nicht gelungen, die vereinbarte Defizitgrenze deutlich und nachhaltig zu unterschreiten. Auch ist die durchschnittliche Schuldenquote in der Europäischen Union seit 1991 nicht gesunken, sondern um 15 Prozentpunkte gestiegen. Sie liegt heute weit über dem Maastricht-Limit. Das widerspricht dem Geist des Vertrages.

3. Der Vertrag verlangt zu Recht Nachhaltigkeit der Konvergenz. Dafür wurde zwar der sogenannte »Stabilitätspakt« erfunden. Er kann jedoch dauerhafte Haushaltsdisziplin nicht gewährleisten. Seine Sanktionsdrohung ist allenfalls glaubwürdig, wenn nur ein einzelnes Land oder sehr wenige Länder betroffen sind. Da Sanktionen nicht automatisch eintreten, dürfte es aber kaum eine

qualifizierte Mehrheit für die Anwendung des Paktes geben, wenn eine größere Zahl von Ländern gleichzeitig die Defizitgrenze verletzt. Die Stabilität des Euro kann der Pakt daher nicht sichern.

4. Seit dem Maastricht-Jahr 1991 haben sich zudem die strukturellen Probleme in Europa verschärft. Die Arbeitslosigkeit ist weiter gestiegen. Gerade auch Deutschland und Frankreich – die Motoren der Europäischen Integration – sind nicht gut gerüstet für den verstärkten Strukturwandel und den härteren Wettbewerb in der Währungsunion. Der Euro löst das europäische Beschäftigungsproblem nicht. Da der Wechselkurs in einer Währungsunion nicht mehr als Anpassungsinstrument zur Verfügung steht, müssen die Arbeitsmärkte erheblich flexibler werden – in Deutschland, aber auch anderswo. Hier fehlt jedoch die klare Trendwende.

Wenn es nicht vor Beginn der Währungsunion dazu kommt, muss mit wirkungslosen Experimenten der Nachfragestimulierung und vor allem auch mit politischem Druck auf die Europäische Zentralbank gerechnet werden.

5. Die derzeitige wirtschaftliche Ausgangssituation ist daher denkbar ungeeignet für den Start der Währungsunion. Eine geregelte Verschiebung um einige Jahre – mit gemeinschaftlich vereinbarten Auflagen über zu erreichende weitere Konsolidierungsfortschritte – muss ernsthaft als politische Option in Betracht gezogen werden. Sie wäre keine politische Katastrophe und könnte von niemandem als Signal eines Ausstiegs aus dem Integrationsprozess gedeutet werden. Der dauerhafte Erfolg des Euro ist wichtiger als der Zeitpunkt seiner Einführung.

6. Eine geregelte Verschiebung wäre für kein Land ein Grund, in seinen Konsolidierungsanstrengungen nachzulassen. Denn damit würde es dokumentieren, dass es sich entweder das Ziel finanzpolitischer Disziplin nicht zu eigen macht oder gar nicht dazu in der Lage ist. Mit einem solchen Land die Währungsunion zu beginnen wäre ein Kardinalfehler.

7. Scheitert der Versuch, im Konsens eine geregelte Verschiebung zu erreichen, dann muss jedenfalls für eine unnachsichtige Prüfung der Konvergenz gesorgt werden. Dann darf nicht zum Tabu erklärt werden, dass die Währungsunion mit einer kleinen Gruppe von Ländern beginnt. Stattdessen müssen die Konvergenzkriterien auch im Sinne der Nachhaltigkeit so streng, wie möglich ausgelegt werden – so streng, wie es der Vertrag erlaubt. Wer die Konvergenzkriterien nicht ernst nimmt, untergräbt das Vertrauen in die faktische Unabhängigkeit der Europäischen Zentralbank und in die Stabilität des Euro. Die Erwartung eines von Anfang an schwachen Euro – nach innen wie nach außen – würde den Start der Währungsunion mit einer schweren Hypothek belasten.

Es folgt eine Liste mit 155 Unterzeichnern. Schon einige Jahre vorher hatte eine sich mit dieser zum Teil überlappende Gruppe von 60 Wirtschaftsprofessoren eine ähnliche Warnung vor dem Vertrag von Maastricht unterschrieben. Eine der Kernaussagen dieses Manifestes war: »Die ökonomisch schwächeren europäischen Partnerländer werden bei einer gemeinsamen Währung einem verstärkten Konkurrenzdruck ausgesetzt, wodurch sie aufgrund ihrer geringeren Produktivität und Wettbewerbsfähigkeit wachsende Arbeitslosigkeit erfahren werden. Hohe Transferzahlungen im Sinne eines Finanzausgleichs werden damit notwendig.«

Wenn das keine gute Prognose ist, was denn sonst? »Hohe Transferzahlungen im Sinne eines Finanzausgleichs werden damit notwendig.« Das war im Jahr 1992, und 20 Jahre später ist alles ganz genau so eingetreten.

Ergänzende Literatur

Zur These von dem Tauschgeschäft »Euro gegen deutsche Einheit« siehe auch den Artikel »Weg ohne Wiederkehr« im *Spiegel* 10/1998, S. 265–68, und Charles B. Blankart: »Euro –Preis der deutschen Einheit?« bei http://oekonomenstimme.org/a/458/. Einen Überblick über warnende Stimmen in Deutschland liefert der Artikel »Die Allianz der Skeptiker« im *Spiegel* 37/1997, S. 22–24. Das weiter oben zitierte, von Renate Ohr und Wolf Schäfer initiierte Manifest »Die währungspolitischen Beschlüsse von Maastricht: Eine Gefahr für Europa« wurde am 11. Juni 1992 in der *Frankfurter Allgemeinen Zeitung* und anderen Zeitungen publiziert. Das von W. Kösters, M. J. M. Neumann, R. Ohr und R. Vaubel verfasste spätere Manifest kam am 9. Februar 1998 in die Medien (*Frankfurter Allgemeine Zeitung, Financial Times*). Die Texte beider Manifeste finden sich auch in dem Aufsatz von J. Starbatty: »Sieben Jahre Währungsunion: Erwartungen und Realität«, in: R. Ohr (Hrsg.): *Europäische Union ohne Grenzen?*, Berlin 2007, S. 59 ff. Dass Bundeskanzler Kohl längst nicht so blauäugig in die Euro-Falle hineingetappt ist, wie viele glauben, ist etwa nachzulesen in *MMnews* vom 5. Mai 2012: »Kohl kannte Euro-Risiken«; http://www.mmnews.de/index.php/wirtschaft/9996-kohl-kannte-euro-risiken (Letzter Zugriff 21.12.2012). Und dass eine gemeinsame Währung weder eine notwendige noch eine hinreichende Bedingung für ein Leben in Frieden und Wohlstand ist, findet man dargelegt in dem Aufsatz »Euro und Europa: Frieden durch gemeinsame Währung« von Gérard Bökenkamp in der politischen Monatszeitschrift *eigentümlich frei* (http://ef-magazin.de/2011/01/07/2785-euro-und-europa-frieden-durch-gemeinsame-waehrung).

ZWÖLF

WIE ES WEITERGEHT

Ende mit Schrecken oder
Schrecken ohne Ende?
Auf der Suche nach
einer neuen Stabilität

**Mehr Europa muss heißen: mehr Verlässlichkeit.
Verlässlichkeit und Solidarität, sie stehen und
fallen miteinander.**

Joachim Gauck, Rede zu Europa, 22. Februar 2013

Vor jeder Therapie steht die Diagnose. Und die Diagnose der Euro-Krankheit ist nur allzu klar: Es ist die in den letzten 15 Jahren deutlich gesunkene Wettbewerbsfähigkeit vieler aktueller Krisenländer. Auch wenn Peer Steinbrück und viele andere Kritiker aus dem linken Lager ebenso beharrlich wie falsch die Krise der Eurozone als eine Krise der Banken und Finanzmärkte darzustellen suchen: Die Bankenkrise ist nur Garnitur. Grundsätzlich ist die gegenwärtige Krise keine Liquiditäts-, sondern eine Schuldenkrise. Mit der kurzfristigen Bereitstellung von Liquidität, so wie jetzt praktiziert, werden nur langfristig verantwortungslos weitere Schulden aufgebaut.

Also: Die Bankenkrise verschärft eine ohnehin schon angespannte Lage nochmals weiter, aber sie verursacht das Desaster nicht. Und sie ist vor allem temporär. Bankenkrisen kommen und gehen, aber ein Wettbewerbsdefizit bleibt (sofern nicht abgewertet wird). Und damit bleibt auch die Unfähigkeit zur Rückzahlung der Schulden. Um etwa auf dem Weltmarkt zu den gleichen Preisen anbieten zu können wie der Nachbar Türkei, müsste die griechische Volkswirtschaft um ein Drittel billiger werden. Und das ist im Verbund der Eurozone nur schwer zu erreichen. Aber solange die griechische Wirtschaft nicht um ein relatives Drittel billiger wird, ist kein Ende der Krise abzusehen. Diese wird – ganz im Gegenteil – durch das Herumdoktern an Symptomen nur verlängert und verstärkt und für die Kernländer der Eurozone noch sehr viel teurer, als sie bis jetzt bereits gewesen ist.

Der Schuldenberg wächst und wächst, die Wahrscheinlichkeit der Tilgung sinkt und sinkt, und eines Tages kommt der große Knall.

Die nächste Tabelle fasst einmal die nötigen Abwertungen einiger aktueller und potenzieller Krisenstaaten zusammen. Es fehlt Irland, das diese Abwertung schon weitgehend hinter sich hat. Die Zahlen kommen aus der volkswirtschaftlichen Abteilung der Investmentfirma Goldman Sachs. Dort war man der Frage nachgegangen, um wie viel gewisse Länder gegenüber dem Rest der Eurozone abwerten müssten, um so viel Überschuss in der

Tabelle 14 Ausgewählte, zur Wiederherstellung der Wettbewerbsfähigkeit
nötige Abwertungen in der Eurozone

Griechenland	30 Prozent
Portugal	35 Prozent
Spanien	20 Prozent
Italien	10–15 Prozent
Frankreich	20 Prozent

Quelle: *Goldman Sachs Global Economics*

Leistungsbilanz zu erwirtschaften, dass sie ihren Schuldendienst
langfristig zu leisten in der Lage sind.

Für viele überraschend wird auch das bisher in diesem Buch
weitgehend geschonte Frankreich hier als ökonomisch krank benannt. Dazu weiter unten mehr. Umgekehrt hält Goldman Sachs
Italien für ökonomisch vergleichsweise gesund. Und den größten
Abwertungsbedarf gibt es laut Goldman Sachs nicht in Griechenland, sondern in Portugal.

Die Studie wurde im März 2012 veröffentlicht. Leider hat sich
seitdem nichts Wesentliches getan. Allenfalls in Portugal scheint
man gewisse Lektionen gelernt zu haben. Dafür wird in Frankreich die Lage von Monat zu Monat schlimmer.

Den Grund für diesen Verlust der Wettbewerbsfähigkeit haben
die vergangenen Kapitel dargelegt: Durch billige Kredite wurde
in vielen Südländern ein ohnehin schon schlampiger, aufgeblähter und ineffizienter Staatsapparat noch schlampiger, aufgeblähter und ineffizienter, als er bis dato schon gewesen war. In alten
Hollywoodfilmen versprüht diese Schlamperei durchaus einen
gewissen Charme, aber darüber sollte man nicht vergessen, wie
teuer das alles ist. Speziell die Exzesse der griechischen Staatsver-
waltung wurden in Kapitel 5 ausführlich dokumentiert. Aber auch
in der Privatwirtschaft eilten die Lohnsteigerungen der Produktivität meist hinterher: Die ohnehin schon wettbewerbsfeindlichen,
an mittelalterliche Zünfte erinnernden Marktstrukturen vieler

Südländer verstärkten sogar noch ihren Würgegriff, das Rentenalter wurde abgesenkt, die Arbeitszeit verkürzt und das in großen Mengen aus dem Ausland einfließende Geld wurde nicht in eine bessere Infrastruktur, in pünktliche Eisenbahnen und moderne Fabriken, sondern in Wohnbeton und Luxusyachten investiert.

Das ist alles schön und gut und sei jedem auch gegönnt, wenn er oder sie es selbst bezahlt. Aber diese ganze Expansion geschah auf Pump. Und die Wurzel der Eurokrise wie auch der Schlüssel zu ihrem möglichen Ende, beides liegt in der einen Frage begründet: Ist das alles jemals zurückzuzahlen?

Der schnellste und historisch oft erprobte Weg heraus aus der derzeitigen Lage heißt: Abwertung. Auf diese Weise haben sich über Jahrhunderte die außenwirtschaftlichen Gleichgewichte unseres Planeten immer recht schnell wieder eingerenkt. Und ohne Euro wäre das die einfachste Sache der Welt: Die griechische Drachme wird billiger, damit wird weniger importiert und mehr exportiert, das Leistungsbilanzdefizit verschwindet, irgendwann sind vielleicht sogar die Exporte höher als die Importe und das Land könnte seine zuvor akkumulierten Schulden auf ehrliche Art und Weise zurückzahlen.

Auf diese Weise hat etwa der deutsche Nachbar Polen die Eurokrise der letzten Jahre ohne große Schäden überstanden. Denn Polen, seit 2004 Mitglied der EU, hat den Euro nicht. Während der dramatischsten Krisenphase, von Herbst 2008 bis Frühjahr 2009, wertete der polnische Złoty um 30 Prozent gegenüber dem Euro ab. Dadurch wurden polnische Güter auf dem Weltmarkt so preiswert und damit so begehrt, dass die polnischen Exporte um drei Prozentpunkte verglichen mit dem Bruttoinlandsprodukt zunahmen und die polnische Wirtschaft als einzige der EU im Krisenjahr 2009 nicht schrumpfte, sondern wuchs.

Genauso könnte auch die griechische Wirtschaft nach einer 30-prozentigen Abwertung leicht wieder wachsen. Aber mit dem

Euro funktioniert das nicht, beziehungsweise nur unter dramatischen Umständen, dazu gleich mehr. Also bleibt als Ausweg nur der griechische Austritt aus der Eurozone, eventuell garniert mit einem Staatsbankrott. Das wäre das Ende mit Schrecken. Oder die Wettbewerbsnachteile inklusive Staatsdefizite bleiben bestehen und Griechenland hängt auf ewig am Tropf der zahlenden EU. Das wäre der Schrecken ohne Ende. Oder es gelingt tatsächlich eine interne Abwertung inklusive Sanierung der Staatsfinanzen, also ein Angleichen des Preisniveaus an die Konkurrenz durch den Abbau zuvor ohne Gegenleistung aufgeblähter Löhne und Gehälter mit angeschlossener Exportpreisreduktion. Das wäre eine Genesung nach langer Krankheit. Und sozusagen als Sahnehäubchen kämen dann auch noch die großen Banken an die Kandare der ökonomischen Vernunft. Diese drei Möglichkeiten sehen wir uns zum Abschluss dieses Buches einmal genauer an.

Fangen wir mit dem Austritt aus der Eurozone an. Dergleichen ist in den EU-Verträgen eigentlich nicht vorgesehen. Dennoch hindert natürlich nichts die griechische Regierung und das griechische Parlament (oder irgendeine andere Regierung und irgendein anderes Parlament), einen solchen Austritt zu beschließen. Im Fall von Italien wird diese Option sogar von deutscher Regierungsseite ganz offiziell ins Spiel gebracht: Italien müsse sich entscheiden, ob es die Regeln der Eurozone einzuhalten gewillt sei, erklärte FDP-Fraktionschef und Spitzenkandidat Rainer Brüderle im Fernsehsender n-tv.»Und wenn sie das nicht wollen, müssen sie die Konsequenzen ziehen.«

Der Konkretheit halber betrachten wir das Austrittsszenario aber weiter am Beispiel Griechenland. Über Nacht würden hier zu einem bestimmten Kurs alle Preise und Sparguthaben wieder in Drachmen ausgezeichnet. Die Geldautomaten spucken wieder Drachmen aus, Löhne und Gehälter werden in Drachmen ausgezahlt, Bäcker, Metzger, Tankstellen und Wohnungsvermieter müssen als Entgelt für ihre Güter und Dienstleistungen wieder Drachmen akzeptieren – so wie in Deutschland am 22. Juni 1948 beim Wechsel von Reichsmark auf D-Mark vorgeführt (siehe Kapitel 3). Aber in der Praxis wäre das mit großen Schwierigkeiten verknüpft, weit größer als seinerzeit bei der Umstellung von Reichsmark auf D-Mark 1948. Zum Beispiel werden in Griechenland ansässige Wirtschaftsteilnehmer bei der leisesten Andeutung, dass dergleichen geschehen könnte, ihr Euroguthaben aus Griechenland in sichere Häfen umzuschichten suchen, wie kürzlich die Zyprioten in der Zypernkrise. Erste Anzeichen einer solchen Kapitalflucht auch aus anderen Ländern gibt es schon. Wenn man also hier nicht aufpasst, wäre binnen weniger Stunden das komplette griechische Bankensystem insolvent. Und noch viele andere praktische Hindernisse – Wo kommen die neuen Noten her? Was passiert mit den Auslandsschulden? Womit zahlen die Touristen? – stehen einer solchen Lösung entgegen. All diese Probleme gab es 1948 in Deutschland nicht.

Im Jahr 2011 hat der englische Lord David Wolfson einen mit 250 000 englischen Pfund dotierten Preis für die beste Antwort auf diese Fragen ausgeschrieben. Über 400 Vorschläge gingen ein, gewonnen hat eine Ökonomengruppe um den bekannten englischen Wirtschaftsjournalisten Roger Bootle. Zunächst und wenig überraschend sind nach Bootle alle Vorbereitungen zur Einführung der neuen Währung strikt geheim zu halten. Das war schon bei der Einführung der D-Mark 1948 so und ist immer nötig, wenn altes Geld durch neues zu ersetzen ist. Bis ausreichend viele neue Banknoten verfügbar sind, sind nach dem Vorschlag Bootles Euro-Noten weiterhin erlaubt. Der anfängliche Umtauschkurs – besonders wichtig bei den Schulden des Staates – ist deshalb 1:1. Aber natürlich wertet die neue Drachme auf den internationalen Devisenmärkten sofort um 30 bis 50 Prozent ab, die Importpreise würden steigen, es gäbe einige Jahre eine um fünf Extra-Prozentpunkte erhöhte Inflation. Die Regierung bedient ihre Staatsschulden mit Drachmen, die sie in beliebiger Menge selber drucken kann, juristisch gesehen wäre das ein Staatsbankrott. Aber um wenigstens einen Teil ihres Geldes wiederzusehen, drücken die Schuldnerstaaten wie üblich hier ein Auge zu, nach einer Schamfrist ist auch der Zugang zum internationalen Kapitalmarkt wieder frei. Die verbliebenen Euro-Staaten sehen sich einem aufgewerteten Euro gegenüber, das reduziert die Leistungsbilanzüberschüsse der Kernländer, und nach kurzer Zeit ist die Welt wieder im wirtschaftlichen Gleichgewicht.

Soweit Bootle. Dass dieses Szenario mit großen Vermögensverlusten für die Wirtschaftsteilnehmer anderer Länder verbunden wäre, mit Deutschland an erster Stelle, versteht sich fast von selbst. Oder sollte man vielleicht besser sagen: Die ohnehin bereits aufgelaufenen Verluste würden endlich offen auf den Tisch gelegt?

Dass davon einmal abgesehen dergleichen Währungsumstellungen in der Praxis durchaus funktionieren können, hat etwa die Tschechoslowakei gezeigt. Da wurde im Jahr 1993 das Land zweigeteilt, beide Teile mit eigener Währung, man hat einfach auf die existierenden Noten Stempel aufgedrückt. Auch das könnte für Griechenland ein Vorbild sein, man müsste noch nicht einmal neue Noten drucken.

Die Alternative zur externen wäre eine interne Abwertung. Alle Preise in den Krisenländern inklusive Löhne und Gehälter werden, verglichen mit den Nicht-Krisenländern, um 30 Prozent reduziert. Die Kaufkraft der Löhne und Gehälter bleibt gleich, von Importgütern abgesehen, alle inländischen Güter und Dienstleistungen kosten eben nur noch 70 Prozent des vorherigen Werts.

Eine solche interne Abwertung funktioniert aber leider nur auf dem Papier. Bei einer externen Abwertung ändert sich ein einziger Preis – derjenige der Währung. Bei einer internen Abwertung müssen sich Hunderttausende von Preisen ändern. Und das möglichst simultan und um den gleichen Relativbetrag. Selbst beim besten Willen aller Beteiligten wäre das ein hoffnungsloses Unterfangen. Und von diesem besten Willen sind die Krisenländer weit entfernt;

die Profiteure der aktuellen hohen Preise werden eine Reduktion nicht ohne Widerstand geschehen lassen. Außerdem ist natürlich doch eine Kaufkraftreduktion mit dieser Abwertung verbunden – ausländische Güter werden, wie schon bei einer externen Abwertung, teurer. Das ist ja auch der Zweck des Ganzen. Damit sind aber interne Abwertungen in einer Demokratie nur sehr schwer durchzusetzen. Wenn schon bei den bisherigen eher bescheidenen Versuchen in dieser Richtung in Athen Barrikaden errichtet und Banken angezündet werden, was soll bei ernsthaften Ansätzen dann alles noch geschehen? Selbst wenn man einem griechischen Staatsbediensteten, gewöhnt an seine 14 Monatsgehälter und Extraurlaub, sagt: »Du kommst wieder dahin zurück, wo du 2005 gewesen bist«, es wird vermutlich niemals funktionieren.

Dass es funktionieren kann, haben das Eurozonenland Estland und sein Nachbar Lettland vorgemacht. Auch hier sind Löhne und Gehälter vor der Krise weitaus stärker als in den Euro-Kernzonenländern angestiegen. Und beide Länder haben nach Ausbruch der Krise fast alle Löhne und Gehälter um rund 20 Prozent gesenkt. Das hat zwar einen massiven Rückgang des Inlandsproduktes nicht verhindert, aber dieser war nur temporär. Heute sind beide Länder wieder auf stabilem Wachstumskurs. Aber solch drakonische Maßnahmen scheinen nur möglich in eng gefügten gesellschaftlichen Zusammenhängen, wo man sich kennt – Estland hat 1,3 Millionen und Lettland 2 Millionen Einwohner – und wo sich der nötige Konsens damit leichter finden lässt. In den weit bevölkerungsreicheren Anrainerstaaten des Mittelmeeres, wo soziale Solidarität nicht ganz so groß geschrieben wird, erscheint dieser Ausweg eher illusorisch.

Wenn also die Preise in den Peripherieländern nicht fallen, dann müssen sie eben in den Kernländern steigen. Auf gut Deutsch heißt das: Inflation in Deutschland, Belgien, Österreich, Finnland, Luxemburg und den Niederlanden. Auch das kommt aus Sicht der Südländer einer internen Abwertung gleich, denn ein 30-prozentiger Preisvorsprung kann dadurch verschwinden, dass die eigenen Preise fallen, aber auch dadurch, dass die fremden Preise steigen. Vor allem angelsächsische Ökonomen, die keine Sparguthaben bei deutschen Banken unterhalten, schlagen gerne diesen Ausweg vor. Aber in den betroffenen Ländern selbst wird man dafür wenige Freunde finden. Und erst recht in Deutschland nicht. Im sechsten Kapitel dieses Buches wurde nacherzählt, wie mühsam es für die deutsche Wirtschaft gewesen ist, den Ruf als kranker Mann Europas loszuwerden. Diese rote Laterne tragen heute andere, und die sie tragen, sind im Wesentlichen selber daran schuld. Warum also eine Wirtschaft freiwillig und ohne ausreichende Gegenleistung hart erkämpfte Vorteile verschenken soll, wird wohl ewig ein Geheimnis amerikanischer Wirtschaftsnobelpreisträger bleiben.

Weitaus wahrscheinlicher als ein solches Ende mit Schrecken erscheint damit ein Schrecken ohne Ende: Die aktuellen Krisenländer bleiben in der Eurozone und versuchen eine interne Abwendung, schaffen es aber nicht, bekommen weitere Hilfen zugesagt, versagen wiederum, machen neue Anläufe, wiederum vergeblich, geloben nochmals Besserung, scheitern zum x-ten Mal, wechseln zwischenzeitlich auch mal die Regierung, jedes Mal garniert mit einem weiteren, aber jedes Mal auch schnell wieder verplemperten Vertrauensvorschuss, reklamieren danach neue Hilfe, und das ad infinitum, immer mit der subkutanen Drohung: Wenn ihr nicht helft, wird alles noch viel schlimmer, als es ohnehin schon ist. Und so zieht sich das Elend Jahr für Jahr dahin. Der Rettungsschirm wird weiter und weiter, die Verschuldung der Krisenländer bleibt, die Defizite im Außenhandel verschwinden nicht, die Exporte hinken, wenn auch vielleicht nicht so stark wie ehedem, den Importen weiter hinterher und die Differenz wird wie gehabt mit billigen Krediten der Europäischen Zentralbank, d. h. mit neu gedrucktem Geld gedeckt.

Das wäre dann endlich die von vielen Politikern südlich der Alpen und vielen ihrer Wähler heimlich gewünschte europäische

Transferunion. Die Südländer verbleiben am bequemen Tropf des europäischen Stabilitätsmechanismus und sind damit dauerhaft Klienten der Steuerzahler derjenigen Länder in der Eurozone, die mehr produzieren, als sie konsumieren. Wie im letzten Kapitel dargelegt, war das vermutlich für viele Politiker der Südländer von Anfang an das Ziel. Warum schließlich soll das, was in Italien seit 150 Jahren und in Deutschland seit 20 Jahren üblich ist, nämlich die dauerhafte und massive Subventionierung eines Landesteils durch den anderen, nicht auch über Ländergrenzen möglich sein? Seit der Wiedervereinigung haben die Wirtschaftsteilnehmer der alten Bundesländer zwischen einer und zwei Billionen Euro in die neuen Bundesländer transferiert, warum dann nicht auch nach Griechenland und Portugal? Mit den jährlich rund 100 Milliarden Euro, die derzeit in Deutschland als öffentliche und private Wirtschaftshilfe in die neuen Bundesländer fließen, könnte man die Außenhandelsdefizite der meisten Mittelmeerländer auf absehbare Zeit problemlos finanzieren.

Bei allem Geschick, das deutsche Politiker darin besitzen, ihren Wählern dergleichen Transfers als Wohltat zu verkaufen – hier scheint die Leidensfähigkeit der Wahlbürger erschöpft. Schon jetzt summieren sich die künftigen Kosten einer Weiter-wie-gehabt-Politik nach Berechnungen des Hamburger Wirtschaftsprofessors Dirk Meyer auf Summen zwischen 70 und 150 Milliarden Euro jährlich, in etwa so viel, wie den Westen der Republik auch die Wiedervereinigung kostet. Diese aktuellen Kosten setzen sich zusammen aus den zu erwartenden Wachstumseinbußen, einem Zinsanstieg aufgrund gestiegener Kreditrisiken, dem auf Deutschland entfallenden Anteil an künftigen EZB-Verlusten und dem monetär bewerteten Ausfallrisiko für die Kredite des europäischen Stabilitätsmechanismus. Die belaufen sich derzeit auf rund 500 Milliarden Euro, davon garantiert Deutschland 27 Prozent. Bei einem jährlichen Ausfallrisiko von 5 Prozent wären das erwartete Verluste von 7 Milliarden Euro (siehe Meyer, D.: *Euro-Krise: Austritt als Lösung*, Münster 2012, S. 99). Das sind die Kosten, die schon jetzt entstehen. Und bei einer Transferunion kämen nochmals etwa gleich hohe Dauerzahlungen an die Nehmerstaaten im Süden Europas dazu. Kann man das den deutschen Wählern noch guten Gewissens verkaufen?

Da diese also, in Deutschland wie in den übrigen Kernländern der Eurozone, diesen neuen Solidarzuschlag nur widerwillig oder gar nicht zahlen werden, verbleibt als Ausweg wiederum allein die Inflation. Diese Steuer muss von keinem Parlament beschlossen werden, zieht aber den Bürgern das Geld genauso aus der Tasche. Und die Europäische Zentralbank hat damit ja auch schon angefangen. Die zur Finanzierung der Hilfsmaßnahmen nötigen Gelder werden großteils nicht durch Steuern offen eingetrieben, sondern durch Drucken neuen Geldes hinterrücks und an allen Parlamenten vorbei aus dem Nichts erzeugt. Fast das gesamte derzeit in der Eurozone neu gedruckte Geld kommt aus den staatlichen Zentralbanken in Rom, Madrid, Athen und Lissabon. Das ist monetäre Staatsfinanzierung lupenreiner Art. Und solange Deutschland im Rat der Europäischen Zentralbank nur zwei von 23 Stimmen hat, wird das auch so weitergehen.

Als ein weiterer, wenn auch weniger wahrscheinlicher Ausgang der aktuellen Entwicklung lässt sich aber auch der folgende Zustand denken: In einer Kombination von interner Abwertung in den Krisenländern, mäßiger Inflation in den Kernländern, einer Rückbesinnung der Europäischen Zentralbank auf ihr Kerngeschäft der Preisstabilität, einer aus den Klauen der Interessengruppen befreiten lokalen Wirtschaft in Spanien, Frankreich und Italien, verbunden mit einem kräftigen Inkasso bei milliardenschweren Bankengläubigern und Steuerhinterziehern (und zwar einem echten Inkasso, keiner halbherzigen Placebo-Maßnahme wie in der Zypernkrise Ende März), aber auch der offenen Akzeptanz der beträchtlichen Vermögensverluste seitens der Kernländer der EU kann wieder ein langfristig tragbares Gleichgewicht entstehen. In diesem Umfeld könnte dann auch der Euro als

Währung überleben. Das wäre dann eine Genesung nach langer Krankheit.

Das kleine Irland hat vorgemacht, dass dies auf Mitgliedsländerebene möglich ist. Dort war die Krise früher ausgebrochen als in den Mittelmeer-Anrainerstaaten, die Eurozone hatte noch nicht die spendablen Rettungsschirme aufgespannt, unter denen sich gerade die Finanzminister Griechenlands und Portugals ihre Wunden lecken, das Land musste sehen, wo es blieb. Und das hat es dann auch recht erfolgreich vorgeführt. Von der anfänglichen Sünde einer kostspieligen und letztendlich dann oft doch vergeblichen Rettung seiner Großbanken einmal abgesehen (über 60 Milliarden Euro an Steuergeldern hat der irische Staat hier versenkt), hat das Land die Lektionen aus vergangenen Exzessen gut gelernt: Es hat nicht nachhaltig gestiegene Preise und Löhne wieder abgesenkt, das Außenhandelsdefizit in einen Außenhandelsüberschuss gedreht und kann so glaubhaft (wenn auch mit dubioser Hilfe der EZB, siehe oben) seinen Gläubigern versichern, dass es auch künftige Schulden zu tilgen in der Lage ist.

»Wer mit Danny McCoy spricht, der könnte meinen, in Irland sei ein Wirtschaftswunder geschehen«, liest man in der FAZ. »In Europa und Amerika geht die Angst vor einer neuen Bankenkrise und einem Rückfall in die Rezession um. Das Drama um den Euro nimmt kein Ende. Aber McCoy, der Generaldirektor des irischen Unternehmensverbands Ibec, beschreibt die Verfassung der irischen Wirtschaft kurz und klar als ›sehr gut‹. Das Exportgeschäft sei ›stärker denn je‹ und die Produktivität habe sich ›dramatisch verbessert‹, versichert der Wirtschaftslobbyist.« (Marcus Theurer: »Die Auferstehung der irischen Wirtschaft«, *Frankfurter Allgemeine Zeitung*, 8. September 2011.)

Das war 2011, inzwischen hat sich der Aufschwung auch in Irland wieder abgeschwächt. Aber trotzdem hat die Ratingagentur Standard & Poor's Anfang des Jahres 2013 den Ausblick auf die Bonität irischer Staatsanleihen von »negativ« auf »stabil« geändert und die Gesamtnote BBB+ bestätigt, die damit gerade noch im investitionswürdigen Bereich liegt und Pensionsfonds und anderen

Großinvestoren weltweit erlaubt, ihre Kundengelder dem Staat Irland zu verleihen.

Ähnlich ermutigende Signale gibt – oder sollte man besser sagen gab – es auch aus Portugal. Die staatliche Verschwendung wurde zumindest ansatzweise eingedämmt, von 51 Prozent im Jahr 2010 sank der Anteil der Staatsausgaben am Bruttoinlandsprodukt auf 46 Prozent im Jahr 2012, eine Quote ähnlich wie die der Deutschen. Der Arbeitsmarkt ist flexibler geworden, die Exporte sind gestiegen, das Leistungsbilanzdefizit von 13 Prozent im Jahr 2008 auf geschätzte 1 Prozent im Jahr 2013 gesunken. In der Folge haben Geldverleiher weltweit wieder Vertrauen geschöpft, dass auch die portugiesische Volkswirtschaft die aufgenommenen Kredite tatsächlich zurückzahlen kann, und die geforderten Zinsen für Staatspapiere von pfandleihmäßigen 16,4 Prozent zu Beginn des Jahres 2012 auf 6 Prozent zu Beginn des Jahres 2013 abgesenkt. Das ist immer noch viel und zeigt die verbliebenen Zweifel deutlich an, ist aber nicht mehr völlig hoffnungslos.

Dann allerdings haben portugiesische Verfassungsrichter im April 2013 die im Zuge der Sparmaßnahmen beschlossene Einstellung des 14. Monatsgehaltes für sich und andere Staatsdiener für illegal erklärt, das hat die Zweifel an der Tragbarkeit der Staatsschulden wieder angefacht.

Ähnlich gemischte Signale kommen auch aus Italien. Zwar wird das Land im Jahr 2013 vermutlich erstmals nach langer Zeit wieder mehr exportieren als importieren, aber die Staatsschulden in Prozent des Bruttoinlandsproduktes wachsen weiter an und liegen inzwischen bei 127 Prozent. Immer noch meldet Italien unter allen großen Euro-Ländern den höchsten Anstieg der Lohnstückkosten seit dem Jahr 2000 (+40 Prozent, verglichen mit +12 Prozent in Deutschland), die OECD geht hier nicht von einem Rückgang aus. Und die Widerstände gegen die vom ehemaligen Ministerpräsidenten Monti eingeleiteten Reformen – höhere Mineralölsteuer, Anhebung des Rentenalters, Luxussteuern auf schnelle Autos, Privatflugzeuge und teure Yachten usw. – nehmen eher zu statt ab. Insbesondere ist der Eifer italienischer Behörden bei der Rückführung und Besteuerung der illegal ins Ausland transferierten Schwarzgeldbestände weiterhin nicht sehr groß.

Auch Spanien ist noch nicht über den Berg. Zwar haben auch hier die Exporte zugelegt und die Importe seit Beginn der Krise abgenommen, sodass im aktuellen Jahr erstmals seit langer Zeit die Leistungsbilanz nicht im Negativen enden könnte, aber dafür hat Spanien an seinen hoch verschuldeten Banken noch lange schwer zu tragen. Auch nimmt wegen anhaltender Kapitalflucht die Auslandsverschuldung trotz ausgeglichener Leistungsbilanz weiter zu.

Zum vermutlich größten Klotz am Bein der Eurozone wird wohl Frankreich, der neue kranke Mann Europas, werden. Dass der französischen Europapolitik an einem wahrhaft geeinten Europa wenig gelegen ist, sie dieses sogar, wo immer möglich, aktiv bekämpft, ist an vielen Stellen dieses Buches deutlich geworden. Nun kommt als weiteres Problem noch die schwache französische Wirtschaftskonjunktur im Verein mit einer ungewissen Haushaltslage hinzu (kein Wunder bei einem Präsidenten, der als eine seiner ersten Amtshandlungen das Rentenalter auf 60 Jahre senkt, weiter auf der 35-Stunden-Woche besteht und auch durch seine sonstige Wirtschaftspolitik seine künftigen Staatshaushalte mit großen, möglicherweise ungedeckten Hypotheken belastet). Wer will einem solchen Gläubiger noch Geld leihen? Als Folge haben die großen Ratingagenturen Moody's und S&P dem Land die Bestnote AAA bei der Kreditbewertung entzogen. Das verteuert künftige Kredite und belastet damit künftige Staatshaushalte nochmals mehr. Das Land habe an Wettbewerbsfähigkeit eingebüßt, ließ man bei Moody's wissen, außerdem sei der Arbeits-, Waren- und Dienstleistungsmarkt zu unbeweglich, es sei immer weniger berechenbar, wie und ob überhaupt Frankreich künftige Ansprüche der Eurozone zu bewältigen in der Lage sei.

★

Aber die Fähigkeit zur Bewältigung dieser Ansprüche wird auch nicht ausgeschlossen. Und so ist durchaus eine Zukunft denkbar, wenn auch nach der aktuellen politischen Großwetterlage eher unwahrscheinlich, in der die Länder der Eurozone eines nach dem andern wieder in eine Lage kommen, eine glaubhafte gemeinsame Währung zu garantieren. Eine wichtige Komponente dieses künftigen tragfähigen Gleichgewichts wird auch eine stärkere Regulierung der Banken sein. Das fängt mit einer Deckelung der grotesken Gehalts- und Bonuszahlungen für Banker an, wie sie derzeit EU-weit diskutiert wird und in der Schweiz bereits Gesetz geworden ist, und setzt sich in höheren Eigenkapital-Anforderungen und einer stärkeren Haftung der Bankeigentümer für die übernommenen Risiken fort. Einen konkreten Vorschlag für eine solche stärkere Haftung hat im Sommer des Jahres 2012 das Plenum der Ökonomen vorgestellt. Demnach sind in Zukunft auch Investitionen in Staatsanleihen mit Eigenkapital zu unterlegen. Genau weil dies bisher nicht nötig war, hatten sich viele Banken mit Schrottanleihen aus Griechenland vollgesogen, die dann nach dem späteren Wertverfall durch öffentliche Steuermittel ausgeglichen werden mussten. Weiter soll die künftige europäische Bankenaufsicht ermächtigt werden, insolvenzbedrohte Banken durch Ablösung der bisherigen Anteilseigner und durch die Umwandlung von Bankschulden in Eigenkapital mit dem nötigen Überlebenskapital zu versorgen. Im Fachjargon der Ökonomen sagt man auch »Debt Equity Swap« dazu, auf Deutsch »Schuldner-Eigentümer-Tausch«. Auch sollten bei Überschuldung gewisse Gläubiger – private Kleinanleger natürlich ausgenommen – zum Abtritt ihrer Forderungen verpflichtet werden können, so wie das im Fall von Zypern, wenn auch viel zu zaghaft, schon versucht worden ist. Nach dieser Regelung haften dann endlich die Eigentümer und Gläubiger der Banken bis zum völligen Verzehr des Eigenkapitals und werden dann in Zukunft wohl all die Zockereien unterlassen, mit denen sie die Eurokrise in den vergangenen Jahren so verschlimmert haben.

Das zentrale Element einer tragfähigen Eurozone ist aber eine solide Finanz- und Wirtschaftspolitik. »Mehr Europa muss heißen: mehr Verlässlichkeit. Verlässlichkeit und Solidarität, sie stehen und fallen miteinander.« Mit dieser Aussage von Joachim Gauck hat dieses Kapitel angefangen. Zu dieser Verlässlichkeit und Solidarität gehören auch automatische und glaubhafte Sanktionen bei Verletzungen des Stabilitäts- und Wachstumspakts genauso wie mehr Kompetenzen für die EU-weite Finanzpolitik. Statt um die Krümmungswinkel bei Salatgurken würde sich die EU-Zentrale in diesem Szenario um ein einheitliches Renteneintrittsalter, funktionierende Infrastrukturen bei Banken, Finanzverwaltungen und sozialen Sicherungssystemen, vor allem aber um ein Ende der Schuldenmacherorgie kümmern. Und vor allem die Europäische Zentralbank nicht weiter als Lückenbüßer für verfehlte Wirtschaftspolitik gebrauchen.

Das alles wird nicht ohne einen weiteren Verzicht auf gewisse nationale finanzpolitische Rechte funktionieren (während man umgekehrt viele andere nach Brüssel delegierte sozial- und umweltpolitische Kompetenzen besser wieder an die Mitgliedstaaten zurückgäbe). Wenn also die Länder der Eurozone bereit sind, und speziell im Fall von Frankreich ist das ein riesiges Wenn, einen Teil ihrer wirtschaftspolitischen Souveränität auf eine zentrale europäische Finanzverwaltung zu übertragen, könnte das Experiment Euro doch noch ein gutes Ende nehmen.

Sofern wir es denn wollen. »Den Euro überzubewerten heißt, die Arbeit in Europa unterzubewerten.« Das sagte Nicolas Sarkozy als Präsident Frankreichs im Jahr 2007. »Ich akzeptiere nicht, dass der Euro dazu beiträgt, unsere Industrie zu zerstören, statt sie zu unterstützen.« Ein wenig von dieser Sichtweise täte auch der deutschen Politik ganz gut. »Ich akzeptiere nicht, dass der Euro dazu beiträgt, unsere Sparguthaben und unsere Renten zu zerstören, statt sie zu unterstützen.« Wird das Angela Merkel, oder wer auch immer dann die deutsche Regierung führt, auch eines Tages sagen?

Ergänzende Literatur

Eine bemerkenswert hellsichtige Analyse des deutschen Dilemmas findet sich in dem Artikel »The Merkel Memorandum« im *Economist*, 11. August 2012. Viele kluge Vorschläge zur Bekämpfung der Eurokrise finden sich auch in dem Jahresgutachten 2012 des Sachverständigenrates zur Begutachtung der gesamtwirtschaftlichen Entwicklung und in dem Papier vom Dennis Snower und anderen: »Kieler Krisen Kompass: Ein Gesamtpaket zur Überwindung der Krise im Euroraum«, *Kiel Policy Brief* Nr. 58, Januar 2013. Der Vorschlag des Plenums der Ökonomen zur Beendigung der Bankenkrise ist nachzulesen unter http://www.wiso. uni-hamburg.de/lucke/, und das Drehbuch für einen geordneten Austritt aus der Eurokrise ist abgedruckt unter http://www.policy-exchange.org.uk/images/WolfsonPrize/wolfson.

DANKSAGUNG

Zu diesem Buch haben zahlreiche Fachkolleginnen und -kollegen durch Literaturhinweise, Kritik und Kommentare beigetragen: Manfred Deistler, Michael Grote, Hans-Olaf Henkel, Stefan Homburg, Carsten Lange, Renate Ohr, Max Otte, Eva Pichler, Hans-Werner Sinn, Ulrich van Suntum. Es versteht sich von selbst, dass nicht alle meine Sicht der Dinge teilen, bei einigen weiß ich das sogar mit Sicherheit. Bei der Erstellung der zahlreichen Tabellen und Grafiken sowie bei der Datenrecherche haben mir Sermad Abbas, Matthias Arnold, Jutta Bergemann, Eva Brune, Denis, Doris und Eva Krämer, Robert Löser, Philip Messow, Vera Rieder, Natalie Reckmann, Marianthi Tzislakis, Jonas Vogt, Sebastian Voß, Ann-Cristin Wagner und Simone Wallbaum sehr geholfen. Einige haben auch Teile des Buches korrekturgelesen und mich vor diversen stilistischen Entgleisungen bewahrt. Und bei der Präsentation des Materials habe ich von der langjährigen redaktionellen Erfahrung von Waltraud Berz vom Campus-Verlag sehr profitiert. Allen hier Genannten danke ich ganz herzlich und ende mit der bekannten, aber wichtigen Formel, dass verbleibende Fehler und Missverständnisse allein dem Autor anzulasten sind.

REGISTER